소유냐 존재냐

소유냐 존재냐

에리히 프롬

차경아 옮김

까치

To Have or To Be?

by Erich Fromm

역자 차경아(車京雅)
서울대학교 독어독문학과와 같은 대학원 졸업. 독일 본 대학교 수학, 서강대
학교 대학원에서 박사학위 취득. 현재 경기대학교 독어독문학과 명예교수.
역서 : 『베를린 필하모니 오케스트라』, 『욕망을 요리하는 셰프』, 『릴라, 릴라』,
『키스의 역사』, 『아프리카, 나의 노래』 외 다수.

소유냐 존재냐

저자 / 에리히 프롬
역자 / 차경아
발행처 / 까치글방
발행인 / 박후영
주소 / 서울시 용산구 서빙고로 67, 파크타워 103동 1003호
전화 / 02 · 735 · 8998, 736 · 7768
팩시밀리 / 02 · 723 · 4591
홈페이지 / www.kachibooks.co.kr
전자우편 / kachibooks@gmail.com
등록번호 / 1-528
등록일 / 1977. 8. 5
1판 1쇄 발행일 / 1996. 5. 20
2판 1쇄 발행일 / 2020. 2. 3
   19쇄 발행일 / 2024. 12. 30

값 / 뒤표지에 쓰여 있음

ISBN 978-89-7291-703-8 03100

행(行)을 위한 도(道)는 존재이다.

── 노자(老子)

인간이 깊이 생각해야 할 것은 내가 무엇을 **행**해야 할 것인가이기보다
는 나는 과연 어떤 존재인가이다.

── 마이스터 에크하르트

그대의 존재가 적으면 적을수록, 그대의 삶을 덜 표출할수록, 그만큼
그대는 더 많이 소유하게 되고, 그만큼 그대의 소외된 삶은 더 커진다.

── 카를 마르크스

차례

소유냐
존재냐

일러두기

1) 본문 중의 [ ]는 독자의 이해를 돕기 위해서 역자가 첨가한 부분임을 밝혀둔다.

2) 각주에서 *는 저자의 주이고, 번호가 있는 주는 역자의 주이다.

머리말

이 책은 나의 지난날 저술에서 두 가지 방향을 이어받고 있다. 우선, 근본적으로 휴머니즘에 입각한 정신분석 분야에서의 기존 작업을 확대하고 보완한 점과, 인간성격의 두 가지 기본 성향인 이기심과 이타심을 집중적으로 분석한 점이다. 이 책의 마지막 3분의 1에 해당하는 제3부에서는 내가 이미 『건전한 사회(*The Sane Society*)』(1955)와 『희망의 혁명(*The Revolution of Hope*)』(1968)에서 다루었던 주제, 즉 현대사회의 위기와 그 해결의 가능성들을 한 단계 더 나아가서 상술하고 있다. 그래서 이미 고찰한 논제가 반복되는 것이 불가피했지만, 나의 이전의 저술을 알고 있는 독자는 이 작은 책이 쓰인 새로운 관점과 보다 큰 틀을 인식해주기 바란다.

이 책의 제목은 다른 두 작가의 저술 제목, 즉 가브리엘 마르셀[1]의 『존재와 소유(*Etre et avoire*)』(1935)와 발타자르 슈테헬린의 『소유와 존재(*Hazben und Sein*)』(1969)와 거의 똑같다. 이 세 권의 책은 모두 휴머니즘 정신에 입각해서 쓴 것이지만 주제에 접근하는 방법은 각기 다르다. 마르셀의 입장은 신학적, 철학적인 것이며, 슈테헬린의 저술은 현대과학의 물질주의를 구

---

[1] 마르셀(Gabriel Marcel, 1889-1973) : 프랑스의 철학자이며 극작가. S. 키르케고르와 K. 야스퍼스 계열의 기독교적 실존주의자로서, 신(神)은 객체화될 수 없는 "너"이며 참된 실재로서 인간관계의 중심에 있다는 철학적 기조를 지니고 있었다.

조적으로 해명한 것으로 현실분석에 기여하고 있다. 그의 책의 주제는 두 실존양식에 대한 경험적, 심리학적, 사회적 분석이다. 관심을 가진 독자에게 마르셀과 슈테헬린의 저술을 권한다.

이 책을 보다 쉽게 읽었으면 하는 바람에서 각주(脚註)는 그 수나 길이에서 최소한으로 줄였다. 필요한 참고 문헌은 텍스트 문맥 안에 괄호 속에 넣어서 제시했고, 자세한 점은 참고 문헌 목록에 나와 있다.

이 책의 내용과 양식에 관해서 도움을 주신 분들에게 응당 감사의 마음을 전하고자 한다. 맨 먼저 여러 분야에서 큰 도움을 준 라이너 풍크에게 감사하고 싶다. 그는 긴 시간 여러 차례에 걸친 대화를 통해서 기독교 신학의 복잡한 문제들을 이해하도록 나를 도와주었다. 열성적으로 신학 분야의 책을 내게 소개해주었고 나의 원고도 여러 차례 읽어주었다. 그의 탁월하고 체계적인 제안과 비평은 이 책의 내용을 풍부하게 하고 몇 가지 오류를 덜어주는 데에 큰 도움이 되었다. 또한 세심한 교정으로 이 책의 완성을 추진시켜준 마리온 오도미로크에게도 심심한 감사를 전하고 싶다. 조안 휴스에게도 감사한다. 그녀는 이 원고의 여러 본(本)들을 끈기 있고 성실하게 타이핑해주었고 문체와 표현에 대한 많은 훌륭한 제안을 해주었다. 끝으로, 여러 본으로 나온 이 책을 읽고 번번이 귀중한 통찰과 제안을 해준 애니스 프롬에게 감사한다.

독일어판에 관해서는 번역을 맡아준 브리기테 슈타인과 이 책의 교정을 보아준 우르줄라 로케에게 감사한다.

서론
위대한 약속, 이행되지 않은 약속과 새로운 선택

한 그릇된 환상의 종말

무궁한 발전에 대한 위대한 약속——자연의 지배, 물질적 풍요, 최대 다수의 최대 행복, 그리고 무제한적인 개인의 자유에 대한——은 산업시대 개막 이래로 여러 세대에 걸쳐서 희망과 믿음을 지탱해온 토대였다. 사실상 인간의 문명은 인간이 자연을 능동적으로 지배하면서 시작되었다. 그러나 산업시대가 개막되기 이전까지는 그 지배력에 한계가 있었다. 인간과 동물의 노동력을 기계 에너지가, 나중에는 핵 에너지가 대신하고 인간의 두뇌를 컴퓨터가 대신하기까지 산업의 발달은 우리에게 확신을 심어주었다. 우리는 무한한 생산과 아울러 소비의 도상에 있으며, 과학과 기술에 힘입어서 우리 자신이 전지전능한 존재가 되리라는 확신 말이다. 이를테면 우리는 제2의 세계를 창조할 수 있는 막강한 존재, 즉 신(神)들이 되어가고 있었고, 자연이란 우리에게 새로운 창조물을 지을 벽돌이나 공급해주면 되는 것이었다.

남자들, 그리고 갈수록 여자들도 새로운 자유의 느낌을 체험했다.

13

그들은 자신의 삶의 주인이었다. 봉건사회의 사슬은 끊어져나갔고, 사람들은 모든 속박에서 벗어나서 자기 뜻대로 무엇이든지 할 수 있었다. 아니, 최소한 그렇게 느꼈다. 물론 이런 현상이 중산층 및 상류층에게만 해당되는 것이기는 했지만, 그들이 획득한 자유의 느낌은 다른 계층에게도 전이(轉移)되어 산업화가 지금 같은 속도로 진행되기만 한다면 결국 새로운 자유가 모든 사회와 모든 구성원에게까지 확산되리라는 믿음을 가지게 했다. 공산주의와 사회주의는 **새로운** 사회와 **새로운** 인간을 지향하는 운동에서 급선회하여, 만인에게 해당되는 부르주아적 삶이라는 이상(理想), 다시 말하면 미래의 남녀가 누릴 **보편적 부르주아**라는 이상을 수립하는 세력으로 변했다. 우선 모든 사람이 부와 안락한 생활을 누리면, 이어서 누구나 무한히 행복해질 것이라는 생각이었다. 무제한의 생산, 절대적 자유, 무한한 행복이라는 삼위일체가 **발전**이라는 **새로운 신앙**의 핵심을 이루었고 "하나님의 성도(聖都)"의 자리에 발전이라는 지상(地上)의 새 도시가 들어섰다. 이 새로운 신앙이 그 신도들의 마음을 에너지와 활력과 희망으로 가득 차게 했던 것은 어떻게 보면 당연한 일이었다.

산업시대가 이룩했던 물질적 및 정신적인 눈부신 업적과 그것이 준 위대한 약속의 파장을 염두에 두어야만, 우리는 그 위대한 약속이 실패로 돌아가고 있음을 인식하기 시작한 오늘날 야기되는 정신적 충격을 이해할 수 있다. 사실상 산업시대는 그 위대한 약속을 이행할 능력을 가지고 있지 못했으며, 갈수록 더 많은 사람들이 다음과 같은 사실들을 의식하고 있기 때문이다.

── 행복과 최대치의 만족은 모든 욕망의 무제한적인 충족에서 나오

는 것이 아니며, 그것이 복지상태(well-being, Wohl-Sein)로 이어
지지도 않는다.

── 우리가 자기 삶을 지배하는 독자적 주인이 되리라는 꿈은 우리
모두가 관료주의 체제라는 기계의 톱니바퀴로 물려들었음을 인
식함과 더불어 깨어져버렸다.

── 우리의 사고, 감정, 취미는 매스 미디어를 지배하는 산업 및 정
부기구에 의해서 조정되고 있다.

── 경제적 성장은 부강한 나라들에 국한된 것이었으며, 부강한 나
라와 가난한 나라 사이의 격차는 갈수록 벌어져왔다.

── 기술적 진보는 생태학적 위험과 핵전쟁의 위험을 필연적으로 수
반해왔고, 그 각각의 위험 또는 두 가지 위험이 뭉뚱그려져서
모든 문명에, 어쩌면 모든 생명체에 종말을 불러올지도 모른다.

알베르트 슈바이처는 1954년 11월 4일 노벨 평화상을 받으러 오슬
로에 왔을 때 온 세계인을 향해서 다음과 같이 호소했다. "과감히
지금의 상황을 보십시오. 인간이 초인이 되는 상황이 벌어졌습니다.
……이 초인은 초인적 힘을 지닐 만한 이성의 수준에는 올라서지
못했습니다.……우리가 이전에는 온전히 인정하려고 하지 않았던
사실, 이 초인은 자신의 힘이 커짐과 동시에 점점 더 초라한 인간이
되어간다는 사실이 이제는 명명백백해졌습니다.……그러나 근본적
으로 우리가 의식해야 할 점은, 이미 오래 전에 의식해야만 했던 점
은 초인으로서의 우리는 비인간(非人間)이 되었다는 사실입니다."
(A. Schweitzer, 1966, 181쪽 이하)

위대한 약속은 왜 실현될 수 없었는가?

위대한 약속이 실현되지 못한 근거는 산업주의 체계에 내재한 경제적 모순들 이외에도 그 체계 자체가 지녔던 두 가지 중요한 심리학적 전제들에서 찾을 수 있다. 첫째, 삶의 목적은 행복이라는, 다시 말하면 최대치의 쾌락이라는 전제이다. 행복이라는 것을 인간이 품을 수 있는 모든 소망 또는 주관적 욕구의 충족으로 이해한 점이다(극단적 쾌락주의). 둘째, 자기 중심주의, 이기심, 탐욕—— 체계의 존속을 촉진시키는 특성들—— 이 조화와 평화로 통하리라는 전제이다.

널리 알려진 바와 같이 여러 역사적 시대에 걸쳐서 극단적 쾌락주의는 부유한 계층만이 누리며 발전한 것이었다. 예컨대 로마의 특권층, 르네상스 시기의 이탈리아의 여러 도시 특권층, 18, 19세기 영국과 프랑스의 엘리트 계급처럼 무한한 자력(資力)을 좌지우지했던 사람들은 끝없는 쾌락을 추구하는 데에 자신들의 삶의 의미를 부여하려고 했다. 극단적 쾌락주의는 이렇듯 특정 시대의 특정 계층에서 통용된 실례들을 보이고 있지만—— 단 하나의 예외적 인물을 제외하고는—— 중국 및 인도, 근동, 유럽의 인생철학 대가들이 전개해온 "행복한 삶"의 이론에서는 그 뿌리를 찾을 수 없다.

앞에서 말한 유일한 예외적 인물은 소크라테스의 제자였던 그리스 철학자 아리스티포스(기원전 4세기 중엽)이다. 그는 인생의 목표는 육체적 쾌락의 최적치(最適值)를 향유하는 것이며, 행복이란 향유한 쾌락의 총화라는 가르침을 펼쳤다. 지금 우리가 그의 철학에 대해서 알고 있는 이 최소한의 지식도 실은 디오게네스 라에르티오스1)에 의해서 전수된 것이다. 그러나 그의 전언만으로도 아리스티

16

포스야말로 유일한 극단적 쾌락주의자였으며, 그에게 욕구의 실체
는 곧 그것을 충족시킬 권리, 따라서 삶의 목표, 즉 쾌락의 바탕이
된다는 사실이 충분히 입증된다.

　에피쿠로스[2]는 아리스티포스와 같은 계열의 쾌락주의의 대표자
로 간주될 수는 없다. 물론 에피쿠로스도 "순수한" 쾌락을 최고의 목
표로 보았다. 그러나 그에게 이 개념은 "고통의 부재(aponia)"와 "영
혼의 평안(ataraxia)"을 의미했다. 에피쿠로스에 의하면, 욕구를 충족
시킨다는 의미에서의 쾌락은 인생의 목표가 될 수 없다. 그런 쾌락
뒤에는 필연적으로 불쾌감이 뒤따르며, 그럼으로써 인간은 그의 참
목표, 즉 고통의 부재로부터 멀어진다는 요지이다(에피쿠로스의 학
설은 여러 면에서 프로이트의 학설과의 유사점을 가지고 있다). 에피
쿠로스의 철학에 관해서는 여러 엇갈리는 해석들이 나와 있지만 그
중에서 결정적인 해석을 한줄기 뽑아본다면, 어쨌든 그는 아리스토
텔레스와는 대조적으로 일종의 주관주의를 대표했던 철인이었음을
추정할 수 있다.

　이들 이외에는 "욕망의 사실상 현존이 윤리적 규범을 구성한다"는
가르침을 펼친 인류의 위대한 스승은 한 사람도 없다. 그들의 관심사

---

1) 디오게네스 라에르티오스(Diogenes Laertios) : 3세기 전반에 살았던 것으로 추정되는
　역사철학자. 10권으로 된 저술 『위대한 철인들의 생애와 사상(Vitae philoso- phorum)』
　은 역사적 원전으로 가치가 있다.
2) 에피쿠로스(Epikouros, 기원전 342?-기원전 271) : 고대 그리스 철학자. 인생의 목적
　은 쾌락의 추구에 있는데, 그것은 자연스러운 욕망의 충족이며 명예욕, 금전욕, 음욕의
　노예가 되는 것은 아니라는 주장을 폈다. 공공생활의 잡사를 피하여 은둔하는 것,
　헛된 미신에 마음이 동요되지 않는 것, 빵과 물만 마시는 질박한 식사에 만족하는
　것, 우애를 최고의 기쁨으로 삼는 것 등이 그의 쾌락주의의 골자였다.

는 인류 최적의 복지상태(vivere bene)였다. 그들 사상의 핵심적 요체는 오로지 주관적으로 감지되어 그 충족이 순간적인 쾌락으로 이어지는 욕구들(소망들)과, 인간본성에 뿌리를 두고 있으면서 그것의 실현이 인류의 성장을 촉진시키는, 다시 말하면 행복(eudaimonia)을 불러오는 욕구들을 엄연히 구별하고 있다는 점이다. 바꾸어 말하면, 그들은 순수하게 주관적으로 감지되는 욕망과 객관적으로 통용되는 욕망을 구분지어 생각했다 —— 이때 후자의 욕망은 인간본성의 욕구와 일치하는 반면, 전자의 욕망 가운데 어떤 것은 인간의 성장을 방해한다고 보았다.

인생의 목표는 개개인의 소망충족이라고 보는 학설은 고대의 아리스티포스 이래 17, 18세기의 철인들에 이르러 다시 제기되어 명백히 표방되었다. "이익"이라는 말이 "영혼을 위한 이득"이라는 의미이기 (성서의 경우가 그렇고, 스피노자까지만 해도 그런 의미였다)를 멈추고 그 대신 물질적, 재정적 이윤을 뜻하게 된 그 시기에, 그것은 쉽게 고개를 들 수 있었던 관념이었다. 그때는 바로 부르주아 계급이 자신들을 묶고 있던 정치적 족쇄뿐 아니라 사랑과 연대감의 끈까지 풀어던진 시기였고, 따라서 오로지 자기 자신만을 위해서 존재하는 사람이 보다 나은 자아를 거둔다는 믿음이 확산되기 시작한 시기였다. 홉스3)의 경우 행복이란 하나의 욕구(cupiditas)에서 다음 욕구로 끊임없이 이행해가는 과정이었다. 라 메트리4)는 그것이 적어도 행복의

---

3) 홉스(Thomas Hobbes, 1588-1679) : 영국 철학자. 자연상태로 방치한다면 인간사회는 "만인에 대한 만인의 투쟁"의 세계가 되므로 사회적 제약이 필요하다는 "사회계약설"을 주창했다.

환상을 불러일으킨다는 이유로 환각제 복용까지 권장했고, 사드[5]는 잔인한 충동마저도 그런 충동이 엄존하며 충족되기를 요구한다는 이유로 충족시키는 것이 마땅하다고 여겼다. 이들은 부르주아 계급이 결정적으로 개가를 올린 시대를 살았던 사상가들이다. 그 옛날 귀족 계급이 철학과는 무관하게 누렸던 이 관념이 이제 부르주아 계급의 이론과 실천의 바탕이 되어버린 것이다.

18세기 이래로 수많은 윤리적 이론들이 터져나왔다—— 한편으로는 공리주의처럼 비교적 권위 있는 쾌락주의 형태들이며, 다른 한편으로는 칸트,[6] 마르크스, 소로,[7] 슈바이처의 주장처럼 엄격한 반(反)

---

4) 라 메트리(Julien Offroy de La Mettrie, 1709-1751) : 프랑스 철학자로 계몽주의 시대의 대표적 유물론자. 감각적 쾌락을 인생의 목적으로, 덕을 자기애로, 무신론을 행복의 조건으로 제시했다.

5) 사드(Donatien Alphonse François de Sade, 1740-1814) : 프랑스 작가. 1777년부터 근 30년간을 감옥에서 지냈고, 1803년부터는 샤랑통 정신병원으로 이감되어 일생을 마쳤다. 처음에는 성범죄 때문에, 1793-1794년에는 반혁명적 태도 때문에, 그리고 나중에는 그의 저작 때문이었다. 그의 저작의 대부분은 감옥에서 쓰였다. 그는 무신론자임을 표방하고, 선악의 가치를 순전히 냉혹한 천성에 맞추어서 인간이 만들어낸 기준이라고 보았다. 문학은 인간의 사악함을 끝까지 철저히 파헤쳐야 한다는 그의 주장과 용기가 그를 19세기 문학의 선구자로 만들었고, 보들레르, 플로베르, 아폴리네르의 찬탄을 받게 했다. 19세기 말부터는 정신분석학, 심리학, 문예학에서 그의 핵심 관념인 악에 뿌리를 둔 초인간성을 탐구하기 시작했다.

6) 칸트(Immanuel Kant, 1724-1804) : 독일 관념철학의 선구자. 뉴턴의 물리학과 루소의 사상을 기초로 삼고 흄을 부정적 매개체로 하여, 중세 이후의 전통적 형이상학을 뿌리까지 파고들어서 전면적으로 재편성함으로써 그의 고유의 비판철학을 탄생시켰다.

7) 소로(Henry David Thoreau, 1817-1862) : 미국의 사상가이며 저술가. 그의 대표작이자 미국의 고전으로 알려진 『숲속의 생활(Walden or Life in the Woods)』(1854)은 그 자신의 체험을 기초로 하여 인간이 생존할 수 있는 최소한의 조건을 그렸다. 그는 또한 사회문제에도 관심을 가져서, 1846년에는 멕시코 전쟁에 반대하여 인두세를 거부한 죄로 투옥된 적이 있고, 그때의 경험을 기초로 쓴 『시민의 반항(One Civil Disobedience)』(1849)은 훗날 간디 등의 무저항운동에 큰 영향을 주었다.

쾌락주의 체계들이다. 그럼에도 불구하고 제1차 세계대전 이후 지금 우리의 시대는 이론과 실천 면에서 극단적 쾌락주의로 퇴행해 있다. 무한한 쾌락이라는 표상이 숙련된 작업이라는 이상(理想)과 묘한 대립관계에 있으며, 강박으로 받아들여지는 작업윤리가 휴가기간이나 퇴근 후 자유시간에 누리는 완전한 안락이라는 이상과 모순관계에 있다. 한편으로는 관료주의적 루틴과 컨베이어 벨트가, 다른 한편으로는 텔레비전, 자동차, 섹스가 모순에 찬 배합을 이루고 있는 것이다. 어쨌든 강박적으로 일에만 몰두하는 것도 철저한 무위도식도 모두 사람들을 미치게 만들 것이다. 일과 휴식이 적절히 배합되어야만 우리의 삶은 견딜 수 있어진다. 그뿐만 아니라 모순관계에 있는 이 두 가지 삶의 태도는 하나의 경제적 필연성과 맞물려 있다. 20세기 자본주의는 숙련화된 팀워크를 전제함과 동시에 생산된 상품의 최대한의 소비와 최대한의 서비스를 전제하고 있다는 점에서 그렇다.

앞에서 말한 여러 이론의 고찰은 인간의 본성을 고려할 때 극단적 쾌락주의는 결국 "훌륭한 삶"에 이르는 올바른 길이 아니라는 귀결에 이르게 하며, 왜 그럴 수 없는가를 제시한다. 그러나 굳이 이론적 분석을 하지 않더라도 눈앞의 경험적 자료들만 가지고도 우리는 우리가 벌이고 있는 "행복 사냥"이 복지라는 목표에는 결코 닿지 않는다는 사실을 너무나 분명히 알고 있다. 오늘날 우리 사회의 구성원들은 그들이 겪는 불행으로 악명이 높다. 이를테면 고독과 불안에 시달리며, 의기저상해 있고, 파괴적이며, 의존적인 —— 요컨대, 그들이 끊임없이 절약하려 드는 바로 그 시간을 성공적으로 "죽일 때" 쾌락을 맛보는 그런 사람들인 것이다.

현재 우리는 쾌락(복지와 기쁨 같은 적극적 감정과는 대비되는 소극적 감정으로서의)이 과연 인간의 실존문제에 대한 해결방안이 될 수 있는가라는 의문의 해답을 찾기 위해서 역사상 일찍이 없었던 최대의 사회적 실험을 벌이고 있다. 인류 역사상 처음으로, 소수 특권층뿐 아니라 적어도 산업국가에 사는 인구 절반이 그들이 추구하는 쾌락을 실제적으로 충족할 수 있게 된 것이다. 그러나 이 실험은 앞의 의문에 대해서 이미 부정적인 답을 내리고 있다.

산업시대의 두 번째 심리학적 전제, 즉 개인적 이기주의를 배제하면 조화, 평화, 만인의 복지를 가져오리라는 전제는 그 이론적 발단부터 오류였을 뿐만 아니라, 지금까지 드러난 자료들에서도 기만이었음이 확증되고 있다. 위대한 고전경제학파 가운데 유독 리카도8)만이 부인했던 이 원칙이 반드시 정답이어야 할 이유는 없지 않은가? 이기주의란 나의 **태도**의 한 측면일 뿐만 아니라 나의 **성격**의 한 측면이기도 하다. 이기주의는 다음과 같은 것을 의미한다―― 나는 나를 위한 모든 것을 가지고 싶다, 공유(公有)가 아닌 점유(占有)만이 내게 즐거움을 준다, 소유가 나의 목표일진대 많이 **소유하면** 할수록 그만큼 나의 **존재**가 커지기 때문에, 나는 점점 더 탐욕스러워질 수밖에 없다, 나는 모든 타인에 대해서 적대감을 가지고 있다―― 나의 고객들에 대해서 속임수를 쓰고 나의 경쟁자들을 파멸시키고자 하며 내가 고용한 노동자들을 착취하고 싶어한다. 나의 욕망은 끝이 없기 때문에 나는 결코 만족할 수가 없다. 나는 나보다 더 많이 소유한

---

8) 리카도(David Ricardo, 1772-1823) : 영국 경제학자. 애덤 스미스에서 출발한 고전학파 경제학의 완성자. 노동가치설, 임금생존비설을 제창했다.

사람을 시기하지 않을 수 없고, 나보다 더 적게 소유한 사람들을 두려워하지 않을 수 없다. 그렇지만 나는 누구나 자신을 그렇게 보이려고 하듯이, 친절하고 성실하며 분별 있고 미소 짓는 사람이 되기 위해서 이 모든 감정을 몰아내야 한다.

소유의 추구는 계급간의 끝없는 전쟁으로 이어지기 마련이다. 계급을 타파함으로써 계급투쟁에 종식을 고하겠다는 공산주의자들의 주장은 엄연한 허구이다. 왜냐하면 공산주의 체제 역시 근본적으로는 삶의 목표로 무제한의 소비원칙을 바탕으로 하고 있기 때문이다. 모든 사람들이 제각기 더 많은 것을 소유하려고 하는 한 계급은 형성되기 마련이고 따라서 계급투쟁도, 세계적 시각에서 보면 국제적 전쟁도 불가피한 것이다. **소유욕과 평화는 서로 배척관계에 있다.**

만약 18세기에 근본적 변혁이 들어서지 않았다면, 극단적 쾌락주의와 무제한적 이기주의가 경제행위를 주도하는 원칙이 되지는 않았을 것이다. 중세사회나 그밖의 시대 여러 문명사회에서는, 또한 원시사회에서도 경제행위의 결정요인은 어디까지나 윤리적 규범이었다. 예컨대 스콜라 학파 신학자들에게는 상품가격이나 사유재산 같은 경제적 범주가 바로 도덕신학의 한 과제였다. 물론 신학자들도 자기네 도덕률을 새로운 경제적 요구에 적용하는 공식들을 끊임없이 물색하기는 했지만(이를테면 토마스 아퀴나스의 "적정임금[just price, der gerechte Lohn]"에 대한 개념수정처럼), 그럼에도 경제행위는 어디까지나 보편적인 **인간적** 행위로 남아 있었고, 따라서 휴머니즘 윤리의 가치표상에 종속되어 있었다. 18세기 자본주의는 단계적으로 근본적인 변화를 겪었다. 경제행위가 윤리 및 인간적 가치에서 떨어져나오게 된 것이다. 경제적 메커니즘이 인간의 욕구나 의지와는 별도로 존재하는 자율적 전일체로── 고유의 법칙에 따라서 자동으로 작동되는 체계로 간주되었다. 끝없는 콘체른[기업연합]의 팽창으로 인해서 점점 잦아지는 소규모 기업들의 도산과 노동자들의 곤경은 유감스럽기는 하되 자연법칙의 영향처럼 감수할 수밖에 없는 경제적 필연으로 치부되었다.

이러한 경제체계의 발달은 인간을 위해서 무엇이 **좋은가**라는 물음보다는 그 체계의 성장을 위해서 무엇이 **좋은가**라는 물음에 의해서 결정되었다. 사람들은 경제체계의 성장에 유리한 것은(하다못해 단 하나의 콘체른에라도 유리한 것은) 인간의 행복도 촉진시키는 것이라는 명제를 내세워서 그 첨예한 모순을 얼버무리려고 했다. 이 명제를 뒷받침해준 것은 경제체계가 필요로 하는 인간적 자질── 이기주의, 자기 중심주의, 소유욕 등── 이야말로 바로 인간이 타고난 속성이라는 것, 그러니까 그 자질들은 체계가 강요한 것이 아니라 인간본성에서 조장된 것이라는 일종의 견강부회(牽强附會)였다. 이기주의, 자기 중심주의, 소유욕이 자리잡지 못한 집단들은 "원시적" 집단으로, 그 구성원들은 자격미달의 "미숙한" 인물들로 비하되었다. 이 특성들은 산업사회를 구성하는 **자연적** 충동이 아니라 바로 사회적 제약의 **산물**이라는 사실을 아무도 인정하려고 들지 않았다.

그리고 또 하나 중요한 요인이 있으니, 그것은 자연과 인간의 관계가 심히 적대적으로 변했다는 사실이다. 우리 인간은 "자연의 한 변종"이다. 실존적 조건들로 보면 인간도 자연의 한 부분이지만, 그 타고난 이성의 힘으로 자연을 초월하고 있기 때문이다. 그러나 우리는 인간과 자연의 조화라는 메시아적 환상을 포기함으로써 우리의 실존문제를 해결하려고 시도해왔다. 그래서 자연을 지배하기 시작했고, 우리의 목적을 위해서 자연을 뜯어맞추어 변형시켰고, 그렇게 자연을 지배하는 형태가 갈수록 심화되어서 마침내는 자연을 파괴하기에 이르렀다. 자연에 대한 우리의 정복욕과 적대감은 자연자원에도 한계가 있기 때문에 언젠가는 바닥나버릴 수도 있다는 것, 자연 역시 인간의 강탈욕에 맞서서 반란을 일으키리라는 사실에 대해서 눈이 멀게 했다.

산업사회는 자연을 소홀히 하며, 마찬가지로 기계에 의해서 생산되지 않은 모든 것을 경시한다── 심지어는 기계를 생산하지 않는 사람들까지도(최근에 와서는 일본인과 중국인이 예외가 되었지만, 모든 유색인종을) 경시한다. 현대인은 기계적인 것, 막강한 기계, 생명 없는 것에 매료되어 있으며, 그래서 갈수록 점점 더 파괴에 휩쓸려들고 있다.

인간의 변화를 위한 경제적 필연성

지금까지 나는 우리의 사회경제적 체계, 즉 우리의 생활방식의 특성들이 병적 요소를 품고 있으며, 따라서 그것이 병든 인간과 병든 사회를 만들고 있다는 사실을 언급했다. 그러나 이와는 전혀 다른 관점에서 나온 제2의 논의들이 있다. 즉 인간의 근본적 심리변화에서 경제적 및 생태학적 파국에 맞서는 대안을 모색하는 측면이다. 이 논의는 로마 클럽9)에서 나온 두 편의 보고서 ── 그 하나는 메

---

9) 로마 클럽(The Club of Rome) : 1968년 4월 이탈리아 실업가 A. 페체이의 발의로 서유럽의 정계, 재계, 학계의 지도급 인사들이 모여서 결성한 국제적 미래문제 연구기

듀스를 대표로 하여 작성된 것(1972)이며 다른 하나는 메사로비치와 페스텔에 의해서 작성된 것(1974)이다── 에서 찾아진다. 두 보고서 모두 세계 전반에 걸친 기술적, 경제적 발전 및 인구문제에 대한 광범위한 논의를 펼친다. 메사로비치와 페스텔은 세계적 차원에서 세워진 하나의 계획에 따라서 과감하게 수행되는 경제적, 기술적 변혁만이 "어마어마한 파국, 궁극적으로는 지구 전체의 파국"을 막을 수 있다는 결론을 이끌어낸다. 그와 같은 주장의 명제를 증명하려고 그들이 끌어들인 자료는 지금까지 시행된 것 중에서 가장 방대한 것이며, 또한 체계적인 연구에 바탕을 두고 있다(이처럼 이들의 연구는 메듀스가 주도한 보고서에 비해서 방법론적인 강점을 지니고 있다. 그러나 먼저 나온 메듀스의 연구는 재난을 예방하려면 근본적인 경제적 변혁을 일으켜야 한다는 점을 훨씬 적극적으로 주장했다). 메사로비치와 페스텔은 앞에서 말한 경제적 변혁에 선행하는 조건으로 자연에 대한 새로운 입장과 새로운 윤리라는 의미에서의 근본적인 변화가 들어서야만 인간의 근본 가치와 그가 취하는 입장(또는 내가 이름한다면, 인간의 성향)도 바뀐다는 점을 결론적으로 제시한다(M. D. Mesarović / E. Pestel, 1974, 135쪽 참조). 이들의 주장은 사실상 그들의 보고서가 나오기 이전이나 이후에도 다른 사람들이 주장한 견해를 강조한 것에 불과하다. 즉, 새로운 사회는 그 발전과정에 새로

관. 1979년 현재 30개국 90명의 회원이 있다. 메사추세츠 공과대학의 D. 메듀스 교수팀이 1972년 연구발표한 보고서 "성장의 한계"는 인구와 경제의 발전이 지구적 제약에 가로막혀서 21세기에는 인류를 위기에 빠뜨린다는 경고를 함으로써 세계적인 반향을 불러일으켰고, 1974년 M. 메사로비치, E. 페스텔 팀은 "전환기의 인류"라는 보고서에서 생존을 위한 전략을 연구했다.

운 인간의 발전을 반드시 병행해야만 가능하다는, 좀더 학술적인 표현을 쓰자면 오늘날 인간의 지배적 성격구조에 근본적인 변화가 일어나야만 가능하다는 주장이다.

이 두 보고서에서 아쉬운 점이 있다면, 그것이 우리 시대의 특성인 물량화, 추상성, 탈인격화의 정신으로 작성되었다는 점과 또한 정치적, 사회적 요인들이 모두 외면되었다는 점이다. 그런 요인들을 고려하지 않고서는 그 어떤 현실적 전략도 세울 수 없는 법인데도 말이다. 그렇기는 해도 그들의 보고서는 어쨌든 귀중한 자료의 뒷받침을 받아서 인류 전체의 경제적 상황을 취급하여 전 인류의 가능성과 위기를 다룬 최초의 연구임에는 틀림없다. 자연을 대하는 새로운 입장과 새로운 윤리가 필히 요청된다는 그들의 결론적 주장은 그들이 펼친 철학적 전제들과 확연한 대비를 이루기 때문에 그만큼 더 주목할 만한 가치가 있다.

역시 경제학자이면서 투철한 휴머니스트인 슈마허도 인간의 근본적 변화를 요구한다. 그의 주장은 오늘의 사회체계가 우리를 병들게 하고 있으며, 사회제도를 근본적으로 변혁시키지 않으면 결국 우리는 경제적 파국에 이르리라는 인식에 근거한다.

따라서 근본적으로 인간변혁이 필요하다는 주장은 윤리적, 종교적 요구에 그치는 것도, 현재 우리 사회의 특성이 지닌 병적(病的) 요인에 근거한 심리적 요구에 그치는 것도 아니다. 그것은 무엇보다 인류가 살아남기 위한 적나라한 전제이다. 올바른 삶이 윤리적, 종교적 계명을 지키는 것을 의미하던 시대는 이미 지났다. 이제 역사상 처음으로 **인류의 육체적 생존이 인간정신의 근본적 변화에 매달리**

게 된 것이다. 그러나 이 인간의 "마음" 안에서의 변화도 과감한 경제적, 사회적 변혁이 일어나는 한에서만 가능하다. 이 외부의 변화가 인간 자체에 변화할 기회를 주며, 변화를 이루는 데에 필요한 용기와 상상력을 부여할 것이다.

파국에 대비할 다른 선택이 있는가?

지금까지 인용한 자료들은 이미 발표되어 널리 알려진 것들이다. 그럼에도 거의 믿기지 않는 점은 우리에게 이미 고지된 운명을 전환시키려는 진지한 노력들이 지금껏 전혀 시행되지 않고 있다는 사실이다. 만약 사생활에서 자신의 실존이 전면적으로 위협을 받는데도 두 손 놓고 앉아 있는 사람이 있다면, 그는 제정신이 아닌 사람일 것이다. 그런데 오늘날 정작 공공복지를 담당한 책임자들은 실제적으로 아무 대책도 강구하고 있지 않을뿐더러, 그들 공복에게 의탁하고 있는 국민들도 그들의 무대책을 수수방관하고 있는 실정이다.

모든 본능 가운데 가장 강한 본능인 자기보존 본능이 아예 작동을 멈춘 것 같은 이런 사태가 어떻게 벌어질 수 있는가? 이것을 설명해 주는 가장 명백한 요인 중의 하나는 정치가들이 번잡스러운 제스처를 통해서 재난을 모면할 무슨 효과적인 조처를 취하는 듯이 호도(糊塗)하고 있는 현실이다. 끝도 없는 회담, 결의안, 군축회의 등 그들은 마치 스스로 문제의 핵심을 인식하고 그 해결방안에 따라서 무엇인가 실천하고 있는 듯한 인상을 준다. 그러나 우리에게 진정 도움이 될 대책은 사실상 아무것도 진행되는 것이 없다. 통치자도 피통치자도 마치 대책을 알고 그것을 진척시키는 듯이 호도함으로써, 자신들의 양심과 아울러 생존에의 소망을 마비시키고 있는 것이다.

설명해주는 또 하나의 요인은 체제에서 야기된 이기심이 정치 지도자들로 하여금 사회에 대한 책임보다 그들 개인의 성공에 더 큰 비중을 두게끔 만드는 현실이다. 설령 정부나 기업 운영자들이 그들 개인에게는 이득이 되겠지만 공동사회에는 위해(危害)한 결정을 내린다고 해도, 아무도 그 결정을 충격적으로 받아들이지 않는다. 하긴 자기 중심주의가 오늘날 통용되는 윤리체계의 버팀목의 하나라면, 그들이라고 해서 달리 행동해야 한다는 법은 없지 않겠는가? 그러나 그 지도자들은 탐욕이(굴종과 마찬가지로) 인간을 바보로 만든다는 사실에, 자기 목숨이 걸려 있든 처자의 생존이 얽혀 있든 간에, 탐욕은 자신의 참관심사를 쫓아갈 수 없게끔 인간을 맹목적으로 만든다는 사실에(J. Piaget, 1932 참조) 눈이 멀어 있는 듯하다. 아울러 보통사람의 경우에도 자기 개인사에 이기적으로 몰입하는 나머지 그 테두리를 벗어나는 일체의 일에 대해서는 거의 관심을 두지 않는 실정이다.

우리의 자기보존 본능을 마비시키는 또다른 근거는 개개인이 당장 눈앞에서 감당해야 할 희생보다는 차라리 아득해 보이는 막연한 재난 쪽을 택하는 데에서 찾을 수 있다. 이것은 널리 만연된 태도이다. 커스틀러가 스페인 내전(內戰)에서 겪은 체험담은 이런 태도에 대한 적절한 예를 보여준다. 프랑코 군대가 진격해온다는 소식이 들렸을 때, 커스틀러는 마침 한 친구의 안락한 별장에 머물러 있었다. 군대가 그날 밤 안으로 그 집에 당도하리라는 것은 의심의 여지가 없었다. 그는 자신이 총살감이라는 것을 염두에 두지 않으면 안 되는 처지였고, 도망을 친다면 목숨을 건질 수는 있었다. 그러나 바깥은 춥고 비 내리는 어둠뿐이었고 집 안은 따스하고 아늑했다. 그래서 그는 주저앉았고, 결국 포로가 되었다. 그는 동료 기자들이 백방으로 애쓴 덕분에 몇 주일 뒤에 기적처럼 구출되었다. 이와 똑같은 태도를 중병의 진단이 내려져서 대수술을 받을지도 모를 진찰을 받기보다는 차라리 생명을 모험에 거는 사람들에게서도 볼 수 있다.

앞에 열거한 설명 이외에도 사활이 걸린 문제에서 인간이 취하는 치명적인 수동성을 설명해주는 또 한 가지 요점이 있다. 이것을 해명하고자 하는 것이 이 책의 주제의 하나이다. 그것은 바로 독점자본주의, 사회민주주의나 소비에트식 사회주의, 또는 "미소 띤 얼굴을 한" 관료주의적 파시즘에 맞서서 그것을 대치할 다른 선택이 없다고 여기는 견해이다. 이런 견해가 일반화된 근거는 상당 부분 지금껏 대폭 새로운 사회형태의 실현 가능성을 연구하고 그것에 상응하는 실험을 하는 시도가 거의 없었다는 사실로 소급된다. 또한 이것은 여기서 끝나는 문제가 아니다. 자연과학과 기술로 메워진 우리 학자들의 두뇌 속에 사회혁신 문제가 얼마간의 자리를 확보하지 못하는 한, 그리하여 인간에 대한 학문이 지금껏 자연과학과 기술이 차지했던 매력을 탈환하지 못하는 한, 현실적이고 새로운 선택들을 찾아낼 혜안과 능력은 여전히 결여되어 있을 것이다.

이 책의 중심 주제는 인간의 두 가지 실존양식, 즉 소유양식과 존재양식을 분석하는 것이다.

첫째 장에서는 일반적으로 눈에 띄는 두 실존양식의 차이에 대해서 몇 가지 고찰하기로 한다. 둘째 장에서는 독자도 쉽게 자신의 경험과 끼워맞출 수 있는 일상생활에서의 실례들을 통해서 두 양식의 차이를 제시할 것이다. 셋째 장은 구약성서와 신약성서, 그리고 에크하르트 수사(修士)의 저술에서 발견되는 소유와 존재에 관한 견해들을 내포하고 있다. 그 이후의 장들에서 제시한 것은 나로서도 가장 어려운 과제들이다. 그것은 소유양식과 존재양식의 차이를 분석하는 작업으로, 작업과정에서 나는 경험적 자료들을 토대로 이론적 결론을 끌어내는 시도를 하기로 한다. 여기까지 이 책은 인간의 두 가지 기본적 실존양식을 주로 개인의 측면에서 다루었다. 이와는 달리 마지막 장에서는 새로운 인간과 새로운 사회를 태동시키는 데에서의 두 실존양식의 중요성을 고찰하고, 파국에 맞서서, 소모적인 개인의 병든 상태(ill-being, Krank-Sein)와 파멸을 향해 가는 전 세계의 사회경제적 발전에 맞서서, 그것에 대처할 선택의 가능성들을 구명하고자 한다.

제1부

소유와 존재의
차이에 대한 이해

1
일반적 고찰

소유와 존재의 차이의 중요성

일반적인 상식으로는 **소유냐 존재냐**의 양자택일이 있을 수 없다. 우리의 눈에는 **소유한다는 것**이 삶에 포함된 극히 정상적인 행위이다. 살기 위해서 우리는 사물을 당연히 소유한다. 그뿐이랴, 사물을 즐기기 위해서도 그것을 소유하지 않으면 안 된다. 소유하는 것을, 점점 더 많이 소유하는 것을 지상목표로 하는 사회, 그리고 사람에 대해서도 "백만 달러의 가치가 있다"고 말하는 사회 속에서 소유하는 것과 존재하는 것 사이에 어찌 양자택일이 있을 수 있겠는가? 오히려 존재의 본질이 바로 소유하는 것에 있어서, 아무것도 **소유하지** 못한 사람은 아무것도 아닌 **존재**로 여겨지는 실정이다.

그러나 일찍이 인생의 위대한 스승들은 소유와 존재의 양자택일에서 그들의 철학적 관점의 핵심을 찾아냈다. 석가모니는 인간으로서 자기 도야의 최고 단계에 이르려는 사람은 재물을 탐해서는 안 된다고 설법한다. 또한 예수는 "누구든지 제 목숨을 구원코자 하면 잃을 것이요 누구든지 나를 위하여 제 목숨을 잃으면 구원하리라. 사람이 만일 온 천하를 얻고도 자기를 잃든지 빼앗기든지 하면 무엇이 유익

하리오"("누가 복음" 9:24-25)라고 말한다. 수사(修士) 에크하르트
는 아무것도 소유하지 않고 자신을 열어서 "비우는 것", 자아에 의해
서 방해받지 않는 것이 영적(靈的) 부(富)와 힘을 얻는 전제라고 가
르친다. 또한 마르크스는 사치야말로 빈곤과 마찬가지로 큰 악덕이
며, 우리는 많이 소유하는 것이 아니라 풍요롭게 **존재하는** 것을 목표
로 해야 한다고 가르친다(내가 여기에서 언급하는 마르크스는 철저
한 휴머니스트로서의 진짜 마르크스이며, 소련 공산주의에 의해서
실천된, 변조된 다른 종류의 마르크스가 아니다).

이처럼 소유와 존재를 구분하는 문제는 몇 년 전부터 나의 머리를
떠나지 않았다. 나는 정신분석학적 방법을 빌려서 개인이나 집단을
구체적인 고찰 대상으로 삼음으로써 두 실존양식의 차이를 이루는
경험적 토대를 찾아보고자 했다. 나의 고찰이 이끌어낸 명백한 결론
은 이 차이는 생명에의 애착과 죽은 자에 대한 애착의 차이와 함께
인간실존의 가장 결정적인 문제를 구성한다는 것과 또한 인류학과
정신분석학의 경험적 자료들이 제시한 바로는 **소유**와 **존재**는 근본적
으로 다른 인간체험의 두 가지 형태로서, 그 각 양식의 강도가 개인의
성격 및 여러 유형의 사회적 성격의 차이를 결정한다는 사실이다.

문학에 나타난 예

소유적 실존양식과 존재적 실존양식의 차이를 쉽게 이해하기 위해
서, 고인(故人)이 된 스즈키가 "선종(禪宗)에 대하여"라는 강론에서
인용한 유사한 내용의 두 편의 시를 여기에 재인용하기로 한다. 그중
한 편은 일본 시인 마쓰오 바쇼(松尾芭蕉)가 지은 하이쿠(俳句)이며,

다른 한 편은 19세기 영국 시인 테니슨의 시이다. 두 시인 모두 동일한 체험, 즉 산책길에서 본 꽃에 대한 그들의 반응을 묘사하고 있다. 테니슨의 시는 다음과 같다.

> 갈라진 벽 틈새에 핀 꽃이여,
> 나는 너를 그 틈새에서 뽑아내어,
> 지금 뿌리째로 손 안에 들고 있다.
> 작은 꽃이여 —— 그러나 만약 내가
> 뿌리째 너를, 너의 모든 것을 알 수 있다면,
> 신(神)과 인간이 무엇인지도 알 수 있으련만.

그리고 바쇼의 하이쿠는 다음과 같다.

> 눈여겨 살펴보니
> 울타리 곁에 냉이꽃이 피어 있는 것이 보이누나!

두 편의 시의 현격한 차이는 얼른 눈에 띈다. 꽃을 본 테니슨의 반응은 그것을 소유하려는 욕망이다. 그는 꽃을 "뿌리째로" 뽑아든다. 꽃에 대한 그의 관심은 꽃의 생명을 단절시키는 결과로 이어진다. 그 꽃이 신과 인간의 본성을 파악하는 데에 도움을 줄 수도 있으리라는 지적 사색으로 끝을 맺으면서 말이다. 이 시에서의 테니슨은 생명체를 해부하면서 진실을 추구하는 서구 과학자들에게 비견될 수 있을 것이다.

그러나 꽃에 대한 바쇼의 반응은 판이하다. 그는 꽃을 꺾으려고 하지 않는다. 그것을 건드려보려고조차 않는다. 그는 "알아보기" 위해서 다만 "눈여겨 살펴볼" 뿐이다.

이 시에 대해서 스즈키는 다음과 같이 쓰고 있다(D. T. Suzuki, 1960, 1쪽). "아마도 바쇼는 시골길을 따라 걷다가 울타리 곁에서 희미한 무엇인가를 보았을 것이다. 그리고 가까이 다가가서 자세히 살펴보고 나서, 그것이 무심히 지나치는 사람들 눈에는 띄지도 않는 하찮은 야생초에 불과하다는 것을 알아본 것이다. 이것이 이 시 안에 그려진 단순한 사실이다. 그리고 어쩌면 일본어로 '가나(かな)'라고 울리는 마지막 두 음절을 제외하고는 두드러진 시적 감흥이 표현된 대목도 찾을 수 없다. 흔히 명사나 형용사, 또는 부사를 수식하는 이 조사(助詞)는 감탄이나 찬양, 고통이나 기쁨의 감정을 표현하며, 서구어로 번역할 때는 감탄부호로 나타내면 상당히 적중할 수 있다. 앞에 예시된 하이쿠에서는 시 전체가 이와 같은 감탄부호로 마무리된 셈이다."

테니슨은 사람과 자연을 이해하기 위해서 필히 꽃을 손에 쥘 필요가 있었고, 꽃은 그의 소유가 됨으로써 파괴된다. 바쇼는 다만 바라보기를 원한다. 또한 꽃을 그냥 관조하는 데에 그치지 않고 꽃과 일체가 되기를, 꽃과 결합하기를 원한다 —— 그러면서 꽃의 생명을 건드리지는 않는다.

테니슨과 바쇼의 차이는 괴테의 다음 한 편의 시에 명시되어 있다.

발견

나 홀로
숲속을 거닐었지.

36

아무것도
찾을 뜻은 없었네.

그런데 그늘 속에 피어 있는
작은 꽃 한송이 보았지.
별처럼 반짝이고
눈망울처럼 예쁜 꽃을.

그 꽃을 꺾고 싶었는데,
꽃이 애처롭게 말했네.
내가 꺾여서
시들어버려야 되겠어요?

하여, 꽃을 고스란히
뿌리째로 캐어,
예쁜 집 뜨락으로
옮겨왔지.

조용한 자리에
다시 심어놓으니,
이제 늘상 가지치고
꽃 피어 시들 줄 모르네.

　괴테는 아무런 목적 없이 산책하다가 반짝이는 작은 꽃에 주의를
기울이게 된다. 그도 테니슨과 똑같이 꽃을 꺾고 싶은 충동을 느꼈음

을 보고한다. 그러나 테니슨과는 달리 그는 그렇게 하면 꽃이 죽을 것을 깨닫는다. 괴테에게 그 꽃은 말을 걸어와서 경고를 할 수 있을 만큼 살아 있는 존재이다. 따라서 그는 테니슨과도 바쇼와도 다른 식으로 이 문제를 해결한다. 꽃을 고스란히 캐내어 그 생명이 보존되도록 이식(移植)하는 것이다. 말하자면 괴테는 바쇼와 테니슨의 중용의 입장에 있다고 할 수 있지만, 결정적인 순간에 생명에 대한 그의 사랑이 순전한 지적 호기심을 능가한다. 이 아름다운 시는 자연탐구에 대한 괴테의 근본 입장을 명백히 표현해주고 있다.

꽃과의 관계에서 테니슨이 보여주는 특성은 소유양식, 또는 소유욕의 양식에 속한다. 이 경우에서는 물론 물질적 소유가 아닌 지적 소유이다. 바쇼와 괴테의 꽃에 대한 관계는 존재양식으로 특징지어진다. 지금 내가 "존재"라고 말하는 것은 무엇을 소유하거나 소유하려고 탐하지 않고 기쁨에 차서 자신의 능력을 생산적으로 사용하고 세계와 **하나가 되는**, 그런 실존양식을 의미한다.

열정적 삶의 옹호자요, 인간의 기계화와 해체(解體)에 맞서서 싸운 작가인 괴테는 수많은 시작품에서 소유에 반대하면서 존재의 편을 들었고, 극작품『파우스트(*Faust*)』에서는 메피스토펠레스를 소유의 대표로 내세우면서, 존재와 소유 사이의 갈등을 극화시켰다. 존재의 특질을 더없이 간결하게 표현한 그의 짧은 시가 한 편 있다.

고유의 재산

나는 알고 있네, 내게 속한 것은 다른 아무것도 없음을.
오로지 나의 영혼으로부터

거침없이 흘러나오려는 사상과,

자애로운 운명이 베풀어준,

마음 밑바닥으로부터

향유하는 은총의 순간순간뿐임을.

   그러나 존재하는 것과 소유하는 것의 차이가 동양적 사고와 서양
적 사고의 차이는 아니다. 그것은 오히려 인간을 중심으로 여기는
사회와 사물을 중심으로 돌아가는 사회의 차이라고 할 수 있다. 소
유지향은 돈, 명예, 권력에의 탐욕이 삶의 지배적인 주제가 되어버
린 서구 산업사회 인간들의 특성이다. 중세사회나 주니 인디언(Zuni
Indians, Zuni-Indianer) 사회, 또는 특정한 아프리카 부족사회처럼
현대적 "진보"사상에 감염되지 않은 덜 소외된 사회에는 그들 고유
의 바쇼가 살아 있다. 그런가 하면 산업화를 몇 세대 거치고 난 뒤의
일본인은 어쩌면 그들 고유의 테니슨을 가지게 될는지 모른다. 문제
는 (융1)의 견해처럼) 선종(禪宗)과 같은 동양적 사고체계에 대해서
서구인의 이해능력이 못 미치는 데에 있다기보다는, 무릇 모든 현대
인이 소유와 탐욕을 바탕으로 하지 않은 사회정신을 이해할 수 없다
는 데에 기인한다. 에크하르트 수사의 가르침도 실은 바쇼나 선(禪)
못지않게 난해하기는 하지만, 실제에 있어서 에크하르트와 석가모

---

1) 융(Carl Gustav Jung, 1875–1961) : 스위스 출신의 정신과 의사로서 프로이트의 수제자.
정신분석의 유효성을 앞서서 인식하고 연상실험을 창시하여 프로이트가 말하는 억압
적 요소를 입증, "콤플렉스"라고 이름 붙였다. 그러나 이후 프로이트에 의해서 성적
영역에 국한되었던 "리비도" 개념을 일반적 에너지로 주장함으로써 프로이트와 갈라졌
다. 심리학 일반에서 "내향성"과 "외향성"을 구분한 것은 그의 공적으로 인정된다.

니의 가르침은 다른 언어로 된 동의어인 것이다.

언어관습의 변화

존재와 소유 가운데 어느 편에 더 비중을 두는가 하는 일반적 추이현상은 지난 몇 세기 동안 서구 언어에 나타난 명사의 사용증가와 동사의 사용감소 현상에서도 확인할 수 있다.

명사란 어떤 사물을 지칭하는 이름이다. 우리는 "나는 사물을 소유하고 있다"라고, 이를테면 "책상이나 집, 책이나 자동차를 가지고 있다"라고 말할 수 있다. 그러나 과정의 행위를 적절히 표기하는 형태는 동사이다. 예컨대, "나는 존재한다", "나는 사랑한다", "나는 소망한다", "나는 증오한다" 등등. 그런데 행위가 소유개념으로 표현되는 예가, 즉 동사 대신 명사가 사용되는 예가 점점 빈번해지고 있다. 그러나 "소유하다(have, haben)"라는 말을 명사와 묶어서 어떤 행위를 표현한다는 것은 어법상 옳다고 할 수 없다. 과정과 행위는 소유될 수 있는 것이 아니라 체험되는 성질의 것이기 때문이다.

뒤 마레와 마르크스의 고찰

이러한 언어관습이 초래할 부정적 결과는 이미 18세기에 인식되었다. 뒤 마레는 사후에 발표된 저서 『올바른 문법원리(*Les Véritables Principes de la Grammaire*)』(1769)에서 이 문제를 극명하게 표현했다. 그는 이렇게 쓰고 있다. "'나는 시계를 하나 가지고 있다'라는 예문에서 나는 가지고 있다는 말은 그 본래의 의미로 이해될 수 있다. 그러나 '나는 어떤 생각을 가지고 있다'는 말에서의 나는 가지고 있다는 단지 모방적으로 사용하는 것에 지나지 않는다. 그것은 빌려온 표현이다. 나는 생각을 가지고 있다라는 표현은 나는 생각한다라든가 나는 이런저런 식으로 상상한다를, 나는 갈망을 가지고 있다는 표현은 나는 갈망한다를, 나는 '뜻'을 가지고 있다는 표현은 나는 뜻한다를 의미하는 것이다."(뒤 마레에 관해서 내게 도움말을 준 사람은 촘스키 박사이다)

뒤 마레가 동사를 명사로 대치하는 이와 같은 현상을 주목한 1세기 후에, 마르크스와 엥겔스도 같은 문제를 다루었다. 물론 이들의 방식은 뒤 마레의 경우보다 훨씬 더 근본적이었다. 에드가 바우어의 『비판적 비평(*Kritische Kritik*)』에 대한 그들의 비판에는 간략하되 사랑에 관한 아주 중요한 에세이가 포함되어 있는데, 거기서 그들은 바우어의 다음과 같은 말을 인용하고 있다. "사랑은……잔인한 여신이다. 모든 신이 그러하듯 이 여신은 인간의 모든 것을 소유하려고 한다. 인간이 자신의 영혼뿐 아니라 육체적 자아까지 모두 바칠 때까지 만족할 줄을 모른다. 이 여신을 섬기는 일은 고통이며, 그 절정은 자기희생이요, 자살이다."(E. Bauer, 1844)

마르크스와 엥겔스는 이것에 대해서 답한다. "에드가 선생은 **사랑하는 인간**, 그리고 **인간의 사랑**을 **사랑**에 속한 인간으로 만듦으로써, **사랑**을 인간에게서 격리시켜 그 자체로 독립된 실체로 만듦으로써 '사랑'을 '여신'으로 그것도 '잔인한 여신'으로 변모시키고 있다.(K. Marx, 1962, 684쪽)

여기서 마르크스와 엥겔스는 동사 대신 명사를 사용하는 어법의 결정적 요체를 건드린다. 사랑이라는 행위의 추상화에 불과한 명사

"사랑"이 인간에게서 분리된다. 사랑하는 인간은 사랑에 속한 인간이 된다. 사랑은 여신으로, 인간의 사랑을 투영한 우상으로 변한다. 이와 같은 소외과정에서 인간은 사랑을 체험하기를 중단하고, 다만 사랑의 여신에게 굴종하는 것에 의해서 자신의 사랑하는 능력과 묶여 있게 된다. 그는 스스로 감정을 지닌 인간이기를 멈추었고, 소외된 우상 숭배자가 되어버린 것이다.

오늘날의 언어관용

뒤 마레가 살았던 이후 200년 동안 동사를 명사로 대치시키는 이 경향은 뒤 마레 스스로도 상상할 수 없었을 정도로 엄청나게 증가했다. 조금은 과장일 수도 있지만, 오늘날 관용되는 전형적인 예를 들어보기로 하자. 정신과 의사와 상담에 임한 한 부인이 다음과 같이 말문을 열었다고 하자. "박사님, 나는 문제를 하나 **가지고 있습니다.**" 몇십 년 전이라면 이 환자는 "나는 문제를 하나 가지고 있습니다"라고 말하는 대신 분명히 "나는 고통에 시달리고 있습니다"라고 말했을 것이다. 이런 현대의 언어양식은 오늘날의 소외현상의 한 증거이다. "나는 고통에 시달리고 있습니다"라는 말 대신에 "나는 문제를 하나 **가지고 있습니다**"라고 말함으로써 주체적 경험은 배제된다. 경험적 **자아**가 그가 소유한 그것으로 대치되는 것이다. 나는 나의 감정들을 내가 소유한 무엇으로, 즉 문제로 변형시키고 있다. "문제"란 모든 종류의 어려움에 대한 추상적인 표현이다. 나는 문제를 소유할 수는 없다. 그것은 소유할 수 있는 성질의 물건이 아니기 때문이다. 물론 문제 편에서 나를 소유할 수는 있다. 좀더 엄밀히 말하자면, 나는 나 자신을 하나의 "문제"로 변화시켰고, 내가 만들어낸 그것이 나를 사로잡고 있는 것이다. 이와 같은 방식의 어법은 감추어진 무의식적 소외를 드러낸다.

두 개념의 어원

"가지다(have, haben)"라는 말은 착각하기 쉬운 단순한 말이다. 모든 인간은 무엇인가를 가지고 있다. 그의 육체,* 옷, 집을—— 그리고 현대인의 경우에는 자동차, 텔레비전, 세탁기에 이르기까지. 무엇인가를 소유하지 않고 살아간다는 것은 실제적으로 불가능하다. 그렇다면 가지는 것이 왜 문제가 될까?

그렇지만 "가지다"라는 말의 역사는 그것이 진정한 문제임을 제시한다. "가지는 것"이 인간실존의 지극히 당연한 범주라고 생각하는 사람들은 지상의 많은 언어들이 "가지다"에 해당되는 말을 아예 가지고 있지 않다는 사실을 알고서 놀라움을 금하지 못할 것이다. 예컨대 헤브루어로 "나는 가지고 있다"라는 말을 표현하려면, "jesh li(그것은 내게 속한다)"라는 간접형태를 써야 한다. "나는 가지고 있다"라는 표현보다는 이렇게 간접적으로 소유를 표현하는 언어들이 실제로 더 많다.**

---

* 여기서 짚고 넘어가야 할 점이 있다. 즉 육체의 경우에도 존재에 기준한 관계가 엄존한다는 사실이다. 이 관계에서는 육체가 살아 있는 것으로 경험된다. 우리는 이것을 "나는 육체를 가지고 있다"라고 말하는 대신 "나는 육체이다"라고 표현할 수도 있을 것이다. 육체로 지각되는 모든 훈련은 이와 같은 육체적 존재경험을 지향하는 노력이다.
** 이것에 대한 고찰을 비롯한 다음의 언어학적 고찰들은 에밀 방브니스트로부터 인용한 것이다.

주목할 점은 수많은 언어들이 그 발달과정에서 "그것은 내게 속한다"는 구문(構文)에서 "나는 가지고 있다"의 구문으로 바뀐 반면, 에밀 방브니스트가 시사했듯이, 그 반대방향으로 발전한 예는 확인할 수가 없다는 사실이다. 이 사실은 "가지다[소유하다]"라는 말이 사유재산의 생성과 연관되어 발전해왔음을, 반면 기능적으로 소유하는 사회, 즉 소비를 전제한 소유의 사회에서는 등장하지 않음을 시사한다고 여겨진다. 사회언어학적 연구가 좀더 진전되면 이 가설이 과연 맞는지, 어느 정도 타당한지를 밝혀주리라고 생각한다.

"가지다"라는 말은 비교적 단순하게 보일 수도 있는 개념인 반면에, "존재하다(be, sein)"라는 말은 훨씬 더 복잡하고 어려운 개념이다. 이 개념은 다음과 같이 여러 방식으로 사용된다. 1. 조동사로 쓰인다. 이를테면 "나는 키가 크다(I am tall, ich bin groß)", "나는 백인이다(I am white, ich bin weiß)", "나는 가난하다(I am poor, ich bin arm)"처럼 실체를 확인하는 문법적 규정어로 쓰인다(많은 언어들은 이런 의미에서의 "이다[be, sein]"에 해당하는 말을 가지고 있지 않다). 스페인어에서는 주체의 본질에 속하는 지속적 특성을 나타내는 조동사(ser)와, 본질이 아닌 임시적 특성을 나타내는 조동사(estar)가 구별되어 사용된다. 2. 수동태를 만드는 데에 쓰인다. 이를테면 "나는 두들겨 맞는다(I am beaten, ich werde geschlagen)"라는 말은 내가 어떤 다른 사람의 행위의 객체이며, "나는 때린다(I beat, ich schlage)"의 경우처럼 나 자신이 행위의 주체가 아님을 의미한다. 3. "존재하다", 실존하다라는 의미로 쓰인다. 이 경우는 실체를 확인규정하는 조동사 "이다"와는 근본적으로 다른 의미이다. 방브니스트는 이 점을 분명하게 지적했다. "두 말은 전혀 다른 의미인데도 지금껏 공존해왔고 앞으로도 공존할 것이다."

방브니스트의 연구는 조동사인 "이다"의 의미보다는 독자적 동사로서 "존재하다"라는 의미에 새로운 초점을 맞추고 있다. 인도 게르만어에서는 "존재하다"라는 말이 "실존하다", "실재 안에 나타나다"를 뜻하는 어근(語根) es(그것)로 표현된다.[2] "이 실존과 실재는 실체적인 것, 적절한 것, 참된 것으로 정의된다."(산스크리트[Sanskrit, 梵語]에서 sant[梵]는 실존하는, 실재하는, 좋은, 참됨을, 그 최상급 sattama는 최선을 뜻한다) 따라서 그 어원의 뿌리로 볼 때 "존재하다(be, sein)"라는 말은 주어(主語)와 부가어(附加語) 사이의 일치를 확인하는 기능 이상의 말이다. 다시 말하면, 어떤 현상에 대한 서술어 이상의 것이다. 그것은 있는 사람(who is, der ist)과 있는 사물(what is, was ist)의 실존과 실재를 표현하며, 그것(그 또는 그녀)의 실체성과 진실성을 입증해준다. 누가 또는 무엇이 있다고 말할 때, 우리는 그 또는 그것의 본질에 대해서 말하는 것이지, 그 또는 그것의 겉모양에 대해서 말하는 것이 아니다.

소유와 존재의 의미에 대한 지금까지의 잠정적 개관에서 우리는 다음과 같은 결론을 이끌어낼 수 있다.

1. 내가 의미하는 존재나 소유 개념은 "나는 자동차를 가지고 있다"라든가 "나는 백인이다", 또는 "나는 행복하다"라는 식의 표현에서 볼 수 있는 한 주체가 지닌 어떤 개별적 특성이 아니다. 그것은

---

2) 예를 들면 독일어 "책상이 하나 있다"는 "그것이 책상을 하나 준다(Es gibt einen Tisch)"로 표현한다.

두 가지의 근본적 실존양식이다. 자기 자신과 세계를 대하는 두 갈래 다른 방향의 지조이고 서로 다른 두 가지 방식의 성격구조이다. 그중 에서 어느 쪽이 우세한가에 의해서 한 인간의 사고, 감정, 행동이 결정된다.

2. 소유적 실존양식에서 세계에 대한 나의 관계는 나의 것으로 만들고자 하고 나의 것으로 만드는 관계, 자신을 포함하여 모든 사람과 모든 사물을 나의 것으로 만들려는 관계이다.

3. 존재적 실존양식에서 우리는 두 가지 형태의 존재를 구분해야 한다. 그 한 형태는 뒤 마레가 해명하고 서술했듯이, 소유의 반대개 념이다. 이 형태는 생동적이며 세계와 실체적 관계에 있다. 존재의 또다른 형태는 겉보기(appearing, Schein)의 반대개념이다. 있다(be, sein)라는 말의 어원에서 서술되듯이(방브니스트) 미혹적 가상(假像) 과는 반대되는, 한 인격에 내재한 참실재이다.

존재에 대한 철학적 개념들

존재는 과거 수천 권 철학서의 주제였고 "존재란 무엇인가"라는 의문 은 지금도 서양철학의 근본 문제의 하나이다. 이로 인해서 존재개념에 대한 논의는 특히 복잡하다. 이 책에서는 존재개념을 주로 인류학과 심리학적 관점에서 다루고 있지만, 이 주제에 관한 철학적 논의도 인류학적 문제성과 무관할 수는 없다. 소크라테스 이전의 철인들에서 부터 현대철학에 이르기까지 존재개념의 발전상을 아무리 최소한으 로 요약한다고 해도 한정된 범위 안에서 그것을 소화하기는 불가능하 므로, 여기서는 다만 한 가지 요점만 언급하기로 한다. 즉 **생성과정과**

활동, 운동이 존재의 구성요소라는 견해이다. 게오르크 지멜3)이 주장한 존재는 변화를 함축하고 있다는, 다시 말하면 존재는 **생성과정**(becoming, Werden)과 동의어라는 사상은 서양철학 역사상 가장 단호한 두 철인의 사상의 뒷받침을 받은 것이었다. 서양철학 여명기의 헤라클레이토스4)와 전성기의 헤겔이 지멜 사상의 변호인이다.

파르메니데스5)를 위시해서 플라톤, 스콜라 학파의 "실재론자들(realists, Realisten)"에 의해서 대표되는 견해, 즉 존재란 시간을 초월하며 불변 및 항존하는 실체이며 따라서 생성과정의 반대라는 견해는 하나의 사고(이념[idea, eine Idee])는 궁극적으로 실재(reality, das Reale)라는 관념론적 사상을 토대로 할 때에만 의미를 지닐 수 있다. 만약 **사랑**(플라톤적 의미에서의)의 이데아가 실제 사랑의 체험보다 더 실재성을 지닌다면, 물론 이데아로서의 사랑이 불변 및 항존한다고 말할 수도 있을 것이다. 그렇지만 살아 있는 인간의 현실, 그의 사랑과 미움, 고뇌로부터 본다면 동시에 생성과정과 변화를 겪지 않는 존재란 하나도 없다. 생명이 있는 유기체는 생성을 겪는 한에서만 존재할 수 있으며, 변화하는 한에서만 실존할 수 있다. 생장과 변화

---

3) 지멜(Georg Simmel, 1858-1918) : 독일 사회철학자. "사회화 형태"의 연구와 개체와 사회와의 관계 연구로 형식적 사회주의의 기초자가 되었다.

4) 헤라클레이토스(Herakleitos, 기원전 540?-기원전 480?) : 그리스 철인. "만물은 유전한다", "만물의 전환과정은 항쟁이되 전체적으로는 조화를 찾을 수 있다"는 그의 철학 기조는 헤겔을 비롯한 근대 관념철학자에게 큰 영향을 미쳤다.

5) 파르메니데스(Parmenides) : 그리스 철인. 육보격(hexameter)으로 된 교훈시 160행을 남겼는데, 여기서 다양하게 변하는 모든 개별자는 유일한 "존재(Sein)"의 현상에 불과하며, 존재란 불생불멸, 불가분, 불변부동의 성질을 가진 것이라는 철학을 펼쳐서, 근대 존재론과 인식론에 영향을 미쳤다.

는 삶의 과정에 내재한 특성인 것이다.

소유와 소비

두 실존양식의 차이를 명시해주는 몇 가지 간단한 시례를 접하기 전
에, 소유의 또다른 형태인 합체(incorporation, Einverleiben)에 대해서
언급하기로 한다. 예컨대 음식을 섭취하는 경우처럼 무엇인가를 몸
안에 끌어들이는 행위는 소유의 원시적 형태의 하나이다. 특정한 발
달시기의 유아는 가지고 싶은 것을 무작정 입에 무는 성향을 보인다.
이것은 다른 방식으로 자기 것을 확보할 만큼 신체발달이 미처 따라
가지 못하기 때문에 유아 나름으로 터득한 소유의 형태이다. 소유와
합체 사이의 이와 같은 상관관계를 우리는 여러 형태의 식인풍습(食
人風習)에서도 찾을 수 있다. 다른 인간을 먹어버림으로써 그 인간
이 지녔던 능력을 내 것으로 할 수 있다고 믿는 것이다. 이와 같은
식인풍습은 노예를 소유하는 것과 같은 종류의 마술적 보상형태(報
償形態)가 된다. 용감한 사람의 심장을 먹으면 그의 용기를 자기 것
으로 소유하게 된다. 토템 동물을 먹으면 그 토템 동물이 상징하는
신성(神性)을 공유하게 되며 —— 그럼으로써 그 신성과 일체가 된다.
　물론 육체적으로 합체할 수 없는 대상들이 대부분이기는 하다(그
것이 가능하다고 해도 배설과정에서 그 대상물들은 소멸된다). 그
렇기는 해도 **상징적, 주술적 합체**는 엄존한다. 이를테면 내가 어떤
신(神), 아버지, 동물의 진수(眞髓)를 이루는 이미지와 합체했다고
여길 경우, 그 이미지는 그 누구도 내게서 **빼앗아갈** 수도, 나와 갈
라놓을 수도 없다. 나는 그 대상을 상징적으로 삼키고 그것이 내 속

48

에 상징적으로 현존함을 믿는다. 예컨대 프로이트는 이런 방식으로 초자아(superego, Über-Ich)란 잠재의식에 투영된, 아버지가 명한 금기와 계명의 총화라고 풀이했다. 똑같은 방식으로 권위나 관습, 어떤 이념이나 이미지도 잠재의식 속에 투영될 수 있다. 나는 그것들을 가지고 있고, 그것들은 이를테면 영원히 나의 내부에 보존되어 있는 것이다("투영[introjection, Introjektion]"이라는 말은 흔히 "동일화[identification, Identifikation]"와 유사하게 사용된다. 두 개념이 과연 똑같은 과정을 의미하는지는 판가름하기 어렵다. 어쨌든 "동일화"라는 말을 모방이나 종속을 의미할 수도 있는 막연한 경우에는 쓰지 말아야 할 것이다).

이밖에도 생리적 욕구와는 무관한, 따라서 한계를 그을 수 없는 합체의 다른 형태들이 얼마든지 있다. 소비자들의 태도에는 온 세계를 삼키려는 욕망이 깔려 있다. 소비자는 우유병을 달라고 보채는 영원한 젖먹이이다. 이런 예는 알코올 중독이나 마약 중독 같은 병리적 현상에서 노골적으로 나타난다. 우리가 굳이 이 두 가지 현상을 들추어서 평가절하하는 이유는 그것이 중독 해당자로 하여금 사회적 의무를 이행할 수 없게 악영향을 끼치기 때문인 듯하다. 끊지 못하는 끽연은 위의 경우처럼 모멸의 눈초리를 받지는 않는다. 그것 역시 일종의 중독이기는 하되 "오로지" 끽연자 자신의 수명을 단축시킬 뿐, 그의 사회적 기능능력을 해치지는 않기 때문이다. 일상생활에서의 여러 강박적 소비형태에 대해서는 이미 나의 이전의 저술들에서 논의했으므로 여기에 반복할 필요는 없을 것이다. 다만, 여가(餘暇)와 상관된 것, 즉 자동차, 텔레비전, 여행, 섹스가 오늘날 강박적 소비의 주범이 되고 있다는 사실만은 짚고 넘어가야 할 것 같다. 현대인은 "능동적 여가활동(leisure-time activity, Freizeitaktivität)"이라는 말을 흔히 쓴다. 그러나 더 적절한 표현은 "수동적 여가활동(leisure-time passivity, Freizeitpassivität)"일 것이다.

요약하면, 소비는 소유의 한 형태이다. 아마도 현대 "잉여사회"에서 가장 중요한 소유형태일 것이다. 소비는 이중적 특성을 지니고 있다. 써버린 것은 빼앗길 염려가 없으므로 일단 불안을 감소시켜준다. 그런 한편, 점점 더 많은 소비를 조장한다. 왜냐하면 일단 써버린 것은 곧 충족감을 주기를 중단해버리기 때문이다. 현대 소비자는 나＝내가 가진 것＝내가 소비하는 것이라는 등식에서 자신의 실체를 확인하는지도 모른다.

2
일상적 경험에서의 소유와 존재

우리가 몸담고 살고 있는 사회는 전적으로 소유지향과 이윤추구로 처방된 사회이다. 따라서 존재적 실존양식의 실례는 찾아보기 힘들고, 대다수 사람들은 소유를 겨냥하는 실존을 당연한 것으로, 그야말로 생각할 수 있는 유일한 생존방식으로 여긴다. 이 모든 현상은 특히, 존재라는 실존양식의 특성을 이해하고 결국 가능한 유일한 인간의 성향이 소유라는 사실마저 파악하기 어렵게 만든다. 그럼에도 불구하고 이 두 가지 개념은 인간의 경험에 근거한다. 두 개념 가운데 그 어느 쪽도 순전히 추상적으로 이성적 방식으로만 고찰되어서도 안 되며, 또 그럴 수도 없다. 두 개념은 모두 우리의 일상생활에 반영되는 것으로, 따라서 구체적으로 취급될 수 있는 것이다.

다음에 서술한 일상생활에서 나온 단순한 실례들은 소유와 존재의 선택적 양식에 대한 독자의 이해를 도와주리라고 생각한다.

학습
소유적 실존양식에 길든 학생들은 강의를 들을 때, 놓치지 않고 어휘들을 경청한 뒤 그 논리적 연관과 의미를 파악하여 가능한 한 모조리

노트에 기록한다. 그래서 필기한 것을 나중에 암기하여 시험에 합격할 수 있을 것이다. 그러나 그 내용은 그들 고유의 사고체계를 풍요롭고 폭넓게 하는 구성요소가 되지는 못할 것이다. 그들은 그들이 들은 강의내용을 경직된 사고의 집합체, 또는 그들이 저장해놓은 온갖 이론들 속에 억지로 밀어넣는다. 학생들 각자가 남이 확인해놓은 주장들(그 주장들이 발설자의 창의에서 나왔거나 다른 원전에서 인용된 것이거나 간에)을 소유했다는 사실을 제외하면, 강의 내용과 학생들은 여전히 생소한 관계에 있다.

소유적 실존양식에 젖어 있는 학생들은 오로지 한 가지 목표를 겨눈다. "학습한 것"을 기억 속에 새기거나 기록을 용의주도하게 보관함으로써 굳게 지키는 것이다. 그들은 새로운 것을 창조하거나 생산할 필요가 없다. 사실상 "소유형" 인간은 자신의 주제에 관한 새로운 사상이나 관념에 맞닥뜨리면 불안해한다. 그럴 것이, 새로운 것은 그가 수집하고 확보한 기존 정보를 회의하게끔 몰아세우기 때문이다. 세계와의 관계에서 소유를 주형태로 하는 사람의 경우에는, 쉽게 기록되어 고정될 수 없는 사상들이야말로 성장하고 변하며 따라서 다스릴 수 없는 다른 모든 것과 마찬가지로 두려움의 대상이다.

존재양식으로 세계와 관계를 맺고 있는 학생들은 학습과정에서 전혀 다른 특질을 보인다. 우선 그들은 첫 강의부터 **백지상태**(tabula rasa)로 참여하지는 않는다. 그 강의가 다루는 주제를 미리 고찰하고 특정한 문제와 의문에 대해서 골몰한다. 그들은 강의주제를 놓고 이미 씨름한 바가 있어 그것에 흥미를 느낀다.

그들은 그저 수동적으로 낱말과 사상을 수신하지 않고, **경청하며**,

듣는 데에 그치지 않고 능동적이고 생산적으로 **수용하고 대응한다.** 그들이 들은 것은 그들 고유의 사유과정을 자극한다. 새로운 의문, 새로운 관념, 새로운 전망이 떠오른다. 경청행위는 그 자체로 살아있는 과정이다. 학생은 선생이 말하는 어휘들을 수용하고 그것에 대응하면서 생기를 얻게 된다. 그가 습득한 것은 단순히 집으로 들고 가서 암기할 수 있는 그런 지식에 그치지 않는다. 모든 학생은 자기 나름대로 충격을 받고 변화한다. 강의를 들은 후에는 그 이전과는 다른 사람이 된다. 이런 종류의 학습은 물론 고무적인 소재를 제공하는 강의에 한해서만 가능하다. 그 누구라도 공허한 잡담을 듣고 존재양식으로 대응할 수는 없으며, 그것을 듣느니 차라리 자기 혼자만의 생각에 빠진다. 여기서 한 가지, 너무 많이 사용되어 퇴색해버린 "관심"이라는 말에 대해서 상술하고자 한다. 이 말의 본뜻은 그 어원, 즉 "그 사이에 들어가 있다" 또는 "거기에 있다"라는 의미의 라틴어 interesse에 내포되어 있다. 이처럼 능동적 의미를 지녔던 "관심"이라는 말이 중세영어에서는 "to list(귀 기울여 듣는다)"(형용사로는 listy, 부사로는 listily)라는 낱말로 표현되었다. 현대영어에서 "to list"는 단지 공간적 의미로만("a ship lists" = 배가 기운다) 사용된다. 심리적 의미에서의 원뜻은 부정적으로 쓰이는 "listless(무관심한)"에만 남아 있다. 지난날 "to list"는 "능동적으로 무엇을 추구한다", "무엇에 진정 흥미를 가지고 있다"라는 의미였다. 그 어원은 독일어의 "Lust[욕구]"와 같지만, "to list"는 어떤 욕구에 의해서 **휘몰림을 당하는 것**이 아니라, **자유롭고 능동적인 관심 또는 무엇인가 지향하는 노력**이라는 의미를 내포한다. "to list"는 14세기 중엽 작자미상의 저서 『미지의 구름

(*The Cloud of Unknowing*)』(E. Underhill, 1956)에 나오는 핵심적 개념의 하나이다. 현대영어에서 이 낱말이 단지 부정적 의미만을 내포하고 있는 사실은 13세기에서 20세기에 걸쳐서 사회가 겪은 정신적 태도의 변천을 특징적으로 드러내준다.

기억

우리는 소유양식으로 기억할 수도 존재양식으로 기억할 수도 있다. 기억작용의 두 형태는 우리의 기억이 연결되는 **방식**에 따라서 본질적으로 구분된다. 소유양식으로 기억할 때는 두 낱말이 동시적으로 사용되는 빈도에 의해서 묶이는 경우처럼, 전적으로 **기계적으로** 연결된다. 또는 순전히 **논리적** 연관에 바탕을 둔 기억의 연결일 수도 있다. 이를테면 전혀 반대되는 한 쌍의 개념이나 모아진 개념의 경우처럼, 또는 시간, 공간, 크기, 색채에 근거하거나 어떤 특정한 사고체계에 속한 것에 바탕을 두어서 기억이 연결되는 경우처럼 말이다.

존재양식으로의 기억은 **능동적 활동**이다. 말, 사상, 장면, 그림, 음악 같은 것은 능동적 활동으로 우리의 의식 속에 환기된다. 우리가 떠올리려고 하는 구체적인 단일 사실과, 그것과 연관된 다른 여러 사실들 사이에 접속이 생기는 것이다. 이 경우에서의 기억의 연결은 단순히 기계적이지도 순전히 논리적이지도 않은, 바로 살아 있는 방식이다. 개개의 개념은 그것에 적중하는 말을 찾을 때 우리의 사고(또는 느낌)에 들어서는 생산적 활동에 의해서 다른 개념과 연결된다. 간단한 예를 들어보자. 만약 내가 "두통"이라는 말에 연결시켜서 "고통"이나 "아스피린"이라는 말을 연상한다면, 나는 논리적 인습의 궤도를 벗어나지 못했다고 말할 수 있다. 그러나 이와는 달리 "두통"이라는 말에 이어서 "스트레스"나 "분노"라는 말을 연상한다면, 나는 해당 사실을 그 원인들에, 지금껏 그 현상에 골몰한 덕분에 그 가능성을 통찰하게 된 원인들에 묶고 있는 셈이다. 이런 종류의 기억형태는 그 자체로 이미 생산적 사고행위이다. 이처럼 살아 있는 기억형태의 가장 주목할 만한 예는 프로이트가 찾아낸 "자유연상(free association, freie Assoziation)"이다.

이런 식의 기억축적에 일차적인 관심을 가지지 못한 사람은 자신의 기억력을 원활하게 작동시키기 위해서 강렬한 직접적 관심[이해]을 필요로 한다는 점을 확인하게 될 것이다. 예컨대, 어떤 한 마디 말을 아는 것에 사활이 걸려 있는 궁지에 몰렸을 때, 잊어버렸다고 여겼던 외국어 표현들을 기억해낸 경험을 가진 사람들은 얼마든지 있다. 필자의 경험에서도 그런 예를 찾을 수 있다. 나는 특별히 뛰어난 기억력을 가지고 있지 못한 사람인데도 언젠가 내가 분석해준 타인의 꿈을 기억해낸 경험을 가지고 있다. 물론 그 불과 5분 전까지만 해도 그 꿈을 내가 기억하고 있으리라고는 생각할 수 없었다. 그런데 꿈의 장본인을—— 2주 뒤에 만났거나 5년 뒤에 만났거나 간에—— 직접 마주 대하고 그의 모든 사람 됨됨이에 집중하고 나니까, 내가 분석해주었던 그의 꿈의 내용이 떠올랐다.

존재적 실존양식에서의 기억행위는 일찍이 보았거나 들었던 것을 소생시키는 것을 의미한다. 우리는 누구나 이전에 보았던 사람이나 풍경의 장면을 기억 속으로 불러들임으로써 이런 종류의 생산적 기억을 수행할 수 있다. 사람의 얼굴이든 풍경이든 간에 그것은 우리의 정신적 눈앞에 즉각 떠오르지는 않는다. 그것은 재창조되어 소생되어야 한다. 이 일은 항상 쉽지만은 않다. 그 얼굴이나 풍경을 뚜렷이 기억할 수 있기 위해서는 그것들을 충분한 집중력을 가지고 눈여겨보아둔 과거의 경험이 전제되어야 한다. 이런 종류의 기억작용이 완전히 성사될 경우, 나의 기억 속에 환기된 얼굴의 주인공은 생생하게 현존하게 되며 풍경도 실제로 눈앞에 있는 듯이 생생하게 펼쳐진다.

소유양식으로 누군가의 얼굴이나 풍경을 기억하는 방식은 대개의 사람들이 사진을 들여다보는 것에서 그 전형을 볼 수 있다. 사진이 사람들의 기억을 도와주는 범위는 어떤 인물이나 풍경을 확인하는 것을 뒷받침하는 것에 그친다. 사진을 본 사람들의 반응은 "그래, 그 사람이야!"라든가 "그래, 거기 내가 갔었지!"라는 식이다. 그러니까 사진은 대부분의 사람들에게 **소외된 기억**이 된다.

기억하고 싶은 것을 기록해놓는 것도 또다른 형태의 소외된 기억 행위이다. 기억하고 싶은 것을 종이 위에 옮겨놓음으로써 나는 그 정보를 소유하기에 이르며 —— 그것을 머릿속에 새겨놓으려고 애쓰지 않는다. 기록한 것을, 그러니까 기억하고자 하는 것을 잃어버리지 않는 한, 나는 그 지식을 소유하고 있음을 확신한다. 기록형태에 담긴 기억이 외화(外化)된 나 자신의 일부가 되어버렸으므로, 나 스스로의 기억능력은 나를 떠난 셈이다.

현대인이 기억에 담아두어야 할 엄청난 자료들을 감안한다면 메모나 참고기록이 전혀 없이 살아간다는 것은 불가능한 일일 것이다. 그러나 기억을 대치시키려는 경향은 무분별해 보일 정도로 증가하고 있다. 기록에 의존하는 것이 얼마나 기억력을 퇴화시키는가를 우리는 스스로를 돌아보아도 얼마든지 관찰할 수 있을 것이다. 그렇기는 해도 몇 가지 예를 들어보기로 하자.

일상적인 예의 하나는 상점의 점원이다. 그는 두세 자리의 간단한 덧셈조차 암산할 생각은 하지 않고 계산기를 붙들고 씨름한다. 학생들에게서도 또다른 예를 볼 수 있다. 낱말 하나하나를 꼼꼼하게 베껴 쓰는 학생들은 자신의 능력으로 최소한 요점을 이해하고 기억하는 학생들보다 확률상 이해력에서나 기억력에서나 더 뒤떨어진다는 사실을 교사들은 얼마든지 관찰할 수 있다. 악보에 의존하여 연주하는 연주가가 악보 없이 음악을 이해하는 데에는 더 큰 어려움을 겪고 있음을 음악인들은 알고 있다(이 정보는 모셰 버드모어 박사가 준 것이다). 토스카니니는 존재양식형 음악가의 좋은 예가 되는 인물이다. 그 역시 비상한 기억력을 가지고 있었던 것이다.

내가 멕시코에서 관찰했던 바로는 별로 기록할 일이 없는 사람들이나 문맹자들이 읽고 쓰는 것에 길든 산업사회 시민들보다 훨씬 더 탁월한 기억력을 지니고 있다. 이러한 사실은 읽고 쓰는 기술이, 특히 그것이 체험능력과 환상을 위축시키는 대상을 읽는 데에 쓰이는 경우, 흔히 주장되듯 천부의 은총만은 아니라는 점을 유추하게 하는 엄연한 실례이다.

대화

소유와 존재의 실존양식의 차이는 대화를 할 때 확연히 드러난다. X라는 견해를 가진 A와 Y라는 견해를 가진 B, 두 남자 사이에 벌어지는 전형적인 대담을 가정해보자. 두 사람 모두 각기 상대방의 견해를 어느 정도는 자세히 알고 있다. 또한 두 사람 모두 자신의 의견을 고수한다. 그들 각자에게 중요한 것은 자기 입장을 옹호할 보다 훌륭한, 다시 말하면 보다 적절한 논제를 끌어내는 것이다. 그 어느 편도 자기 쪽의 견해를 바꿀 생각을 하지 않을뿐더러 상대편이 그러리라고 기대하지도 않는다. 그들은 자신들의 견해를 놓치는 것을 두려워한다. 왜냐하면 그 견해는 그들의 소유물이며, 그것을 포기한다는 것은 손실을 의미하기 때문이다.

토론을 염두에 두지 않은 대화의 경우에는 사정이 조금 달라진다. 저명한 인사이든 개인적 특질로 알려진 사람이든, 또는 직장관계이든 사랑하고 흠모하는 관계이든 간에 기대를 품고 상대를 만나는 경험을 해보지 않은 사람이 어디 있을까? 그런 상황에 처한 대부분의 사람들은 초조와 불안을 느끼며 그 중대한 만남에 대비를 한다. 상대방의 관심을 끌 만한 주제가 무엇일까를 생각하며 무엇으로 말문을 열까를 미리 계획한다. 어떤 이들은 자기 몫의 대화의 초안을 미리 작성하기도 한다. 또 어떤 이들은 자기가 획득한 모든 것, 이를테면 지난날 성공했던 사례, 자신이 지닌 매력적 성품(또는 그 편이 한결 성공을 보장한다면, 상대방을 위협하는 능력), 사회적 지위, 연고관계, 외모와 차림새 등을 떠올림으로써 용기를 다잡기도 한다. 한마디로, 그들은 머릿속에서 자신의 값을 매겨놓고 그것을 토대로 대화에 임해서 자신의 상품을 내민다. 이런 면에 능통한 사람은 사실상 많은 사람들을 감동시킬 수 있다. 물론 그것은 상당 부분 그의 허세와, 그보다 더욱 대부분 인간의 판단력 결함에서 나온 것이지만 말이다. 그러나 이 방면에 별로 능숙하지 못한 사람은 자신이 제공한 상품으로 별 관심을 끌지 못할 것이다. 어색하고 부자연스러우며 지루한 인상을 줄 것이다.

미리 대비하거나 무장하지 않고 자발적이고 생산적으로 반응하는 사람의 태도는 이와는 아주 대조적이다. 그런 사람은 자신을 망각한다. 자기가 알고 있는 지식과 자신의 지위를 잊어버린다. 그의 자아가 걸림돌이 되지 않는다. 그리고 바로 그런 연유로 인해서, 상대방과 상대의 생각에 맞서서 자신의 입장을 충분히 세울 수 있다. 그는 그 어느 것에도 집착하지 않음으로써 새로운 생각들을 탄생시킨다.

"소유적 인간"은 자기가 가진 것에 의존하는 반면, "존재적 인간"은 자신이 존재한다는 것, 자기가 살아 있다는 것, 기탄없이 응답할 용기만 지니면 새로운 무엇이 탄생하리라는 사실에 자신을 맡긴다. 그는 자기가 가진 것을 고수하려고 전전긍긍하느라 거리끼는 일이 없기 때문에 대화에 활기를 가지고 임한다. 그의 활기가 전염되어 대화의 상대방도 흔히 자기 중심주의를 극복할 수 있다. 그리하여 그 이야기판은 상품(정보, 지식, 지위)을 교환하는 장터이기를 중단하고, 누가 옳은가는 이미 문제가 되지 않는 진정한 대화의 마당이 된다. 마주했던 두 대화의 당사자는 어울려서 춤을 추기 시작하며, 헤어질 때도 승리감이나 패배감을 안고 —— 이 경우는 양쪽 모두에게 똑같이 무익한 것이다 —— 헤어지지 않고 흐뭇한 마음으로 헤어진다(정신분석 요법에서 가장 중요한 치유요소는 이처럼 치료하는 의사 편에서 지녀야 할 고무적인 자질이다. 치유의 분위기가 무겁고 활기 없고 지루하다면, 아무리 세밀한 정신분석적 해석이 행해진다고 해도 아무 효력이 없을 것이다).

독서

대화에 해당하는 요체는 작가와 독자 사이의 대화라고 할 수 있는, 마땅히 그래야 할 독서의 경우에도 십분 해당된다. 물론 독서를 할 때는(대화를 할 때와 마찬가지로) "무엇을" 읽는가(또는 누구와 이야기를 나누는가) 하는 것이 중요하다. 예술성 없이 싸구려로 만들어진 소설을 읽는 과정은 백일몽과 같은 형태이다. 그런 독서는 생산적 반응을 허용하지 않는다. 텍스트는 시시한 텔레비전 프로그램을 보듯, 또는 화면을 보면서 씹어 먹는 감자 칩처럼 무심코 삼켜질 뿐이다. 그와는 달리, 예컨대 발자크의 소설 같은 것은 진심으로 관여하는 생산적 독서, 다시 말하면 존재양식으로의 독서를 가능하게 한다. 그러나 그런 종류의 책들도 십중팔구는 소비행위로 ── 즉 소유양식으로 ── 읽힌다. 독자는 호기심에 이끌려서 줄거리를 알고 싶어한다. 주인공이 살아남는지 죽는지, 여주인공이 유혹에 빠지는지 아닌지를 궁금해한다. 이런 경우 소설 텍스트는 독자를 흥분시키는 일종의 전희역할(前戲役割)을 하며, 행복하든 불행하든 그 결말이 절정을 이룬다. 결말을 알고 났을 때 독자는 마치 자기 자신의 기억들을 헤집어본 듯이 현실감 있게 이야기 전체를 **소유한다**. 그러나 그가 획득한 인식은 아무것도 없다. 소설 주인공을 파악하여 인간의 본성을 통찰하는 능력도 심화시키지 못했고, 스스로에 대해서 무엇인가를 깨우친 바도 없다.

철학서나 역사서를 읽을 때도 이런 차이는 드러난다. 철학서나 역사서를 대하는 올바른 독서태도 ── 또는 나쁜 독서태도 ── 는 교육의 결과이다. 학교는 모든 학생에게 일정한 양(量)의 "문화적 자산"

을 전달하려고 애쓰고 있고, 수업기간이 끝나면 각 학생에게 그중 최소한의 것은 **습득했음**[소유했음]을 입증하는 졸업장을 준다. 따라서 학생은 책을 읽을 때 저자의 주요 사상을 뒤따라서 암기하는 식을 주입받는다. 이런 방식으로 학생들은 플라톤, 아리스토텔레스, 데카르트, 스피노자, 라이프니츠, 칸트 그리고 하이데거와 사르트르까지를 **알게 된다.** 고등학교에서 대학교에 이르는 교육수준의 차이는 주로 전수받은 교양적 자산의 양적(量的) 측면에서 드러나며, 전수받은 교양적 자산은 어쩌면 학생들이 훗날 생애에서 관장할 물질적 자산의 양과 비례할 수도 있다. 우수하다고 인정받는 학생은 과거 철인들이 말한 경구를 가장 정확하게 따라 외울 수 있는 학생들이다. 그는 해박한 박물관 안내인과 비견된다. 지식의 소장품 외곽의 것은 습득하지 못한다. 선대 철인들을 문제의 과녁에 놓고 그들을 대상으로 대화를 펼치기를, 그들도 자기모순을 지니고 있으며 어떤 문제들은 제쳐놓고 어떤 주제들은 회피하고 있다는 사실을 간파하기를 배우지 못한다. 또한 그는 당대에는 "이성적으로" 여겨졌기 때문에 작가를 매료시킨 견해들과 작가의 공헌에 힘입어서 뒤이어 나온 새로운 견해를 판가름하기를 배우지도 못한다. 언제 작가가 순전히 머리로만 이야기하는지, 언제 마음과 머리를 다해서 말하는지를 느끼지 못하며, 작가가 진실된 인물인지 허풍선이인지 —— 그밖의 여러 가지를 깨닫지 못한다.

이와는 달리 존재양식으로 책을 대하는 독자는 아무리 저명한 저서라도 다소간에 무가치한 요소를 지니고 있다는 확신에 이를 수 있다. 어쩌면 그는 때로 작가 자신보다 그 책을 더 잘 이해할 수도 있다.

작가에게는 자신이 쓴 것은 모조리 중요하게 보였을 테니 말이다.

권위행사

소유와 존재의 실존양식의 차이는 권위를 행사하는 데에서도 그 예를 볼 수 있다. 그 차이의 요점은 권위를 소유하고 있느냐, 아니면 권위로 **존재하느냐**이다. 대부분의 사람은 삶의 어떤 단계에서는 권위를 행사하기 마련이다. 자식을 기르는 부모는 아이를 각종 위험에서 보호하고 특정한 상황에 처할 때 어떤 행동을 해야 하는가라는 최소한의 충고를 해주기 위해서라도, 원하든 원하지 않든 권위를 행사하지 않으면 안 된다. 가부장제(家父長制) 사회에서는 아내 역시 남편이 권위를 행사하는 대상이다. 지금 우리 사회와 같은 관료주의적및 계급적 구조의 사회에서는 권위행사의 대상이 되는 가장 밑바닥 사회계층만 예외일 뿐, 대부분의 사회구성원이 권위를 행사한다.

두 가지 실존양식으로서의 권위가 어떤 것인가를 이해하려면 우선 이 개념이 상당히 광범위하며 전혀 다른 두 가지 뜻을 지니고 있음을 주목해야 한다. 즉 "합리적" 권위이냐 "비합리적" 권위이냐이다. 합리적 권위는 그 권위에 의존하는 인간의 성장을 촉진시키며, 권능을 바탕으로 한다. 비합리적 권위는 권력을 바탕으로 부지되며, 권력에 굴하는 사람들을 착취한다(나는 이 차이를 『자유로부터의 도피[*Escape of Freedom*]』[1941]에서 논한 바 있다).

가장 원시적 단계의 자연물 채집인과 수렵인 사회에서는 그때그때의 과제를 해결할 수 있는 능력자로 인정받는 사람이 권위를 행사한다. 그 권능이 어떤 자질에 근거하여 인정되는가는 상황에 따라서 다르지만, 대체로 경험, 지혜, 관용, 재주, 인격, 그리고 담력이 그 일차적 요건이다. 이런 부족들에게는 대체로 지속적 권위는 없고 필요에 따라서 권위적 인물이 생기거나 전쟁, 종교적 의식, 분쟁의 화해 등 각기 다른 계기에 따라서 여러 권위들이 병존한다. 권위를 뒷받침하는 특성들이 소멸하거나 감소하면 그 권위도 끝장난다. 이와 아주 유사한 형태의 권위를 우리는 여러 영장류(靈長類)에서도 관찰할 수 있다. 이들의 경우에도 육체적 힘이 아니라 경험과 "지혜" 같은 특성들이 권위를 구성한다(델가도[J. M. R. Delgado, 1967]는 원숭이를 대상으로 한 아주 정교한 실험에서 지배적 위치에 있던 원숭이라고 해도 잠시 자기의 능력을 이루는 자질을 잃으면 즉각 그 권위에 종지부를 찍는다는 사실을 입증해 보였다).

존재양식의 권위는 사회적 기능을 수행하는 능력뿐 아니라 고도로 자기실현과 자기완성을 이룩한 인간의 인격을 바탕으로 세워진다. 그런 인물에게서는 저절로 권위가 배어나온다. 그러니 굳이 명령을 내리거나 위협하고 매수할 필요가 없다. 한마디로 그는 높은 도(道)의 경지에 이른 인격체로서 —— 행동이나 말로써뿐만 아니라 —— 있는 그대로의 자기의 존재로 인간의 가능성을 실증해 보인다. 인생의 위대한 스승들은 이와 같은 권위를 지닌 인물들이었다. 또한 학벌과는 무관하게 모든 교양계층에서도, 전혀 다른 문화권의 사람들 가운데서도 그만큼 완성의 경지에는 이르지 않았더라도 그와 근접한 인물들을 얼마든지 만날 수 있다. 이 문제야말로 교육의 중심 문제이다. 만약 부모들이 좀더 자기를 도야하고 중심을 지킨다면, 권위주의 교육이냐 자유방임 교육이냐 하는 논쟁은 사라질 것이다. 어린이는 이와 같은 존재양식의 권위를 필요로 하기 때문에 그것에 대해서 아주 기꺼이 호응한다. 반면 아이들한테는 강요하면서 정작 솔선수범하지 않는 어른들에게 무시당하거나 강요당하면 아이들은 반발한다.

　계급질서에 바탕을 둔, 자연물 채집인과 수렵인 사회보다 훨씬 더 크고 복잡한 사회가 형성됨에 따라서, 능력에 기초를 둔 권위는 사회적 지위에 기초를 둔 권위에 의해서 밀려나게 된다. 그렇다고 오늘날 통용되는 권위가 반드시 무능하다는 의미는 아니며 다만, 오늘날에는 능력이 권위를 이루는 본질적 요소는 아니라는 이야기이다. 제비뽑기식의 유전자가 권능을 결정하는 군주적 권위이든, 음모나 살인으로 권위를 획득한 파렴치한 범죄자이든, 또는 현대 민주국가에서 흔히 보듯 사진발 잘 받는 외모나 선거에 뿌린 재력 덕분에 선출된 권위적 인물이든 간에 —— 이 모든 경우에 있어서 능력과 권위 사이에는 전혀 상관이 없거나 거의 관계가 없다. 그뿐만 아니라 일정한 능력을 바탕으로 확립된 권위의 경우에서도 중대한 문제점들이 발생한다. 우선, 한 분야에서 유능한 지도자가 다른 분야에서는 무능할 수 있다는 이야기이다. 이를테면 어떤 정치가는 전쟁을 이끌어가는 데에는 유능해도 평화시의 정치에는 무능할 수 있다. 또는, 어떤 정치가는 정치생활 초년에는 정직하고 용감했는데, 권력의 유혹에 물들어서 그런 특질들을 잃기도 한다. 노령(老齡)이나 육체적 장애가 그의 능력을 감소시켰을 수도 있다. 결국 우리는 그 옛날 한 작은 부족의 구성원의 경우보다 오로지 PR 전문가들에 의해서 설계되고 조작된 이미지를 근거로 후보자를 알 수밖에 없는 우리 체제의 수백만 국민들의 경우가 권위적 인물의 행동을 판단하기에 훨씬 더 어려워졌다는 점을 유념하지 않으면 안 된다.

능력을 이루는 자질들이 상실되는 이유가 그 무엇이든 간에—— 계급적으로 구성된 대부분의 대규모 사회에서는 권위의 소외현상이 벌어지고 있다. 실제와 허구를 막론하고 애당초 능력이라는 것이 제복이나 칭호로 옮겨가는 현상 때문이다. 권위적 인물이 그에게 맞는 제복을 걸쳤거나 상응하는 칭호를 갖추었을 때, 이런 외적 징표들이 진정한 능력과 그 능력의 토대가 되는 특질들을 대신하게 된다. 왕은—— 이런 종류의 권위의 상징으로 왕이라는 칭호를 쓰자면—— 어리석고 음흉하고 사악함에도, 즉 권위로 존재하기에는 완전히 부적격인데도, 그럼에도 불구하고 권위를 지닌다. 왕이라는 칭호를 소유하고 있는 한, 사람들은 그가 왕으로서의 권능을 부여받는 자질들을 지니고 있을 것으로 간주한다. 황제가 벌거벗고 있을 때라고 해도, 사람들은 황제는 어의(御衣)를 입고 있으리라고 믿는 것이다.

이렇듯 제복과 칭호가 곧 권능을 구성하는 자질과 동일시되는 현상은 반드시 저절로 생기는 것은 아니다. 권위를 소지(所持)하면서 그것에서 이득을 취하는 사람 편에서는 힘없는 인간들의 실제적 사고능력, 즉 비판적 사고능력을 마비시켜서 그 허구를 믿게끔 심복(心腹)시켜야 하다. 무릇 사고능력을 지닌 모든 인간은 선전의 여러 방법들, 비판적 판단력을 죽이고 분별력을 마비시켜서 결국 상투적 말투에 굴복하게 만드는 방법들을 알고 있다. 상투어들은 사람들을 종속시키고 사람들에게서 보는 눈과 판단력을 빼앗음으로써 그들을 바보로 만든다. 사람들이 믿게 되는 선전의 허구가 그들을 현실에 대해서 눈멀게 하는 것이다.

지식

지식의 영역에서 소유와 존재의 실존양식의 차이는 "나는 지식을 가지고 있다"와 "나는 알고 있다"라는 두 가지 어법에서 드러난다. 지식을 가지고 있다고 함은 이용할 수 있는 지식(정보)을 획득하여 확보하고 있음을 의미한다. "나는 알고 있다"는 의미에서의 앎은 기능적인 것으로 생산적 사고과정의 한 부분이다.

존재양식으로 살아가는 인간의 지식[앎]의 특성에 대해서는 석가모니, 헤브루 예언자들, 예수, 에크하르트 수사, 지그문트 프로이트, 그리고 카를 마르크스 등으로 대표되는 사상가들을 떠올리면 깊이 이해할 수 있다. 그들이 보는 앎이란 이른바 상식적 지각이 가져다주는 기만성(欺瞞性)을 인식하는 데에서 출발한다. 물리적 현실에 대한 우리의 상(像)이 "참으로 실재하는 것"과 일치하지 않는다는 의미에서뿐만 아니라, 특히 대부분의 사람들이 비몽사몽의 상태에서 참이며 자명하다고 여기는 것의 상당 부분이 주변 사회의 암시적 영향으로 야기된 미망[환상]에 불과하다는 사실을 깨닫고 있지 못하다는 의미에서 그렇다. 따라서 앎[깨달음]은 미망을 깨뜨리는 것, "착각에서 벗어나는 것(disillusionment, Ent-täuschung)"에서 비롯된다. 앎은 표면을 뿌리까지 뚫고 들어가서, 근원에 이르러 적나라한 현실을 "보는 것"을 의미한다. 그것은 진실을 소유하는 것이 아니라, 표면을 뚫고 들어가서 비판적이고 능동적으로 진실을 향해 가급적 접근하는 것을 의미한다.

이와 같은 창조적 침투의 특질은 남성의 성적(性的) 침투의 예에서 보여지는, 인식과 사랑을 의미하는 헤브루어 jadoa에 내포되어 있다. 각성자 석가모니는 사람들에게 "깨어나라, 물질의 소유가 행복을 가져온다는 미망에서 벗어나라"고 설법한다. 헤브루 예언자들은 "깨어나라, 너희들이 섬기는 신은 너희 손으로 빚은 우상에 불과한 환상임을 알라"고 사람들에게 호소한다. 예수는 "진리가 너희를 자유케 하리라"("요한 복음" 8:32)라고 말한다. 에크하르트 수사는 인식에 관한 자신의 표상을 여러 차례 표현했다. 이를테면 신을 인식하는 문제와 관련하여 "그 인식은 어떠한 다른 사상도 첨가하지 않는다. 오히려 인식 자체가 떨어져나와 앞으로 달려나아가서, 알몸 그대로의 신을 접하고 자신의 존재 안에 고스란히 받아들이는 것이다"(J. Quint, 1977, 238쪽)라고 말한다("적나라함"과 "알몸으로"라는 말은 에크하르트 수사와 『미지의 구름』을 저술한 익명의 그의 동시대인이 즐겨 썼던 표현이다). 마르크스에 의하면, "자신의 상황에 대한 환상을 버리라는 요구는 환상을 요하는 상황을 파괴하라는 요구이다."(K. Marx, 1971, 208쪽) 자기인식에 대한 프로이트의 개념은 "무의식적 현실을 알기 위해서는 환상('합리화')을 파괴해야 한다"는 관념에 기초하고 있다.

이 모든 사상가들이 전념한 문제는 인간의 구원이었고, 그들 모두 사회적으로 인정된 기존의 사고도식을 문제로 제기했다. 그들에게 앎[覺醒]의 목적은 사람들이 믿고 있는 "절대적 진리"를 확인하는 데에 있지 않고, 인간이성이 스스로를 확증하는 과정에 있었다. 깨닫는 자[der Wissende, 覺者]에게는 무지(無知)의 상태도 앎의 상태와 마찬가지로 좋은 것이다. 두 상태 모두 인식과정의 일부를 이루고 있기 때문이다. 물론 이 과정에서의 무지는 사고(思考)의 게으름에서 오는 맹목과는 다른 종류의 것이다. 존재양식의 지고의 목표는 보다 깊이 아는 것인 반면, 소유양식의 지고의 목표는 보다 많이 아는 것이다.

일반적으로 우리의 교육제도는 학생들에게 소유물로서의 지식을 공급해주려고 애쓰고 있고, 그 지식은 이를테면 그들이 훗날 살아가면서 확보하게 될 재산이나 사회적 특권에 상응한다. 그들이 획득한 최소한의 지식은 장차 그들이 일을 원활히 하는 데에 필요한 양만큼의 정보인 것이다. 거기에다가 모든 학생은 각기 자신이 지닌 값에 대한 느낌을 높여줄, 그리고 앞으로 그가 누릴 사회적 특권과 상응하게 될, 크거나 작게 포장된 "사치스러운 지식" 꾸러미를 덤으로 받게 된다. 학교란 학생들에게 인간정신이 쌓아온 최고의 업적들을 전달해주는 기관이라고 일반적으로 주장하기는 하지만, 아무래도 그것은 이런 지식의 꾸러미들을 생산하는 공장에 불과한 것이다. 수많은 대학들은 이런 환상을 탁월하게 부양하고 있다. 인도의 철학과 예술에서부터 실존주의와 초현실주의에 이르기까지 광범한 "메뉴들이 끓고 있는 부뚜막"이 제공되고 있고, 학생들은 각자 이것저것 조금씩 맛을 본다. 학생들이 자발성과 자율성이 위축되지 않도록 하나의 주제에 집중하라고, 하다못해 한 권의 책이라도 끝까지 읽으라고 강력히 권하는 경우는 찾아볼 수가 없다(이반 일리치[Ivan Ilich, 1970]가 우리의 학제에 대해서 가한 신랄한 비판을 비교할 것).

신앙

종교적 및 정치적 의미에서나 개인적 의미에서나, 신앙의 개념은 그것이 소유적 의미로 쓰이느냐 존재적 의미로 쓰이느냐에 따라서 전혀 다른 두 가지 뜻을 지닐 수 있다.

소유양식에서의 신앙은 아무런 합리적 증거가 없는 해답들을 소유하고 있는 경우이다. 이런 종류의 신앙은 남들이 이미 만들어놓은 도시적 틀로 구성되어 있고, 그 타인들—— 대체로는 어떤 관료주의 체제——에게 굴복하고 있는 탓에 그 틀을 그대로 받아들인다. 그것은 관료주의 체제의 현실적(또는 다만 망상 속의) 권력을 바탕으로 하고 있기 때문에 신앙 당사자에게 확신감을 가져다준다. 그것은 하나의 큰 인간집단에 소속될 수 있는 입회권이며, 그렇게 회원이 됨으로써 사람들은 스스로 생각하고 결정하는 어려운 과제를 면제받을 수 있게 된다. 이제부터는 베아티 포시덴테스(beati possidentes[소유하는 자는 행복하도다]), 적법한 신앙의 복된 소유자가 되는 것이다. 소유양식에서의 신앙은 확신을 심어준다. 궁극적이며 확고부동하고 믿을 만한 가치가 있는 지식이 공표되고 있음을 믿어 의심하지 않는다. 그럴 것이 그 신앙을 고지하고 옹호하는 측의 힘이 요지부동한 것으로 보이기 때문이다. 또한, 오로지 자신의 독자성만 포기하면 얻을 수 있는 확신감을 누구인들 원하지 않겠는가?

근본적으로 신(神)은 우리가 내면에서 경험할 수 있는 지고(至高)의 가치의 상징이다. 그러나 소유양식에서의 신은 하나의 우상이 된다. 예언자들이 말하는 의미로는 인간이 만들어낸 한낱 **사물**이며, 인간은 그것에 자신의 힘을 투영함으로써 결국 스스로를 약화시키는 결과를 초래한다. 말하자면 인간은 자기가 만든 피조물에 굴종하게 되며, 그럼으로써 소외형태에 빠진 자신을 경험하게 된다. 우상은 한낱 사물이므로 우리는 그것을 **소유**할 수 있지만, 우리가 그것에 굴종하고 있음으로 해서 우상 역시 동시에 나를 소유하는 것이다.

일단 신이 우상화되어버리면, 흔히 말하는 신의 특성들은 소외된 정치적 강령들과 마찬가지로 개인의 경험과는 무관하게 된다. 우상은 자비의 신으로 칭송받을 수도 있지만, 그것에 못지않게 신의 이름으로 온갖 잔학한 행위를 저지를 수도 있다. 인간적 연대감이라는 명분을 내건 소외된 믿음이 극도로 비인간적인 행위를 의심 없이 자행했던 수많은 예에서 보듯이 말이다. 소유양식으로서의 신앙은 스스로는 모색할 용기를 가지고 있지 못하면서 확신을 원하고 인생의 의미를 찾으려고 하는 절름발이 인간들을 위한 목발이 된다.

존재양식으로서의 신앙은 전혀 다른 현상이다. 인간이 믿음 없이 살 수 있을까? 젖먹이 아이가 어머니의 젖가슴을 믿지 않을 수 있을까? 우리는 모두 더불어 살아가는 타인들을, 사랑하는 대상들을, 그리고 우리 자신을 믿어야 하는 것이 아닐까? 우리의 생활규범이 타당하다는 믿음 없이 과연 살아갈 수 있을까? 사실상 믿음이 없다면 우리의 삶은 아무 보람도 희망도 없을 것이며, 존재의 심부까지 불안에 휩싸일 것이다.

존재양식으로서의 신앙은 일차적으로 특정한 **이념들**에 대한 믿음이 아니고(물론 그럴 수도 있지만), 내적인 성향, 일종의 **마음가짐**이다. 이 경우에는 신앙을 **가지고** 있다고 말하는 것보다는 신앙 **안에** 있다고 말하는 편이 더 적절한 표현일 것이다(확신을 추구하는 신앙[fides quae creditur]과 확신에 의한 신앙[fides qua creditur]의 신학적 구별은 **내용**으로서의 신앙과 **행위**로서의 신앙 사이의 구별과 비슷한 점을 반영한다). 우리는 자기 자신이나 타인의 존재를 믿을 수 있고, 종교인이라면 신의 존재를 믿을 수 있다. 구약성서의 여호와는 무엇보다 우상을, 사람이 소유할 수 있는 여러 신의 존재를 부정한다. 왕권에 대한 동양적 관념을 유추시키는 이 신의 개념은 애초부터 신 스스로를 초월화시키고 있다. 신은 특정한 이름을 가져서도 안 되며, 신의 복제판이 만들어져서도 안 된다. 유대교와 기독교가 발전해가는 과정에서 신의 우상화를 완전히 제거하려는 시도는 계속된다. 달리 말하면, 신의 속성은 인간의 입에 감히 올릴 수조차 없는 것이라는 주장을 폄으로써 우상화의 위험을 추방하고자 한다. 또는 기독교 신비주의에서의 아주 극단적인 시도도 있다 —— 디오니시우스 아레오파기타 위서(僞書)1)로부터 『미지의 구름』을 쓴 익명의 저자와 에크하르트 수사에 이르기까지 —— 이들은 신의 개념을 유일자의 개념으로, "신성(神性, 물[物]이 아닌 것, nothing, Nichts)"으로 수렴시켰고, 아울러 베다(Veda)2)와 신플라톤주의 사상에서 표현된 견해들이 뒤따라 등장하게 된다. 신을 향한 이와 같은 신앙은 인간의 자아 속에 자리잡은 신적 특성의 내면적 경험에 의해서 보증된다. 이런 종류의 신앙은 끊임없는 자기 창조의 능동적 과정이며, 에크하르트 수사

---

1) 디오니시우스 위서(Pseudo-Dionysus) : 디오니시우스 아레오파기타의 이름을 빌려서 5세기 말경 익명의 시리아 저자가 쓴 일련의 저술. 디오니시우스 아레오파기타는 기원후 1세기경 아테네의 아레오파고스 법정의 판사로서 "사도행전"(17, 34)에 의하면 사도 바울에 의해서 개종하여 아테네 초대 주교가 된 인물이다. 그의 이름으로 나온 10권의 저술(『천국의 계서론』, 『교회 계서론』, 『신의 이름』 등)은 기독교와 신플라톤주의를 대담하게 용해시킨 내용으로 중세 이후 높은 평가를 받고 있다.

2) 베다(Veda) : 인도에서 가장 오래된 신화적 종교문화의 집대성. 베다 문헌은 『리그 베다』, 『사마 베다』, 『야주르 베다』, 『아타르바 베다』 등 네 종류가 있다.

의 말을 빌리자면, "그리스도가 우리 자신의 내부에서 영원히 탄생되는 과정"이다.

　물론 나 자신이나 타인에 대한, 인류에 대한, 또는 참으로 인간다울 수 있는 우리의 능력에 대한 믿음도 확신을 내포하기는 한다. 그러나 그 확신은 나 자신의 경험에 근거한 것이지, 내게 무엇인가 믿으라고 명령하는 권위에 대한 굴종에 바탕을 둔 확신은 아니다. 그것은 합리적으로 실증될 수는 없지만 주관적 경험을 증거로 하여 나 자신이 믿고 있는 진실의 존재에 대한 신념이다(신앙을 의미하는 헤브루어 emuna는 "확신"을 의미하며, 지금 우리도 쓰고 있는 Amen이란 "확실히"라는 뜻이다). 그러나 설혹 내가 어떤 사람의 성실성을 확신하고 있다고 해도, 그가 죽는 날까지 그렇다는 점을 "입증할" 수는 없다. 또한 엄밀히 말하자면, 그가 죽을 때까지 자신의 성실성을 지켰다고 해도, 실증주의적 입장에서 보자면 만약 그가 더 오래 살았더라면 그런 성실성이 손상되었으리라는 사실이 배제될 수는 없다. 나의 확신은 상대에 대한 나의 투철한 지식과 나 자신이 그에게서 체험한 사랑과 성실성에 바탕을 두고 있다. 이런 종류의 앎의 관건은 내가 얼마나 나의 자아를 버릴 수 있는가, 과연 얼마만큼 상대방을 본연의 존재로 보고 그의 내적 능력의 구조를 인식할 수 있는가, 그를 실제로 고유의 개체인 동시에 전 인류의 부분으로 볼 수 있는가 하는 것에 달려 있다. 그럴 경우 우리는 그가 무엇을 할 수 있고 할 수 없는지, 무엇을 하지 않을 것인지를 알게 된다. 그렇다고 물론 우리가 앞으로의 그의 모든 행동을 예언할 수 있다는 이야기는 아니며, 다만 우리는 이를테면 성실성과 책임의식 같은 근본 특성에 뿌리를 둔 그의 행동노선을 인식할 수 있으리라는 이야기이다. 이와 같은 신뢰는 여러 면의 사실적 근거를 바탕으로 하며, 따라서 합리적이다. 그러나 그 사실적 근거들은 통용되어온 실증적 심리학의 방법으로는 확인될 수도 "입증될 수도" 없다. 오로지 나만이 살아 있는 생명에 힘입어서 그 사실들을 "기록할" 수 있을 뿐이다.

사랑

사랑의 행위 역시 소유양식으로 말해지는가 존재양식으로 말해지는가에 따라서 두 가지 의미를 지닌다.

우리는 사랑을 소유할 수 있는가? 그럴 수 있다면 사랑은 아마도 하나의 사물, 획득하고 소유할 수 있는 어떤 실체일 것이다. 그러나 실제로 "사랑"이라는 사물은 없다. "사랑"이란 추상적 개념으로서, 여신(女神)이라든가 어떤 이질적인 존재일는지 모른다. 그러나 지금껏 그것을 목격한 사람은 아무도 없다. 실제로 존재하는 것은 **사랑의 행위**뿐이다. 사랑한다는 것은 생산적인 활동이다. 사랑이란—— 그 대상이 인간이든 나무이든 그림이든 어떤 이념이든 간에—— 누군가 (또는 무언가)를 배려하고 알고자 하며, 그에게 몰입하고 그 존재를 입증하며 그를 보고 즐거워하는 모든 것을 내포한다. 그것은 그(그녀 또는 그것)를 소생시키며 그(그녀 또는 그것)의 생동감을 증대시킨다. 사랑은 소생과 생장을 낳는 과정이다.

그러나 소유양식으로 체험되는 사랑은 "사랑하는" 대상을 구속하고 가두며 지배함을 의미한다. 이런 종류의 사랑은 생명감을 불러일으키기는커녕 목을 조여서 마비시키고 질식시켜서 죽이는 행위이다.

사랑이라고 부르는 것도 사실상 사랑의 부재를 은폐하려는 내용의 오용된 표현이기 일쑤이다. 얼마나 많은 부모들이 자식을 사랑하고 있는가 하는 문제는 아직도 전적으로 해결되지 않은 의문이다. 지나간 2,000년 서구역사에서 볼 수 있는, 육체적 학대에서 정신적 학대에 이르기까지, 무관심과 순전한 소유욕에서 사디즘에 이르기까지 어린이들에게 가한 부모의 잔혹한 행위에 대한 보고들이 어찌나 충격적인지 자식을 사랑하는 부모가 통례라기보다는 예외라고 여겨질 지경이다.

결혼생활에 대해서도 같은 말을 할 수 있다. 사랑을 바탕으로 결혼했든 전통적 방식으로 사회적 인습에 따라서 결혼했든 간에 서로 진정으로 사랑하는 부부는 예외인 듯이 보인다. 사회적인 편의, 전통, 경제적 타산, 자식에 대한 공유의 관심, 상호간의 의존, 또는 두려움이나 증오가 의식적으로 "사랑"으로 체험된다——마침내 그중 한 사람이나 둘 다, 서로 사랑하고 있지 않으며 과거에도 사랑한 적이 없다는 사실을 깨닫게 되는 순간까지는 말이다. 오늘날에는 이런 면에서 어느 부분은 진보가 이루어졌음을 확인할 수 있다. 사람들이 훨씬 현실적이고 냉철해져서, 많은 이들이 이미 사랑을 전제로 한 성적 매력을 주고받지 않으며, 친절하기는 해도 거리를 둔 공동관계를 사랑과 맞먹는 것이라고 여긴다. 이 새로운 관점은 한결 정직한 면을 지니고 있고——파트너를 더 자주 바꾸는 현상을 낳았다. 그렇다고 그런 관점이 사랑하는 상대를 더 많이 만나는 결과를 가져오지는 못했다. 이 신세대 남녀들도 아마 옛 부부만큼이나 서로를 별로 사랑하지 않을 것이다.

"사랑에 빠짐"으로부터 사랑을 "소유하고" 있다는 환상으로 변해가는 과정은 사랑에 빠진 적이 있는 남녀의 역사에서 그 구체적인 예들을 더듬어볼 수 있다(『사랑의 기술[*The Art of Loving*]』[1956]에서 나는 "사랑에 빠짐[falling in love]"이라는 개념 자체가 모순을 내포하고 있음을 지적한 바 있다. 사랑하고 있음은 생산적 활동상태이므로, 사랑 안으로 들어서거나 그 안에 자리잡을 수는 있겠지만, 그 속에 "빠질" 수는 없다. 이 동작은 수동성을 의미하기 때문이다). 구애를 하는 기간에는 그 어느 편이나 상대방에 대해서 자신감이 없다. 연인들은 서로 상대방의 마음을 사려고 부심한다. 그들은 생기에 넘치고 매력적이며 관심을 돋우고, 아름답기까지 하다 —— 생동감은 항상 아름다운 얼굴을 만드는 법이니까. 아직은 어느 쪽도 상대방을 소유하고 있지 않다. 말하자면 양측 모두 존재적 측면에, 다시 말하면 상대방에게 무엇이든 베풀고, 상대방의 마음을 움직이려는 데에 온 힘을 기울이고 있다.

　결혼과 더불어서 상황은 근본적으로 변한다. 결혼의 약속은 쌍방에게 상대방의 육체, 감정, 관심을 독점할 권리를 부여한다. 이제부터는 그 어느 편도 상대방의 마음을 사려고 애쓸 필요가 없다. 이제 사랑은 소유하고 있는 무엇, 하나의 재산이 되었기 때문이다.

　두 사람 사이에는 사랑을 일깨우려는 노력도, 사랑스러운 존재가 되려는 노력도 수그러든다. 그들은 권태로워지고 각자 지녔던 아름다움도 소멸된다. 환멸을 느끼며 어쩔 줄 몰라한다. 그들은 이제 예전의 그들이 아닌 것일까? 시작부터 무엇인가 잘못된 것이 아닐까? 그들은 흔히 변해버린 관계의 원인을 상대방에게서 찾으려고 들며 자신은 속았다는 느낌에 젖는다. 그들이 깨닫지 못하는 점은 두 사람 모두 서로 사랑에 빠졌던 그때와는 이미 같은 인간이 아니라는 사실, 사랑을 소유할 수 있으리라는 그릇된 기대감이 결국 사랑을 정지시 켰다는 사실이다. 지금 그들은 그 수준에서 서로를 조율하며 서로 사랑하는 대신 그들이 가지고 있는 것, 이를테면 돈, 사회적 지위, 가정, 자식을 공유한다. 따라서 사랑으로 시작된 결혼도 때로는 우호 적인 공동자산체, 즉 두 개의 자기중심주의가 합자한 "가정"이라는 이름의 법인체로 변질된다. 아니면 이 법인체의 주쥐[부뷔]들은 흘러 가버린 감정이 소생하기를 갈망하면서, 다른 상대라면 자신의 열망 을 채워주리라는 망상에 자신을 맡긴다. 그러면서 자신이 바라는 것 은 오로지 사랑이라고 믿는다. 그러나 그들에게 사랑은 한낱 우상이 요 그 앞에 굴종하려는 여신일 뿐, 자신의 존재의 표현이 아니다. 그들이 사랑에 실패하는 것은 필연적이다. 왜냐하면 모름지기 "사랑 은 자유의 자식"(프랑스 옛 가요의 노랫말)이기 때문이다. 사랑이라 는 여신을 숭배하는 사람은 그렇게 너무나 수동적인 위치로 떨어져 버려서 결국 권태로운 인간이 되고, 그나마 지니고 있던 지난날의 매력도 상실하게 된다.

이런 여러 가지 예를 확인했다고 해서, 결혼의 형태가 서로 사랑하 는 두 사람을 위한 최선의 길이라는 사실이 배제되지는 않는다. 문제 는 결혼이라는 형태 자체에 있는 것이 아니라 두 배우자의 소유지향 적 성격구조에, 그리고 궁극적으로 그들이 살고 있는 사회구조에 있 다. 그룹 결혼, 파트너 교환, 그룹 섹스 등 현대적 형태의 공동생활 제창자들은 내가 보는 한, 한 인간을 진정으로 사랑하기보다는 파트

너의 숫자를 늘려서 끊임없는 새로운 자극으로 권태를 물리침으로써 사랑의 난점을 기피하려는 사람들이다(필자의 저술『인간 파괴성의 해부[*The Anatomy of Human Destructiveness*]』[1973], 제10장, "단순한" 자극과 "능동화시키는" 자극의 차이를 참조할 것).

3

구약성서와 신약성서 그리고
에크하르트 수사의 저술에 나타난 소유와 존재

구약성서

구약성서의 주요 주제의 하나는 "네가 가지고 있는 것을 떠나라, 모든 속박으로부터 너 자신을 풀어라, **존재하라!**"이다.

헤브루 민족의 역사는 헤브루 최초의 영웅인 **아브라함**에게 내려진 고향 땅과 친족을 떠나라는 여호와의 명령으로 시작된다. "너는 너의 본토 친척 아비 집을 떠나 내가 네게 지시할 땅으로 가라!"("창세기" 12:1) 아브라함은 그가 가지고 있던 것 ── 땅과 가족 ── 을 버리고 미지의 곳으로 가야만 했다. 그러나 그의 자손들은 새로운 땅에 정착하게 되고, 새로운 "민족정기"가 펼쳐진다. 이 발전과정은 훨씬 힘든 노예의 상태로 이어진다. 그들은 이집트에서 부와 권세를 얻게 되는데, 바로 그런 연유로 노예가 된다. 그리고 목축으로 유랑하던 시절 선조들이 섬겼던 유일신에 대한 환상을 상실하고 우상을 숭배하게 된다. 나중에는 부자들의 여러 신들이 그들의 하느님이 된다.

두 번째 영웅은 **모세**이다. 그는 여호와로부터, 그의 백성을 해방시켜서 지금은 그들의 고향이 된(비록 노예 노릇을 하는 고향이기는 하지만) 땅[이집트]에서 데리고 나와 황야로 가서 "잔치를 벌이라"는 계시를 받는다. 헤브루인들은 내키지 않아하며 불안한 예감을 품고 지도자 모세를 따라서 황야로 나아간다.

황야는 이 해방에서 핵심적인 상징이다. 그것은 고향이 아니다. 도시도 부(富)도 없는, 바로 유목민의 땅이다. 유목민은 그들이 최소한 필요로 하는 것만을, 다시 말하면 쌓아두는 재산이 아니라 생계를 위한 필수품만을 소유한다. 역사적으로 볼 때 "출애굽기"의 기록은 유목민의 전통과 얽혀 있다. 기능적이 아닌 일체의 사유재산을 거부하는 성향이라든가, 자유로운 삶을 위한 준비의 장소로 황야를 택한 결정은 유목민의 전통에서 영향받았을 가능성이 크다. 그러나 결국 이런 역사적 요인들도 그 어떤 재산소유로도 속박받지 않는 자유로운 삶의 상징으로서 황야의 의미를 강조해줄 따름이다. 유대인 예식의 몇 가지 중요한 상징물은 황야에서 그 기원을 찾을 수 있다. **누룩 넣지 않은 빵[無酵餠]**은 훌쩍 떠나야 하는 사람들의 빵, 유랑민들의 빵이다. 수카(Suka, 帳幕)는 유랑민의 거주지로, 천막처럼 쉽게 세우고 허물 수 있는 집이다. 『탈무드(*Talmud*)』[1]에서는 이것을 사람들이 소유하는 "고정 주거지"와 구별하여 "임시 주거지"라고 부른다.

헤브루인들은 이집트의 안락한 생활로 되돌아가고 싶어한다. 고정된 주거지와, 형편없지만 보장된 음식과, 눈으로 볼 수 있는 우상을

---

1) 탈무드(Talmud) : 유대교의 교전. 탈무드란 헤브루어로 Mishnah(가르침이라는 뜻)에 관한 교훈이나 설명이라는 의미이다. 이 책은 구약성서가 쓰인 뒤 유대교의 계율, 관습, 의식 등을 모은 것으로 유대인들에게는 성서 다음가는 정신적 지주가 되어왔다.

그리워한다. 가진 것 없는 황야생활의 불확실성을 두려워한다. 그들은 말한다. "우리가 애굽 땅에서 고기 가마 곁에 앉았던 때와 떡을 배불리 먹던 때에 여호와의 손에 죽었다면 좋았을 것을 너희가 이 광야로 우리를 인도하여내어 이 온 회중으로 주려 죽게 하는도다." ("출애굽기" 16:3) 이 해방사에서 여러 차례 그런 장면이 나오듯이, 신은 인간의 이와 같은 도덕적 약점을 긍휼히 여기어 인간에게 먹을 것을 약속한다. 아침에는 "빵"을 저녁에는 메추라기를 줄 것을 약속한 것이다. 그러나 여기에 두 가지 중요한 계율을 덧붙인다. "저마다 먹을 만큼씩 거두어들여라"는 것이 그 첫 번째 계율이다. "이스라엘 자손이 그와 같이 하였더니 그 거둔 것이 많기도 하고 적기도 하나 오멜로 되어 본즉 많이 거둔 자도 남음이 없고 적게 거둔 자도 부족함이 없이 각기 식량대로 거두었더라."("출애굽기" 16:17 이하)

마르크스에 의해서 널리 알려진 "저마다 필요에 따라"라는 원칙이 이미 여기서 최초로 공식화된 것이다. 생계에의 무조건적 권리가 공표되었다. 여기에서 신은 생계를 위한 일을 하지 않고도 자식을 부양하는 어머니에 다름 아니다. 신이 내린 두 번째 계율은 안락함과 탐욕, 소유지향에 대한 경고이다. 이스라엘 백성들은 내일을 위해서 남겨두지 말라는 계율을 받는다. 그런데 "그들이 모세의 말을 청종치 아니하고 더러는 아침까지 두었더니 벌레가 생기고 냄새가 난지라. 모세가 그들에게 노한지라."("출애굽기" 16:20)

양식을 쌓아두는 행위와 연관되어 "샤바트[Shabbat, 안식일]"를 지키는 의식이 도입된다. 모세는 헤브루 백성에게 금요일[유대교의 안식일은 토요일임]에는 여느 때의 갑절의 양식을 준비하라고 이른다.

"육일 동안은 너희가 그것을 거두되 제칠일은 안식일인즉 그날에는 없으리라."("출애굽기" 16:26)

샤바트는 성서와 훗날 유대교에서도 가장 중요한 관념이 된다. 그것은 십계(十戒) 중에서 가장 엄격한 계율로서, 의식(儀式)에 반대하는 다른 예언자들까지도 안식일을 지킬 것만은 요구하게 된다. 그것은 바로 지난 2,000년 동안 유대인들이 다른 종교의 틈바구니에서 온갖 역경을 무릅쓰고 지켜온 계명이었다. 뿔뿔이 흩어져서 힘없이 박해받는 그들에게 안식일은 의심할 나위 없는 생명의 원천이었으며, 그들은 왕을 섬기듯 엄숙하게 그날을 지키는 가운데 자신들의 긍지와 위엄을 새롭게 했던 것이다. 안식일이란 인간을 무거운 일의 짐에서 단 하루만이라도 해방시켜준다는 세속적 의미에서의 휴식일에 불과한 것이 아닐까? 물론 그런 점도 있다. 그리고 그런 기능적인 면에서 안식일은 인간의 발전에 기여한 위대한 성과물의 하나이다. 그렇지만 안식일이 가진 의미가 단지 그것뿐이었다면, 앞에서 말한 중심적 역할은 결코 해내지 못했을 것이다.

안식일의 역할을 이해하려면 이 제도의 핵심까지 파고들 필요가 있다. 그것은 신체적이든 정신적이든 간에 노고(老苦)를 일체 던다는 의미에서의 휴식 자체에 그치지 않는다. 그보다는 **사람과 사람 사이, 사람과 자연 사이에 완전한 조화를 재수립한다**는 의미에서의 평온함을 뜻한다. 그 어떤 것을 파괴하는 것은 물론 새롭게 짓는 것도 허용되지 않는 그런 평온함 말이다. 그러니까 이날은 인간이 자연과의 싸움에서 휴전상태에 들어가는 하루이다. 하다못해 풀잎 한 줄기를 뜯거나 성냥불을 켜는 일조차도 이 평온한 조화를 깨뜨리는 행위로 간주된다. 그뿐만 아니라 그 어떤 사회적 변화도 허용되지 않는다. 자기 집 정원 안에서라면 무거운 짐을 나르는 것이 무방하지만, 새털만큼 가벼운 것일지라도 거리에서는 그 어떤 것도 운반할 수 없도록 한 금기는 바로 이런 근거에서 나온 계율이다. 운반 자체가 금지항목이 아니라, 한 사유지에서 다른 사유지로 그 어떤 물건이라도 이동하는 것이 금지되는 것이다. 그것은 기본적으로 사유재산의 균형을 깨는 것을 의미하기 때문이다. 안식일에만은 모두가 마치 아무것도 **소유하지** 않은 듯, **존재하는** 것 외에는 그 어떤 목적도 추구하지 않는 듯 그렇게 살아야 하는 것이다. 그것은 다시 말하면 자신의 본질적인 힘을 쓰기 위해서 사는 것 —— 오로지 기도하고 연구하며, 먹고 마시고, 노래 부르며 사랑하는 것이다.

안식일은 기쁨의 날이다. 이날은 인간이 완전히 자기 자신이 되는 날이기 때문이다. 『탈무드』에서 안식일을 메시아 시대의 예행이라고 부르고, 메시아 시대를 중단 없는 안식일이라고 부르는 것도 이런 연유에서이다. 이날은 근심과 슬픔은 물론 소유와 돈도 금기시되는 날이며, 시간이 극복되고 오로지 존재가 지배하는 날이다. 안식일의 역사적 발단이었던 바빌로니아의 샤파투(Shapatu)는 슬픔과 두려움의 날이었다. 그런가 하면 현대의 일요일은 즐기는 날, 소비의 날, 자기 자신으로부터 도피하는 날이 되어버렸다. 이제 마침내 안식일을 세계적으로 조화와 평화를 지키는 날로, 인류의 미래를 선취하는 인간의 날로 도입해야 할 시기가 되지 않았는지 문제를 제기해야 할 듯하다.

메시아 시대가 도래하리라는 비전은 특히 유대교가 세계문화에 기여한 또 하나의 성과로서 그 기본은 안식일이 기여한 바와 같은 것이다. 안식일과 마찬가지로 이 비전은 유대인들의 삶을 지탱시켜준 희망이었다. 2세기의 바르 코크바[2])에서부터 오늘에 이르기까지 무수한 거짓 메시아들의 출현으로 극심한 실망을 겪으면서도 유대인들은 그 희망을 결코 놓지 않았다. 안식일처럼 그것은 소유가 무의미해지고 불안과 전쟁이 일소되며 인간이 고유한 능력을 펼치는 것에 삶의 목표를 두는, 그런 날이 역사 속에서 언젠가는 오리라는 비전이었다 (메시아 시대의 이념에 대해서는 나의 저술『너는 신과 같아지리라 [*The Forgotten Language*]』[1951]의 안식일에 관한 항목에서 이미 상술한 바 있다).

"출애굽기"의 이야기는 비극적 종말을 취한다. 헤브루인들은 무엇인가 소유하지 않은 삶을 견디지 못한다. 그들은 안주할 곳이 없이 신이 내리는 일용할 양식만을 가지고 살아갈 수는 있었지만, 눈에 보이는 "지도자" 없이는 살아갈 수가 없었다. 모세가 산 속으로 모습을 감추자 절망한 헤브루인들은 아론[모세의 형, 유대 최초의 제사장]에게 몰려가서 숭배할 수 있는 눈에 보이는 우상을 만들어달라고 조른다. 금송아지가 바로 그것이다. 여기서 우리는 황금과 보석을 이집트에서 가지고 나오도록 그들에게 허용한 여호와의 실수가 그 값을 치른 것이라고 말할 수도 있을 것이다. 그들은 황금을 들고 나오면서 부(富)에의 욕구를 더불어 끌고 온 것이며, 절망의 순간이 닥치

---

2) 바르 코크바(Bar Kochba) : 원래는 유대인의 자유영웅인 "야곱의 별"("민수기 24 : 17)을 뜻하는 이름이었다. 역사상으로는 로마를 상대로 한 항전(기원후 132-기원후 135)에서의 팔레스타인 지도자이다.

자 소유를 탐하는 그들의 실존구조가 고개를 든 것이다. 아론은 그들의 황금을 모아서 송아지 상을 주조(鑄造)해준다. 그러자 헤브루 백성은 외친다. "이스라엘아 이는 너희를 애굽 땅에서 인도하여낸 너희 신이로다."("출애굽기" 32 : 4)

한 세대는 모두 그렇게 죽어갔고, 모세도 새로운 땅을 끝내 밟지 못했다. 그러나 다음 세대 역시 땅에 묶이지 않은 채 자유롭게 살아갈 능력을 갖추지 못한 점에서는 선조들과 다를 바 없었다. 그들은 새로운 영토를 정복하여 적(敵)을 전멸시키고, 적의 땅에 정착하여 적의 우상들을 숭배한다. 또한 그들 고유의 민주적 부족생활 체제를 동양적 전제체제로 바꾸어버린다. 물론 소박한 차원이기는 했지만, 그 당시의 강대국을 흉내내는 데에는 그만큼 더 열심이었다. 요컨대 혁명은 실패했고, 단 한 가지 얻은 것이 있다면 헤브루 백성은 이제 노예가 아니라── 그것을 그렇게 칭할 수 있다면── 지배자라는 사실뿐이었다. 만약 모세처럼 지도자의 무거운 짐을 지지도 않고 특히 어쩔 수 없이 독재적 권력을 휘두를(이를테면 고라가 이끄는 반란의 무리를 대량학살한 경우처럼["민수기" 16장]) 필요도 없었던 혁명적 사상가와 예언자들이 나타나서 복음을 전파하지 않았더라면, 오늘날 우리는 그 당시 헤브루인들을 근동역사의 학술적 각주(脚註)에서나 만날 수 있었을 것이다. 이들 혁명적 사상가들, 즉 헤브루 예언자들은 인간의 자유에 대한 비전을 혁신했다. 그들이 제시한 새로운 비전은 곧 소유에 얽매이지 않는 삶이었다. 따라서 그들은 인간의 손으로 만든 우상에 굴종하는 것에 반대했다. 그들은 냉철한 인물들로서, 만약 헤브루 백성이 병적으로 땅에 집착하느라고 그 땅 안에서 자유롭게 살 수 없다면, 다시 말해서 그것에 정신없이 매달리지 않고는 땅을 사랑할 수 없다면, 그 땅으로부터 또 다시 추방당하게 되리라는 예언을 했다. 헤브루 백성이 그 땅으로부터 추방당하는 사건은 엄연한 비극이기는 하되, 궁극적으로는 해방에 이르는 유일한 길이요—— 새로운 황야는 비단 한 세대에 그치지 않고 수많은 세대에 걸쳐서 지속될 거점을 제공하는 것임을 예언자들은 투시했던 것이다. 새로운 황야에 대한 이들의 예언은 유대인 신앙은 물론 결국 전 인류의 신앙을 위한 버팀목이라고 할 수 있다. 새로운 황야란 다름 아니라 땅의 원주민을 쫓아내거나 멸절시키지 않고서 평화와 풍요를 약속하는 메시아적 비전에 바탕을 둔 땅인 것이다.

이들 예언자들의 참후예는 학식 있는 랍비들이었다. 그중 가장 두드러진 인물로서 이방의 종교들 틈바구니에서 유대교를 지탱시킨 시조(始祖) 랍비 요하난 벤 자카이[3]가 있다. 로마인들에게 항쟁했던 주도자들이(기원후 70년) 패전하여 나라를 잃느니 차라리 죽는 편을 택하겠다는 결정을 내렸을 때, 랍비 자카이는 일종의 "반역"을 꾀했다. 비밀리에 예루살렘을 떠나서 로마 장군에게 투항하여 유대인 대학을 세우도록 허가해줄 것을 요청한 것이다. 이 사건은 풍요로운 유대인 전통의 발단인 동시에, 유대인이 **소유했던** 모든 것—— 나라, 사원, 성직자 체제와 군대의 관료제도, 제사와 의식—— 을 상실하는 분기점이 되었다. 그들은 모든 것을 잃었다. 그러나 그들(집

---

3) 요하난 벤 자카이(Jochanann ben Zakkai) : 1세기의 갈릴리 랍비. 유대인 항쟁의 전망 없음을 인식하고 사원파괴(기원후 70년) 이전에 로마 총독에게서 야브네(Jabne)의 학교설립 인가를 받아냈다.

단으로서)에게 유일하게 남은 것이 있었으니, 그것은 존재하는 것의 이상(理想), 즉 깨닫고 배우며 생각하는 것과 메시아를 기다리는 희망이었다.

신약성서

신약성서는 소유지향적 삶에 대한 구약성서의 반론을 그대로 이어받는다. 신약에서의 반론은 지난날 유대인들이 제기했던 반론보다 한결 더 투철하다고 할 수 있다. 구약성서는 가난한 피압박 계층의 산물이 아니라 양치기를 주업으로 하는 유목민과 자유 소작농들에게서 나온 것이었다. 그로부터 1,000년 후 『탈무드』라는 문학작품을 남긴 식자층 바리새인들은 극빈층은 물론 부유한 시민까지 포함한 중산계급을 대표했다. 성경과 『탈무드』 두 원전(原典)을 채운 정신은 사회적 정의를 실천하려는 정신으로, 가난한 이들을 보호하고 과부나 소수민족 같은 모든 약자들을 도와주는 것(gerim)이었다. 그러나 대체로 보아서 부(富)를 악으로 비판하거나 존재원리와 화해할 수 없는 것으로 평가하지는 않았다(L. Finkelstein, 1946을 참조할 것).

이와는 달리 초기 기독교들은 가난하고 사회적으로 멸시받는, 추방당하고 박해받는 사람들로 구성되어 있었다. 그들은—— 구약성서의 몇몇 예언자들처럼 —— 부자와 권세 있는 자들을 탄핵했고, 세속적 권력이거나 성직의 권력이거나를 막론하고 권세와 부를 타협할 여지가 없는 악으로 단정했다(필자의 『기독교의 도그마[*The Dogma of Christ*]』[1930]를 참조할 것).

막스 베버가 지적했듯이, 산상수훈은 사실상 위대한 노예반란의 성명서였다. 초기 기독교 공동체는 순전히 자발적인 인간의 결속정신으로 뭉쳐져 있었고, 그 정신은 일체의 물질적 재산을 공유하려는 자발적 소망으로 표출되고는 했다(초기 기독교 공동체의 소유상황과 성 누가도 알았으리라고 짐작되는 고대 그리스인들의 전례를 고찰한 우츠[A. F. Utz, 1953]를 참조할 것).

초기 기독교의 혁명정신은 유대교로부터 분리되기 전의 기독교 공동체들에게 전파되었던 복음서의 가장 오래된 대목에 특히 명백히 드러나 있다(복음서에서 가장 오래된 부분은 "마태 복음"과 "누가 복음"의 공동 전거(典據)로 재구성할 수 있다. 신약성서의 역사 분야 전문가들은 이 부분을 Q 텍스트[독일어로 전거, 근원을 뜻하는 Quelle의 첫 글자]라고 부른다. 이 분야의 기초 작업은 지크프리트 슐츠에 의해서 이루어졌는데, 그는 전수되어온 전거를 보다 오래된 "Q"와 비교적 근래의 "Q"로 구분하고 있다*).

이 복음서에서 발견되는 **중심 전제**는 모름지기 인간은 모든 탐욕과 소유욕을 떨쳐버리고 자신을 소유의 구속으로부터 완전히 해방시켜야 한다는 요청이다. 따라서 모든 긍정적 윤리규범은 존재의 윤리, 공유와 결속의 윤리에 근거하고 있다. 이 윤리의 기본 입장은 이웃과의 관계나 사물과의 관계 모두에 적용된다. 자기 권리를 근본적으로 포기할("마태 복음" 5:39-42 ; "누가 복음" 6:29 이하) 것과 "원수를 사랑하라"("마태 복음" 5:44-48 ; "누가 복음" 6:27 이하)는 요청은

---

* 내게 이 주제에 대한 기본적인 정보와 자극을 준 사람은 라이너 풍크이다.

구약성서의 "이웃 사랑하기를 네 몸과 같이 하라"("레위기" 19:18)는 계율보다 더 투철하게 타인에 대해서 완전히 책임질 것과 일체의 이기심을 버릴 것을 강조하고 있다. 또한 "네 이웃을 심판하지 말라"("마태 복음" 7:1-5 ; "누가 복음" 6:37 이하, 41 이하)는 요청은 자아를 버리고 이웃을 이해하며 이웃의 행복에 전적으로 자기를 바치라는 원칙의 확대이다.

아울러 사물의 소유에 관해서도 일체의 단념이 요청된다. 초기 공동체는 사유재산을 근본적으로 단념하는 데에 기초하고 있기 때문에 부의 축적을 경고했다. "너희를 위하여 보물을 땅에 쌓아두지 말라. 거기는 좀과 동록이 해하며 도적이 구멍을 뚫고 도적질하느니라. 오직 너희를 위하여 보물을 하늘에 쌓아두라. 거기는 좀이나 동록이 해하지 못하며 도적이 구멍을 뚫지도 못하고 도적질도 못하느니라. 네 보물이 있는 그곳에는 네 마음도 있느니라."("마태 복음" 6:19 이하 ; "누가 복음" 12:33 이하 참조) 이와 같은 정신으로 예수는 말한다. "가난한 자는 복이 있나니 하나님의 나라가 너희 것임이요."("누가 복음" 6:20 ; "마태 복음" 5:3) 초기 기독교도들은 실제로 가난한 사람들의 공동체로서, 하나님이 생각한 구제의 상(像)에 계시되어 있듯이, 기존 체제가 완전히 멸망할 시기가 무르익었다는 묵시록적 신념으로 가득 차 있었다.

"최후의 심판"이라는 묵시록적 표상은 당시 유대교에 퍼져 있던 메시아의 이념에서 나온 것으로서, 최후의 심판과 구제에 앞서서 멸망과 혼돈의 시기가 오리라는 비전이 포함되어 있었다. 따라서 『탈무드』의 랍비들은 메시아가 도래하기 이전의 이 끔찍한 시기를 유대인들만은 면하게 해달라고 하나님께 기도를 올렸다. 기독교에서 새로운 점이 있다면 예수와 그 제자들은 그 시기가 이미 닥쳤다고(또는 눈앞에 다가왔다고), 예수의 출현과 더불어 이미 그 시기가 시작되었다고 믿었던 점이다.

우리는 이와 같은 초기 기독교의 상황과 오늘날 세계에서 벌어지는 상황을 쉽게 연관지어서 생각할 수 있다. 오늘날의 적지 않은 사람들, 그중에서도 종교인("여호와의 증인"은 제외하고)보다는 오히려 더 많은 과학자들이 세계의 결정적 파국이 다가오고 있다고 믿는다. 오늘날의 이 믿음은 과학에 근거한 합리적인 비전이다. 물론 초기 기독교도들의 상황은 전혀 달랐다. 그들은 권세와 명성이 그 절정에 치솟아 있던 로마 제국의 한 귀퉁이에서 살고 있었다. 세계의 파국이 임박했다는 전조(前兆)는 아무 데에도 없었다. 그럼에도 불구하고 가난한 팔레스타인 유대인들의 작은 집단은 이 막강한 세계[로매가 조만간 멸망하리라고 확신하고 있었다. 물론 현실적으로는 그들의 확신이 오류임이 드러났다. 지상에서 예수의 재림이 실현되지 않자 복음서에서는 예수의 죽음과 부활이 새로운 시대의 기원으로 풀이되었고, 콘스탄티누스 대제[4] 이후에는 예수의 중재적 역할을 교황이 주도하는 교회로 떠넘기려는 시도가 반복되었다. 궁극적으로 교회는 이론상으로는 그렇지 않지만 실제로, 새로운 시대를 위한 대리역할을 한 것이다.

오로지 자신들의 도덕적 신념을 버팀목으로 하여 기존 세계의 척

---

4) 콘스탄티누스 1세(Flavius Valerius Constantinus I, 274?-337) : 로마 황제. 원래 태양신을 숭배했으나 기독교에 경도되어 313년 기독교를 공인한 황제로 유명하다.

도를 깨부수었던 이 작은 공동체의 거의 믿을 수 없는 극단주의를 가늠하려면, 우리는 초기 기독교 정신을 지금까지 간주해온 사례보다 한층 더 진지하게 받아들이지 않으면 안 된다. 그렇기는 해도, 유대인의 대다수는 다른 길을 선택했다. 그들은 새로운 시대가 개막되었다는 믿음을 거부하고, (비단 유대인뿐 아니라) 모든 인류가 종말론적 의미가 아닌 역사적 의미에서 정의, 평화, 사랑의 왕국을 수립할 수 있는 단계에 이를 때 도래하리라고 여긴 참 메시아의 존재를 계속해서 기다렸다.

보다 가깝게 전수된 "Q"는 초기 기독교의 후기단계에서 기원된 것이다. 이 단계에서도 우리는 동일한 원칙을 보게 된다. 마귀에 의해서 예수가 시험받는 이야기가 아주 명료하게 표현된다. 이 이야기에서 소유욕과 권력욕은 소유지향성의 공공연한 표출로 규정되어 있다. 물질에의 욕망을 상징하는, 돌을 떡으로 바꾸라는 첫 번째 시험에 대해서 예수는 응답한다. "사람이 떡으로만 살 것이 아니요 하나님의 입으로 나오는 모든 말씀으로 살 것이라."("마태 복음" 4:4 ; "누가 복음" 4:4)이어서 마귀는 자연을 지배할 수 있는 전권(중력의 법칙을 지양하는 것)을 주겠다는, 그리고 마지막으로 지상의 모든 왕국을 지배하는 무제한의 권력을 주겠다는 약속으로 예수를 유혹한다. 그러나 예수는 이에 응하지 않는다("마태 복음" 4:5-10 ; "누가 복음" 4:5-12. 라이너 풍크는 이 시험이 황야에서 행해졌다는 점과 따라서 "출애굽기"의 주제가 다시 채택되었다는 점을 내게 환기시켜 주었다).

이 이야기에서 예수와 마귀는 대립적인 두 원칙을 대표한다. 마귀는 물질적 소비와 자연 및 인간을 지배하는 힘의 대표자이다. 반면 예수는 존재의 구현이며, 소유하지 않는 것이 존재양식의 전제라는 이념의 구현이다. 우리가 사는 이 세계는 복음시대 이래 마귀의 기본 원칙을 추종해왔다. 그러나 아무리 이 원칙들이 개가를 올린다고 해도, 예수를 비롯해서 그를 전후한 위인들이 말했던 참존재의 실현에 대한 염원을 꺼버릴 수는 없었다.

존재를 지향하기 위해서 소유지향을 거부하는 식의 윤리적 엄격주의는 또한 에세네 파5) 신도나 사해문서(死海文書)6)를 낳은 유대인들 교단에서도 발견된다. 그리고 이 전통은 기독교 역사 전반에 걸쳐서, 재산을 가지지 않고 청빈하게 살겠다는 맹세에 기초한 수도회에서 계승해왔다. 초기 기독교의 극단적인 견해의 또다른 진술들을 우리는 —— 강도의 차이는 있지만 —— 사유재산이냐 공유재산이냐 하는 주제 면에서 그리스 철학사상의 영향을 받은 교부(敎父)들의 저술에서도 발견할 수 있다. 지면(紙面) 관계로 지금 이 학설들을 자세히 다루지는 못하며, 더욱이 그 학설들에 관한 신학적 및 사회학적 문헌도 여기에 소개하지 못한다(우츠[A. F. Utz, 1953]와 실링[O. Schilling, 1908]의 저술과 그곳에 수록된 문헌들을 참조할 것).

금욕주의의 정도에는 큰 차이가 있고 교회가 막강한 제도로 변해감에 따라서 그 극단성이 감소된 점을 확인할 수는 있지만, 초기 교회의 사상가들이 하나같이 사치와 탐욕을 가차 없이 비난하고 부를 경멸한 점에서는 부인할 여지가 없다.

---

5) 에세네 파(Essenes) : 기원후 1–3세기 팔레스타인에 있었던 유대인의 금욕적 비밀교단.
6) 1947년 이후 사해 부근 동굴에서 발견된 구약성서 사본들.

2세기 중엽 유스티누스[7]는 이렇게 쓰고 있다. "우리는 일찍이 부[動産]와 재산[不動産]을 그 무엇보다 사랑했지만, 이제 우리가 가진 것을 공동자산으로 하여 궁핍한 자들과 나누기로 한다."(O. Schilling, 1908, 24쪽에서 재인용) 디오그네투스에게 보낸 문서(2세기)[8]에는 나라를 상실한 구약성서의 사상을 상기시키는 흥미로운 구절이 있다. "모든 이방의 땅이 그들의 조국이며, 그 어떤 조국도 그들에게는 이방의 땅이다."(O. Schilling에서 재인용) 테르툴리아누스(3세기)[9]는 모든 상거래가 탐욕에서 파생된 것이라고 보고 욕심 없는 사람들 사이에는 상거래가 필요 없다는 주장을 폈다. 상거래는 항상 우상숭배의 위험과 묶여 있다고 단언하며, 탐욕은 모든 악의 근원이라고 이름했다(O. Schilling, 1908 ; K. Farner, 1947 ; T. Sommerlad, 1903을 참조할 것).

다른 교부들과 마찬가지로 바실리우스[10]에게는 모든 물질적 재산의 목적은 이웃에게 도움을 주는 것이다. "남의 옷을 빼앗는 자는 도둑이라고 불린다. 그러나 그럴 능력이 있는데도 헐벗은 자에게 옷을 주지 않는 사람 역시 도둑이 아닌 다른 이름으로 불릴 자격이 있

---

7) 순교자 유스티누스(Justinus Martyr, 100?-165?) : 로마에서 순교한 기독교의 호교론자(護敎論者)로 로마 제국의 박해에 맞서 기독교를 이론적으로 변호했다.
8) 디오그네투스 문서(Diognetbrief) : 작자미상의 호교문서(護敎文書). 유스티누스가 쓴 것으로 잘못 알려진 적이 있다.
9) 테르툴리아누스(Quintus Septimius Florens Tertullianus, 160-220) : 카르타고 출신의 기독교 저술가. 엄격한 성격 탓으로 이른바 몬타누스 파(Montanists)의 이단으로 기울어졌다.
10) 바실리우스(Basilius, 330?-379) : 그리스 출신의 기독교 종교가. 그리스 정교의 수도원 규칙을 제정하여 "수도사의 아버지"로 불렸다.

겠는가?"(K. Farner, 1947, 64쪽에서 재인용)라는 그의 물음은 그의 특성을 말해준다. 바실리우스는 재산의 기본 공유를 강조하고 있기 때문에, 어떤 학자들은 그가 공산주의적 성향을 가지고 있다는 견해를 편다. 이 짤막한 개관을 나는 잉여자산은 생산하지도 소비하지도 말아야 한다는 크리소스토모스(4세기)[11]의 경고로 맺기로 한다. 그는 말한다. "나의 것이니 내 마음대로 쓰는 것이라고 말하지 말라. 그대는 그대의 것이 아닌 생소한 것을 쓰고 있는 것이다. 이기적 과소비는 그대의 것을 생소한 재산으로 만들어버린다. 내가 그것을 생소한 재산이라고 부르는 이유는 그대가 집요하게 소모하면서, 오로지 사물에 의존해서 사는 그대의 태도를 옳다고 주장하기 때문이다." (O. Schilling, 1908, 111쪽에서 재인용)

사유재산과 모든 사유재산의 이기적 사용을 부도덕하다고 보는 교부들의 견해는 이밖에도 몇 장이라도 더 인용할 수 있을 것이다. 그러나 우리는 앞에서 인용한 것만으로도, 구약성서에서 비롯되어 초기 기독교를 거쳐서 이후 여러 세기를 거듭하는 동안 소유지향에 대한 거부가 지속되어왔음을 충분히 알 수 있다. 공산주의적 종파에 공공연하게 맞섰던 토마스 아퀴나스[12]조차도 사유재산 제도란 그것이 만인의 복지를 가능하게 하는 목적에 최대한 기여하는 한에서 정

---

11) 크리소스토모스(Iōannēs Chrysostomos, 354-407) : 콘스탄티노플의 총주교를 지낸 그리스 최대의 설교가. "황금의 입"을 의미하는 그의 이름부터 그가 얼마나 위대한 설교가였는지를 말해준다. 교회 내의 도덕적 개혁을 주도하다가 박해를 받았다.

12) 토마스 아퀴나스(Tomas Aquinas, 1225?-1274) : 중세 유럽의 스콜라 철학을 대표하는 이탈리아 신학자. 철저한 경험적 방법과 신학적 사변을 종합하여 기독교 철학을 독창적으로 발전시켰다. 신(神) 중심의 입장을 견지하면서도 인간의 상대적 자율성을 확립시킨 점에서, 그의 철학은 인간중심적, 세속적 근대사상의 시조가 되고 있다.

당화될 수 있다는 결론에 이른다. 고전불교는 욕망을 끊는 것, 자신의 자아, 영속하는 물질, 심지어는 자기완성에의 욕구까지 포함한 일체의 소유욕을 단념하는 것이 가장 중요하다는 점을 구약이나 신약성서보다 훨씬 더 투철하게 강조하고 있다(불교에 대한 더 깊은 이해를 위해서는 냐나포니카 마하테라의 저술[Nyanaponika Mahathera, 1962, 1970, 1971]을 참조할 것).

에크하르트 수사

에크하르트(1260-1327)는 소유적 실존양식과 존재적 실존양식의 차이를 전무후무하게 심도 있고 명쾌하게 기술하고 분석했다. 그는 독일 도미니크 수도회의 주도적 인물로서 해박한 신학자이며, 독일 신비주의의 저명한 대표자요, 신비주의에 대한 가장 깊이 있고 투철한 사상가였다. 그가 미친 지대한 영향은 독일어로 된 그의 설교집에 근거한다. 그것은 그의 동시대인이나 제자들뿐만 아니라 그가 죽은 후 독일 신비주의자들에게도 영향을 주었고, 오늘날까지도 비(非)신론적이며 합리적인, 그럼에도 "종교적인" 인생철학의 지침서를 찾는 사람들에게 지대한 영향을 미치고 있다.

여기에서 내가 에크하르트를 인용한 출전은 요제프 크빈트가 저술한 『에크하르트 수사, 독일어 저작집(Meister Eckhart, Die Deutschen Werke)』이다. 그러나 가능한 경우, 요제프 크빈트가 한저(Hanser) 출판사에서 편저로 낸 『독일어 설교 및 논문집(Deutshce Predigten und Traktate)』에서도 인용했다. 이 설교 및 논문집(J. Quint, 1977)은 권위 있는 것으로 평가된 텍스트만을 싣고 있다. 에크하르트 수사가 저자임이 확인되지 않은 텍스트의 경우에는 프란츠 파이퍼(1857)의 판을 인용하기로 한다.

소유에 관한 에크하르트의 개념

소유적 실존양식에 대한 에크하르트의 견해가 나타나 있는 원전은 "마태 복음"(5:3)의 "심령이 가난한 자는 복이 있나니 천국이 저희 것임이요"라는 성경구절을 바탕으로 한 가난에 관한 그의 설교이다. 이 설교에서 에크하르트는 심령의 가난함이란 무엇인가라는 물음을 파고든다. 맨 먼저 그는 자기가 말하고자 하는 것은 외적 빈곤, 다시 말하면 물질적 빈곤이 아님을 밝힌다. 물론 물질적으로 가난한 것도 칭찬할 만한 미덕임을 인정하면서 말이다. 그가 상론하고자 하는 것은 내적 빈곤, 복음서에서 언급된 예의 빈곤이다.

그는 내적 빈곤을 다음과 같이 정의한다. "아무것도 원하지 않고, 아무것도 아는 것이 없으며, 아무것도 가진 것이 없는 자가 가난한 사람이다."(J. Quint, 1977, 303쪽)

그렇다면 아무것도 원하지 않는 사람이란 어떤 사람인가? 우리는 쉽게 금욕적 생활을 택한 사람을 여기에 연관시킬 것이다. 그러나 에크하르트의 견해는 다르다. 그는 욕구의 부재를 참회의 시행이나 외적 신앙의 수련으로 이해하는 사람들을 꾸짖는다. 그런 확신을 가진 사람들은 이기적 자아에 집착하는 사람들이라고 생각한다. "그런 사람들은 외관(外觀)을 바탕으로 믿음이 깊다고 일러지지만, 내면으로는 바보이다. 왜냐하면 하나님의 섭리의 참뜻을 파악하지 못하고 있기 때문이다."(Quint, 334쪽)

에크하르트가 의미하는 원하는 상태는 불교사상에서도 근본 범주를 이루는 소유의지, 즉 탐심, 탐욕, 이기주의와 동의어이다. 석가모니는 욕구를 삶의 기쁨의 원천이 아닌 인간적 고뇌의 근원으로 보았다. 아무런 의지(will, Wille)도 가지지 말라는 에크하르트의 말은 그렇다고 나약해지라는 의미는 아니다. 그가 말하는 의지란 인간이 그것에 의해서 **휘둘리는 욕구**와 동류의 것으로── 그러니까 엄밀히 보면 의지가 아니다. 에크하르트는 더 나아가 신의 뜻을 따르는 것── 그것 역시 일종의 욕구이므로── 조차 원하지 않도록 요구한다. 아무것도 원하지 않는 사람이란 그 어떤 것에 대해서도 욕구를 가지지 않은 사람이다. 이것이 "비집착[非執着, 초연함]"이라는 에크하르트적 개념의 요체이다.

아무것도 **아는** 것이 없는 사람이란 어떤 사람인가? 에크하르트가 과연 어리석고 무지(無知)한 사람, 무교양한 인물을 이상(理想)으로 내세웠을까? 그 자신이 위대한 교양과 지식을 갖춘 위인으로서 굳이 그것을 숨기거나 과소평가하려고도 한 적이 없을뿐더러, 교육받지 못한 사람들을 가르치는 일에 가장 큰 관심을 쏟았던 그가 어떻게 그럴 수 있었겠는가.

아무것도 알아서는 안 된다는 표현에서 에크하르트가 뜻하는 바는 소유양식으로서의 지식과 **인식의 행위**── 사물의 근원까지 파고들어서 그 원인을 통찰하는 행위── 의 차이점과 상관된다. 에크하르트는 어떤 특정한 사상과 **사유의 과정**을 명백히 구별한다. 또한 신을 사랑하는 것보다는 신을 인식하는 편이 더 낫다고 강조한다. "사랑은 욕구와 욕망을 일으킨다. 반면에 인식은 그 어떤 생각도 첨가하지 않으며, 오히려 욕구를 떨쳐내고 스스로 그것에서 떨어져나와서 신 앞으로 달려가 알몸으로 신과 접촉하고 자신의 존재 안에 신을 끌어 안는 것이다."(J. Quint, 1977, 238쪽)

그러나 다른 차원에서(에크하르트는 여러 차원에 두루 걸쳐가며 이야기하고 있다) 에크하르트는 훨씬 더 멀리까지 파고든다. 그는 이 렇게 쓰고 있다. "되풀이하거니와 아무것도 아는 것이 없는 사람은 가난한 사람이다. 지금껏 우리는 인간은 모름지기 자신을 위해서나 진리를 위해서나 신을 위해서 살지 않는 삶을 살아야 한다고 거듭 말해왔다. 그러나 이제 그것과는 달리, 한 단계 더 나아가서 말하고자 한다. 이러한 가난을 가지려는 사람은 자신을 위해서나 진리를 위해 서나 신을 위해서 살지 않는다는 사실을 [미처] 알지 못하는 그런 삶 을 살아야 한다. 그보다는 오히려, 신이 자기 안에 살아 있다는 사실 을 알지도 인식하지도 느끼지도 못할 정도로 그렇게 모든 지식을 비 워버려야 한다. 그뿐만 아니라 그의 내면에 살아 있는 일체의 인식도 비워버려야 한다. 왜냐하면, 인간이 [아직] 신의 영원한 존재 안에 들어서 있었을 때는 인간의 내부에는 다른 무엇도 살아 있지 않았고, 거기에 살아 있던 것은 인간 자신이었기 때문이다. 그러므로 우리는 말한다. 인간이여, 그대가 [아직] 존재하지 않았을 때 그렇게 했던 것처럼 그대의 지식을 비워버리라. 그리고 신이 뜻하시는 대로 역사 (役事)하시게 하며, 그대의 마음을 비우라."(J. Quint, 1977, 305쪽)

에크하르트의 입장을 이해하려면 위의 말의 본뜻을 파악해야만 한 다. "인간이여, 그대의 지식을 비워버리라"는 그의 요구는 알고 있는 것을 잊으라는 의미가 아니라 알고 있다는 사실을 잊으라는 의미이다.

다시 말하면, 우리는 지식을 자기를 확인시키고 자신감을 심어주는 기능적인 소유물로 간주해서는 안 된다는 의미이다. 우리는 지식으로 "채워져서는" 안 되며, 지식에 매달리거나 그것을 탐해서도 안 된다. 지식이 도그마의 특성을 취해서는 안 된다. 도그마는 우리를 노예로 만드는 것이다. 이 모든 것은 소유적 실존양식에 속해 있다.

존재양식에서의 지식은 곧 파고드는 사유행위 그 자체이다——확신을 획득하고자 멈추어서려는 욕망을 결코 느끼지 않는 그런 사유행위이다. 에크하르트는 이어서 말한다.

"내가 지금 말하고자 하는 세 번째 가난은 가장 극단적인 가난으로서, 아무것도 **소유하지 않는** 인간의 가난이다. 이제 이 점에 대해서 엄밀히 눈여겨보라! 나 자신도 [이미] 여러 번 말한 바 있고 위인들도 하는 말씀은 신이 그 안에 몸담아 역사하시는 거처가 되기 위해서, 인간은 내적으로나 외적으로나 일체의 사물과 모든 행적을 비워버려야 한다는 사실이다. 그러나 이제 달리 말해보자. 인간이 일체의 피조물과 신, 그리고 자기를 비워버린 경우, 그는 그러나 아직 자기 안에 신이 역사하실 한 장소를 가지고 있는 상태에 있는 셈이 된다. 그러니까 그의 내부에 그런 장소가 아직 남아 있는 한 그는 극단적인 상태로 가난하지는 않은 것이라고 말할 수 있다. 왜냐하면 신의 편에서는 신의 역사를 위해서 인간이 그 장소를 내면에 확보해놓기를 추구하시지 않기 때문이다. 마음의 가난이란 [오로지] 이런 것이다. 즉 인간이 신으로부터, 그리고 일체의 신의 작업으로부터도 자유로워지고 그래서 신 스스로 그 마음 안에서 활동하고자 뜻하시어 바로 신 **자신이** 활동의 장소가 되는 것이다——그리고 신께서는 [분명히] 그

일을 기꺼이 하신다.

그러므로 우리는 인간이여, 그대 자신이 신께서 활동하는 장소가 될 수도 그 장소를 가질 수도 없을 만큼 그렇게 가난해질지어다라고 말한다. 인간이 [마음 안에] [아직] 어떤 장소를 확보하고 있다는 것은 칸막이를 [여전히] 지키고 있음을 의미한다. 그래서 나는 신께 기도한 다. 내게서 '신'이 떠나게 해주시기를.……"(같은 책, 307쪽 이하)

에크하르트 수사로서도 "소유하지 않음"에 관한 자신의 견해를 이 이상으로 투철하게 표현할 수는 없었을 것이다. 무엇보다 먼저 우리 는 자신이 지닌 사물과 행동으로부터 자유로워져야 한다. 그렇다고 그것이 아무것도 소유하지 말고 아무런 행위도 하지 말라는 의미는 아니다. 다만, 우리가 소유하고 행하는 것에 —— 심지어는 신에게조 차 —— 묶이고 속박당해서는 안 된다는 의미인 것이다.

에크하르트는 또다른 시각에서 소유의 문제에 접근하여 소유와 자 유의 연관을 구명한다. 소유와 일에, 궁극적으로는 자신의 자아에 집 착하는 만큼, 그것에 비례해서 인간의 자유는 제한받는다. 자신의 자 아에 묶여 있음으로 인해서(크빈트는 그의 에크하르트 전집 머리말 에서 중세 고지(高地) 독일어 **eigenschaft**[고유의 성질]를 Ichbindung [아집(我執)], 또는 Ichsucht[아욕(我慾)]라고 번역하고 있다), 우리는 나아가는 길을 스스로 방해해서 결실을 맺지 못하고 충분한 자기실 현을 이룰 수 없는 것이다(J. Quint, 1977, 29쪽을 참조할 것). 미트의 다음과 같은 견해에 나는 전적으로 동의한다. 사도 바울적 의미에서 의 사랑이 일체의 아집에서 벗어나는 것임과 마찬가지로 "에크하르 트에게 참된 결실의 조건으로서의 자유는 바로 자아를 버리는 것이다"라고 그는 말한다(D. Mieth, 1971, 15쪽). 사물과 자아에의 집착에서 벗어났다는 의미에서의 자유는 사랑과 생산적 존재를 위한 전제조건이다. 에크하르트에 의하면 우리 인간의 목표는 아집과 아욕, 다시 말하면 소유적 실존양식에서 벗어나서 완전한 존재에 도달하는 것이다. 에크하르트가 말하는 소유지향적 성질에 관해서 미트만큼 나의 생각에 접근하는 생각을 표명한 저자는 없다. 그는 "인간의 소유구조"에 관해서 언급하고 있는데(D. Mieth, 1971, 138쪽 이하), 내가 이해하는 한에서 그것은 "소유적 실존양식" 또는 "실존의 소유구조"로 표현한 나의 말과 동의어이다. 그는 내적 소유구조의 타파를 말하면서 "공용징수(Expropriation)"라는 마르크스의 개념을 끌어들이고, 이것이야말로 가장 극단적인 형태의 몰수라고 덧붙이고 있다.

소유적 실존양식에서 결정적인 요소는 소유하는 여러 대상물이 아니라 그것에 대한 인간의 전반적인 마음가짐이다.

그 무엇이든 욕망의 대상이 될 수 있다. 일용품, 재산, 의식(儀式), 선행, 지식, 그리고 사상 등등. 이 모든 사상(事象)들은 그 자체로 "나쁜" 것이 아니라 나쁜 것이 되는 것이다. 다시 말하면 우리가 그것들에 집착할 때, 그리하여 그것들이 우리의 자유를 구속하는 족쇄가 될 때 그것들은 우리의 자기실현에 장애물이 되는 것이다.

존재에 관한 에크하르트의 개념

에크하르트는 "존재"라는 말을 서로 비슷하면서도 다른 두 가지 의미로 쓴다. 그가 쓰는 좁은 의미에서의 존재개념은 심리학적인 것으로서, 인간을 움직이는 실제적이고 흔히 무의식적인 동인(動因)을 말한다. 즉, 인간의 행위와 의견과는 대조적인 것, 행동하고 사고하는 인간과는 분리된 개념이다. 에크하르트를 일러 "천재적 영혼 분석가"라고 한 크빈트의 말은 옳은 말이다. "에크하르트는 지칠 줄 모르고 인간의 모든 행위의 가장 내밀한 연관들, 가장 깊은 곳에 숨겨진 이기심, 고의(故意)와 '의견'의 움직임들을 벗겨내고, 감사와 답례를 바라고 곁눈질하는 행위를 질책하여 낙인찍는 작업을 하고 있다."(J. Quint, 1977, 29쪽)

인간 내부에 숨겨진 동인을 꿰뚫어보는 에크하르트의 통찰력은 프로이트를 알고 있는 독자와 프로이트 이전의 순진한 견해들이나 지금도 통용되는 행동주의적 이론들―― 금세기 초에 원자를 더 이상 분해할 수 없는 요소로 생각했듯이, 행동과 의견은 서로간에 도저히 분해할 수 없이 구성된 자료라는 주장을 대표하는 이론들―― 을 극복한 독자의 공감을 얻고 있다. 에크하르트는 이런 견해를 여러 대목에서 표명했다. 그 특징적 대목은 다음과 같은 경고의 말이다. "우리가 깊이 생각해야 할 것은 내가 무엇을 **행할** 것인가이기보다는, 나는 과연 **어떤 존재인가**이다."(같은 책, 57쪽) 무엇을 얼마나 많이 행하느냐보다는 선하게 **존재하는** 것에 비중을 두어야 한다. 중요한 것은 우리의 행위를 받치고 있는 근본이다. 우리의 존재는 실재이며, 우리를 움직이는 정신이요, 우리의 행동을 규정하는 성격이다. 반면, 각종 행위와 확신은 우리의 역동적 핵심과는 동떨어진 것으로, 실재가 아니다.

에크하르트가 말하는 존재의 두 번째 의미는 한결 더 포괄적이고 근본적인 것이다. 존재는 삶이며 활동이요, 탄생이며 재생이고, 흘러나와서 흘러가는 것이며, 생산활동이다. 이런 의미에서 존재는 소유, 아집, 아욕의 반대개념이다. 에크하르트가 의미하는 존재는 인간이 지닌 고유한 능력의 생산적 표출이라는 고전적 의미에서의 능동적 활동상태이며, 현대적 의미에서의 "바쁘다"라고 하는 그런 개념이 아니다. 그에게 능동적 활동이란 "자신으로부터 빠져나오는 것"(J. Quint, 1977, 181쪽)을 의미하며, 이것을 그는 여러 가지 비유로 묘사한다. 이를테면 존재를 "비등(沸騰)하는" 또는 "자아를 출산하는" 과정으로, "자아의 내부에서, 그리고 자아를 넘쳐서 흐르는" 그 무엇으로 칭한다(같은 책, 34쪽 이하). 때로는 활동적인 특성을 묘사하기 위해서 달리는 행위를 상징으로 쓰고 있다. "……평온을 겨누며 달려라! 달리고 있고 끊임없이 달리면서도 평온을 겨누는 사람은 하늘의 복을 받은 사람이다. 천상이 끊임없이 에워싸고 있어 그는 달리는 가운데에서 평온을 찾는다."(같은 책, 188쪽) 능동적 활동에 대한 또다른 정의를 우리는 "생기 있게 활동하는 사람은 채워짐에 따라 커져서 결코 가득 차지 않는 그릇과 같다"고 한 그의 말에서 찾을 수 있다.

소유적 실존양식을 깨고 나오는 것이 모든 참활동의 전제이다. 에크하르트의 윤리적 체계에서는 내면적 생산활동이 지고의 미덕이며, 그 전제는 일체의 아집과 탐욕을 극복하는 것이다.

제2부

두 실존양식의
근본적 차이에 대한 분석

4
소유적 실존양식

이윤추구의 사회 —— 소유적 실존양식의 바탕

우리는 사유재산, 이윤, 권력이라는 기둥 위에 정립(鼎立)된 사회 속에
서 살고 있다. 따라서 우리의 판단은 극히 편파적이다. 취득, 소유,
이득은 산업사회에서 사는 개인의 실질적인 불가침의 권리이다.[*] 그
사유재산이 어떤 경로로 취해졌는지는 문제가 되지 않으며, 그것을
소유함에 그 어떤 구속[의무]도 받지 않는다. 그 원칙은 이렇다. "내가
내 재산을 어디에서 어떻게 취득했으며, 그것으로 무엇을 할 것이냐
하는 것은 그 누구와도 상관없는 일이다. 내가 법을 저촉하지 않는
한 나의 권리는 무조건적이며 절대적이다."

   이런 형태의 재산은 그것을 사용하거나 누릴 때 타인을 완전히 배
제하고 나를 그것의 소유주로, 그것을 관장하는 유일한 주인으로 하
기 때문에 사유재산(private property, Privateigentum, privare[빼앗

---

[*] R. H. 토니의 『취득사회(*The Acquisitive Society*)』(1920)는 근대자본주의를 이해하고
  사회와 인간변혁의 선택을 이해하는 데에 여전히 가장 탁월한 저술이다. 막스 베버,
  L. 브렌타노, 샤피로, 파스칼, 좀바르트, 크라우스의 저술들도 산업사회가 인간에게
  미치는 영향에 대해서 다양하게 해명하고 있다.

대)이라고 부른다. 이런 형태의 재산은 명목상으로는 당연하고 일반화된 것이지만 선사시대, 특히 여타의 생활영역에서 경제가 우선을 차지하지 않았던 유럽권 외의 문화를 포함한 전체 인류역사를 고려에 넣는다면, 사실상 그것은 통례라기보다는 예외라고 할 수 있다. 사유재산 이외에도 몇 가지 개념들이 더 있다. 이를테면 순전히 자기 피땀으로 **자수성가한** 재산, 이웃을 도와주는 의무에 한정된 **제한적** 재산, 작업도구나 소비 및 향락 대상에 속한 **기능적** 또는 **개인적** 재산, 그리고 예컨대 이스라엘의 키부츠(Kibbutz)처럼 동지애의 정신으로 집단이 주인인 **공유재산**이 있다.

사회적으로 통용되는 여러 규범은 사회구성원의 특성("사회적 특성")을 규정한다. 우리가 살고 있는 산업사회의 경우 그 규범은 재산을 취득하고 그것을 지키며 확장하는 것, 즉 이윤을 얻으려는 욕망으로 특징지어져 있다. 그러나 대다수의 사람들은 무산자이므로, 이 무산자들이 재산을 확보하고 지키려는 열정을 어떻게 수습할 수 있느냐 하는 복잡한 문제가 제기된다. 무산자이면서 어떻게 스스로 유산자로 느끼게 할 수 있는가 하는 문제 말이다.

우리 모두가 알다시피 이 문제는 쉽게 대답할 수 없다. 첫째로, 거의 아무것도 가지지 않은 사람이라고 해도 그 무엇인가는 소유하고 있다. 그래서 그들 역시 자산가가 자본에 매달리듯 자기네 하찮은 소유물에 매달린다. 둘째로, 그들은 자기네 재산을 지키며 아무리 하찮은 액수라도(이를테면 여기저기서 한푼씩 절약해서 모은) 늘리려는 소망에 사로잡혀 있다. 그럼에도 불구하고, 아마 가장 큰 보람은 물질적 소유보다는 삶의 실체를 소유하는 데에서 얻어지는 보람일 것이다. 가부장제 사회에서는 아무리 가난한 남자라도 자산가였다. 아내, 자식, 가축을 소유하고서 자신이 절대적인 지배자임을 느낄 수 있었다. 가부장제 사회에서 최소한 남자한테만은 자식을 많이 가지는 것이 자본을 투자하거나 몸소 수고할 필요 없이 인력을 소유할 수 있는 유일한 방도이다. 그러나 출산부담은 여자 편에서 전적으로 짊어지는 것을 고려할 때, 가부장제 사회에서 후손을 생산하는 일은 여자들에 대한 무자비한 착취행위라는 사실을 아무래도 부인할 수 없다. 한편 어머니는 어머니대로 자식들에 대해서 아이가 아직 어릴 때까지는 단호한 소유주 노릇을 한다. 그러니 이것이야말로 끝없는 악순환이 아닐 수 없다. 남편은 아내를 착취하고 착취당한 아내는 자식을 착취하고, 성장한 남자들은 그들의 부친의 대열에 가담하여 다시 아내들을 착취하는 것이다.

이와 같은 가부장제 안에서의 남성의 우월권은 거의 6,000−7,000년 동안 지속되어왔고, 지금은 무너지는 기미를 보인다고 해도 특히 후진국에, 그리고 선진국에서는 하층계급에 여전히 엄존하고 있다. 여성해방 및 아동과 청소년의 해방은 생활수준의 향상과 비례관계에 있는 듯이 보인다. 인간을 소유물로 하는 가부장제적 형태가 점차 쇠퇴해가는 판국에, 선진 산업국가의 평균 시민은 재산을 축적, 유지, 증식하고 싶은 열정을 어떻게 삭이고 있는가? 그 해답은 결국 소유의 범위를 확대시키는 데에 있다. 친구, 애인, 건강, 여행, 예술품을 비롯하여 신에 이르기까지, 그리고 자아에 이르기까지 확장하는 것이다. 소유에 대한 부르주아적 강박에 관해서는 막스 슈티르너(연도미상)의 탁월한 서술이 있다. 그는 인간이 사물로 변하고, 인간관계는 소유의 특성을 취하게 된 점을 지적한다. 지난날 사회적 속박으로부터의 해방이라는 긍정적 의미를 지녔던 "개인주의(individualism, Individualismus)"가 "자아소유(self-ownership, Selbst-Besitz)"라는 부정적 의미로—— 일신의 성공을 위해서 정력을 쏟는 권리(그리고 의무)를 의미하는 것으로 통하게 되었다는 지적이다.

소유하고 있다는 느낌에서 가장 중요한 대상은 나의 자아이다. 자아는 많은 것을 포괄한다. 자신의 육체, 이름, 사회적 지위, 소유물(지식을 포함한), 그리고 스스로 품고 있고 타인에게 과시하고 싶은 자신의 이미지 등. 우리의 자아는 지식이나 능력 같은 실질적 자질과, 실재하는 핵심의 언저리에 우리가 쌓는 허구적 자질의 혼합물이다. 그러나 본질적인 문제점은 자아가 어떤 내용으로 구성되어 있느냐 하는 점이 아니라, 우리가 우리의 자아를 각기 소유물로 느낀다는 점, 그리고 그 "사물"이 우리 자신을 확인하는 경험적 토대가 되고 있다는 점이다.

이렇듯 소유적 사고를 서술하면서 우리가 반드시 고려해야 할 요점이 있다. 즉 19세기 이래 들어선 소유상황의 변천이다. 일찍이 지배했던 소유물과의 유대가 제1차 세계대전 종결 이후 수십 년 사이에 거의 사라져버린 듯하다. 옛 사람들은 이미 소유한 물건은 소중히 아끼며 가능한 한 활용했다. 그리고 간직하기 위해서 사들였다. 그 당시의 구호는 "오래된 것이 아름답다!"였다. 현대인은 버리기 위해서 사들인다. 보존이 아닌 소비가 모토이다. 자동차이든 옷이든 가전제품이든 간에 사들이고 나서 얼마간 사용하고 나면 싫증이 나서 새 모델을 장만하려고 열을 올린다. 취득 → 일시적 소유와 사용 → 폐기처분(가능하면 보다 나은 모델과의 유리한 교환) → 새로운 취득. 이것이 일련의 순환과정이며, 그 구호는 "새것이 아름답다!"이다.

오늘날 소비형태의 가장 현저한 예는 자가용일 것이다. 우리의 모든 경제는 자동차 생산을 중심축으로 하고 있고, 우리의 생활형태도 대부분 자동차 사용에 의존하고 있다. 그런 의미에서 우리 시대는 가히 "자동차 시대"라고 이름할 수 있을 것이다.

자동차를 이미 가진 소유주에게는 그것이 삶에 없어서는 안 될 필수품으로 여겨지며, 이제 막 자동차를 가지고자 애쓰는 그밖의 사람들, 특히 이른바 "사회주의 국가"의 사람들에게는 그것이 행복의 총괄개념으로 보인다. 그럼에도 불구하고 자가용에 대한 애정은 깊고 지속적인 것이 못 되며, 잠깐 스쳐가는 정사(情事)일 뿐이다. 그도 그럴 것이, 소유자는 자동차를 수시로 바꾼다. 한두 해 지나면 헌 차에 싫증이 나서 신형차를 물색하며, 되도록 "유리한 흥정"으로 낙착되기를 노린다. 모든 거래는 불순한 수단까지도 종종 한몫하는 일종의 게임처럼 보인다. 사람들은 "유리한 흥정" 자체를 그 궁극의 목적물인 최신형 모델의 승용차 못지않게 즐긴다.

이렇듯 자동차 소유주가 자동차를 소유의 대상으로 여기는 상황과 모델을 바꿀 때마다 관심이 바뀌는 사실 사이에는 명백한 모순이 있다. 이 수수께끼의 해답을 풀려면 몇 가지 요인들을 고려해야 한다. 첫째로, 자동차와 나와의 관계는 비인격적으로 고착된 관계라는 점이다. 자동차는 내가 애착을 느끼는 구체적 대상이라기보다 나의 신분과 나의 자아의 상징이요, 나의 힘의 연장이다. 자동차를 구입함으로써 나는 사실상 새로운 한 부분적 자아를 취득한다. 둘째로, 이를테면 내가 새 차를 6년마다가 아니라 2년마다 구입하는 경우, 취득에서 오는 기쁨은 그만큼 배가된다는 점이다. 자기 것으로 만드는 행위는 꽃을 꺾는[처녀를 자기 것으로 하는] 행위와 같은 종류로서 무엇인가 지배하고 있다는 느낌의 상승이요, 그런 체험은 잦을수록 의기양양한 느낌을 더하게 한다. 셋째로, 자동차의 잦은 교환은 바로 현대인의 마음 깊이 뿌리박혀 있는 소망, 즉 유리한 이득을 취할 기회를 그만큼 자주 제공한다는 점이다. 그리고 또 한 가지, 넷째 요인은 특히 중요한 것으로서 익숙해진 자극은 금세 싫증나고 무료해지므로 **새로운** 자극을 향하는 현대인의 욕구이다. 필자는 『인간 파괴성의 해부』(1973, 239쪽 이하)라는 고찰에서 "능동적인" 자극과 "단순한" 자극을 구분하면서 다음과 같은 점을 제시한 바 있다── "자극이란 '단순한(반사적인)' 것일수록 그 강도나 종류 면에서 잦은 교체를 필요로 한다. 그러나 자극이 능동적인 것일수록 자극성은 그만큼 오래 지속되고 강도와 내용의 변화를 필요로 하지 않는다."(같은 책, 241쪽) 가장 중요하다고 할 수 있는 다섯째 요인은 지난 세기 이래 변천을 겪은, "저축"에서 시장(市場)으로 옮겨간 사회적 특성에 근거한다. 이로써 소유지향적 측면이 완전히 사라진 것은 아니지만, 그 점에서도 상당한 변화가 일어났다(구매지향으로의 발전상황에 대해서는 제7장에서 다룰 것이다).

오늘날 우리는 각종 다른 분야의 인물들 ── 의사, 치과의사, 변호사, 사장, 노동자 ── 을 대하면서도 소유주의 느낌을 가진다. 이런 사실은 나의 의사, 나의 치과의사, 나의 일꾼 등등으로 부르는 경향에서도 드러난다. 이렇듯 나 아닌 타인을 소유물로 간주할 뿐만 아니라 무수한 사물, 심지어는 감정, 하다못해 건강이나 질병까지도 우리는 소유물로 체험한다. 건강에 상관된 이야기를 하면서도 소유의 느낌으로 말한다. 나의 병, 나의 수술, 나의 치료, 나의 식이요법, 나의 약 등등. 이렇듯 건강과 질병을 분명하게 자기의 소유물로 여기면서, 나빠진 건강마저도 액면가의 일부를 잃은 주주의 주식 같은 소유물로 간주한다.

관념이나 신념 역시 나에게서 분리되어 사유재산이 될 수 있으며, 습관마저 소유물로 체험될 수 있다. 이를테면 아침마다 정해진 시간에 똑같은 아침 식사를 하는 사람의 경우, 그 일정이 조금만 빗나가도 당황하게 된다. 그에게는 이 습관이 소유물로 되어 있어서 그것을 잃게 되면 불안해지기 때문이다.

이렇듯 소유적 실존양식이 도처에 편재해 있는 것으로 서술하는 나를 향해서, 많은 독자는 그것은 지나치게 일방적이며 부정적인 견해라고 반박할 수도 있을 것이며 —— 사실이 그렇다. 맨 처음 내가 의도했던 바는 사회 안의 지배적 태도를 되도록 명확한 그림으로 묘사하는 것이었다. 그러나 이제, 앞에서 말한 대다수의 태도와는 대비되는 다른 경향이 젊은 세대 사이에 자리잡아가는 사실을 제시함으로써 치우친 그림의 위치를 바로잡아야겠다. 젊은 세대들에게서 우리는 소유와 취득으로 감추어진 형태가 아닌 적나라한 소비습관을 확인할 수 있다. 그들에게 소비란 즐겨 행하는 활동 자체에 대한 순수한 기쁨의 표출일 뿐, 무슨 "지속적" 대가(代價)에 대한 기대를 포함하는 것은 아니다. 그들은 오로지 좋아하는 음악을 듣기 위해서, 보고 싶은 장소를 보기 위해서, 만나고 싶은 사람을 만나기 위해서 고생을 마다하지 않고 장거리 여행을 감행한다. 그들의 목표가 그들이 생각하는 것만큼 가치가 있는지 어떤지는 여기서 문제가 되지 않는다. 설령 그들에게 진지함이나 철저한 준비, 또는 집중력이 결여되어 있을는지 몰라도―― 이들 젊은이들은 과감히 **존재하려고** 할 뿐, 그 보상으로 무엇을 얻을지 무엇이 남을지를 문제 삼지 않는다. 그들은 또한 그들의 앞 세대보다 훨씬 더 솔직해 보인다. 그들의 철학적 및 정치적 신념은 흔히 순진할 수도 있지만, 그렇다고 자기 자신을 시장에서 탐나는 "상품"으로 내놓으려고 끊임없이 갈고 닦는 일은 하지 않는다. 체면을 유지하려고 의식적이든 무의식적이든 끊임없이 속임수를 쓰는 일 따위는 하지 않는다. 한마디로 말하면, 대부분의 사람들이 그렇듯이 진실을 억누르려고 정력을 낭비하지 않는다. 진실을 보고 말할 수 있는 능력을 속으로만 감탄하는 앞 세대들에게 그들은 솔직성으로 곧잘 감명을 준다. 그들은 각종 뉘앙스의 정치적, 종교적 단체에 속해 있긴 하되, 대부분은 그 어떤 특정한 이데올로기나 교의(敎義)를 대표하지 않고, 자기 자신과 연관해서는 다만 "추구하고" 있을 뿐이라고 말한다. 그들은 어쩌면 자아를 발견하지도, 실생활의 지표가 될 목표를 찾아내지도 못했을는지 모르지만 본연의 자기로 존재하기를 추구하며, 소유와 소비를 추구하지는 않는다.

그러나 이와 같은 긍정적 그림은 자격을 요구한다. 바로 이 젊은이들(이들 수효는 1960년대 말 이래 눈에 띄게 줄어들었다)의 대부분은 "……로부터의 자유"를 구가하기는 했지만 "……를 향한 자유"로의 도약을 이루어내지는 못했다. 제한과 의존에서 자유로워지려는 소망 말고는 자기들이 향해야 할 아무런 목표도 추구하지 않은 채,

오로지 반항만 한 것이다. 그들의 부르주아적 부모처럼 그들도 오로지 새것이 좋다는 표어를 쫓았던 셈이니, 인류가 성취해온 그 어떤 위대한 사상이나 일체의 전통에 대해서는 사뭇 공포증에 가까운 무관심을 보였고, 발견할 가치가 있는 모든 것은 스스로 발견해낼 수 있다는, 일종의 유아적 자기도취에 빠져 있었다. 근본적으로 그들의 이상(理想)은 다시 어린아이로 되돌아가는 데에 있었고, 마르쿠제와 같은 저자들은 어린아이로 되돌아가는 것이 —— 성년으로 발전하는 것이 아니라 —— 사회주의와 혁명의 궁극적인 목표라는 아전인수격 이데올로기를 펼쳐서 그 한끝을 거들었다. 젊고 자아도취감이 지속되는 동안 그들은 행복했다. 그러나 그들 대부분은 확고한 신념도 얻지 못하고 내면의 구심점도 찾지 못한 채, 깊은 환멸감을 안고 이 시기를 빠져나왔다. 그리하여 흔히 냉담하고 불평에 찬 사람이 되거나 —— 아니면 파괴를 일삼는 불행한 광적 인간으로 끝나버린다.

그렇다고 원대한 희망을 품고 출발했던 모든 사람이 환멸로 끝났다는 이야기는 아니다. 그렇지만 유감스럽게도 그런 사람이 과연 얼마나 되는지는 가늠할 수 없다. 내가 아는 한, 그 어떤 믿을 만한 통계적 자료도 근거 있는 평가도 나와 있지 않고, 설령 그런 데이터가 있다고 해도 개개인의 동기를 알아보기란 극히 어려운 일일 것이다. 오늘날 수백만 미국인과 유럽인은 그들에게 올바른 길을 제시할 전통이나 스승과의 접촉을 모색하고 있다. 그러나 이와 같은 구세(救世)의 교리와 그 전파자들의 대다수는 속임수이거나 자격미달이다. 그 교파들은 대중과의 관계에서 자기선전에 집착하고 있거나, 교주(敎主)들의 재정적 이득 및 특권과 유착되어 있다. 이와 같은 기만에도 불구하고 그와 같은 교리들이 제공한 방법들에서 실제로 도움을 받는 신도들도 더러는 있을 것이며, 또 어떤 이들은 진정한 내적 변화를 의도하지 않은 채 그 교리들을 실천할 것이다. 어쨌거나 이러한 새로운 교파들을 신봉하는 사람들의 수효는 각종 교파들에 관한 엄밀한 양적 및 질적 분석을 해보아야만 밝혀질 문제이다.

나의 개인적인 추산으로는 소유에서 존재로의 태도변화를 진지하게 모색하고 있는 젊은이들(더러는 연장자들까지)의 수효가 개별적으로 산재하는 소수에 한정되어 있지는 않다. 상당수의 집단과 개인이 이런 방향을 지향하고 있으며, 그들이 역사적으로 중요한 몫을 하리라는 점을 나는 믿고 있다. 그들은 다수의 소유지향 추세를 능가하는 새로운 추세를 대표한다. 인류역사상 소수의 사람들이 역사의 진로를 바꾼 예가 이것이 최초는 아닐 것이며, 이와 같은 소수가 존재하고 있다는 사실부터가 오늘날 만연된 소유적 태도를 존재적 태도로 전향하게끔 하는 보편적 변화에 대한 희망을 안겨주는 요소의 하나이다. 이 새로운 추세를 뒷받침하는 몇 가지 요인들은 바로 다시는 역행할 수 없어 보이는 엄연한 역사적 변화들 — 여성들에 대한 가부장적 지배의 붕괴와 자식들에 대한 부모의 지배의 붕괴 — 인까닭에, 그만큼 이 희망은 현실적이라고 할 수 있다. 20세기의 정치적 혁명 — 러시아 혁명 — 이 실패로 판정되고 있는 한편에서(중국의 혁명에 대해서는 결정적인 판단을 내리기에 아직 이르지만), 금세기의 성공적 혁명이라면 비록 초기 단계이기는 하지만 여성과 자식들의 혁명, 그리고 성(性)의 혁명이라고 할 수 있다. 이 혁명들이 요청하는 바는 이미 다수의 의식 속에 받아들여졌고, 낡은 이데올로기들은 하루가 다르게 가소로운 것이 되고 있다.

소유의 본질

소유적 실존양식은 사유재산에서 파생되어 나온다. 이 양식에서 중요한 것은 오로지 나의 것으로 하는 것과 그렇게 취득한 것을 보유하는 무제한의 권리이다. 소유지향의 태도는 타인을 배제하며, 나의 재산을 지키고 그것을 생산적으로 활용하려고 부심하는 것 이외에는 자신에게 다른 노력을 요구하지 않는다. 그것은 불교에서 욕진(欲塵)이라고 부르고, 유대교와 기독교에서 탐욕이라고 부르는 태도에 다름 아니다. 이 태도는 모든 인간과 사물을 죽은 것으로, 나의 힘에 종속된 대상으로 변질시킨다.

"나는 무엇을 가지고 있다"는 구절은 주체인 나(또는 그, 너, 우리, 그들)와 객체인 무엇과의 관계를 드러낸다. 이 말은 주체나 객체 모두가 영속적인 것이라는 전제를 내포한다. 그렇지만 과연 이 양자가 영속적인 것일까? 나는 언젠가는 죽어갈 것이며, 지금 내가 무엇을 가지고 있다는 것을 보증해주는 사회적 지위를 잃을 수도 있다. 객체 역시 영속성을 지니고 있지 못하다. 그것은 파괴될 수도 잃어버릴 수도 있고, 그 가치를 상실할 수도 있다. 무엇을 지속적으로 소유하고 있다는 진술은 파괴되지 않는 불멸의 실체를 전제한 그릇된 환상에 기초를 두고 있다. 설령 내가 모든 것을 가지고 있는 듯이 보인다고 해도, 사실상 나는 —— 아무것도 가지고 있는 것이 아니다. 어떤 객체를 소유하고 지배하는 나의 행위는 삶의 과정에서 스쳐가는 한 찰나에 지나지 않기 때문이다.

궁극적으로 "나(주체)는 무엇(객체)을 가지고 있다"는 진술은 객체를 소유하고 있음을 빌려서 나의 자아를 정의하고 있다. 나 자신이 아니라 내가 가지고 있는 그것이 나를 존재하게 하는 주체이다. 나의 소유물이 나와 나의 실체의 근거가 된다. "나는 나이다"라는 진술의 토대가 되는 생각은 "나는 X를 소유하고 있기 때문에 나이다"이다. 여기서 X는 내가 영속적으로 소유하며 지배할 수 있는 힘에 의해서 관계를 맺고 있는 모든 자연의 사물과 인간이다.

소유적 실존양식에서는 나와 나의 소유물 사이에 살아 있는 관계가 형성되지 않는다. 소유물은 물론 나도 사물이 되며, 내게 그것을 소유할 가능성이 주어졌기 때문에 지금 나는 그것을 소유하고 있다. 그러나 그 반대의 관계도 있을 수 있어서, 그것이 나를 소유하기도 한다. 내가 나 자신임을 확신하는 느낌이나 나의 심리적 건강이 "그것"과 가능한 한 많은 사물을 소유하는 데에 의존하는 경우이다. 이렇듯 소유적 실존양식은 주체와 객체 사이의 살아 있는 관계나 생산적 과정에 의해서 생기는 것이 아니다. 그것은 주체와 객체를 사물로 만든다. 그 관계는 죽은 것이며, 살아 있는 관계가 아니다.

소유 ── 힘 ── 저항

본성에 따라서 성장하려는 경향은 모든 생명체에게 공통된 것이다. 따라서 우리는 우리가 타고난 구조에 맞게 성장하려는 것을 방해하려는 그 어떤 시도에 대해서도 저항한다. 의식적일 수도 무의식적일 수도 있는 이런 저항을 관철하기 위해서는 심리적이거나 물리적인 힘이 필요하다. 생명 없는 물체들은 자체의 원자 및 분자 구조에 내재하는 에너지에 의해서 그 물리적 조합상태를 다양하게 변화시킴으로써 저항한다. 무생물은 스스로가 이용당하는 것에 반대하여 저항하지 않는다. 그러나 생명체에 대해서 이질적인 힘을 사용하는 일은 (다시 말하면, 우리가 타고난 구조에 어긋나고 우리의 성장을 저해하는 방향으로 우리를 몰아가는 강압적 힘의 구사는) 노골적이며 효과적인, 직접적이며 활성화된 저항으로부터 간접적이며 효과를 못 보는 흔히 무의식적인 저항에 이르기까지, 온갖 종류의 저항을 불러일으킨다.

유아와 어린이, 청소년, 그리고 결국 어른들까지도 모든 인간은 지식과 진실에의 갈구와 애정에 대한 욕구를 자유롭고 자발적으로 표출하는 데에 제약을 받고 있다. 성장도상에 있는 인간은 자기 고유의 진정한 자율적 소망과 관심, 의지를 대부분 포기하고, 스스로에게서 우러난 것이 아니라 사회적 통념과 감정적 유형이 그에게 밀어붙이는 뜻과 소망, 감정을 받아들이도록 강요당한다. 사회와 가정은 심리적-사회적 "대행업소"로서, 어떻게 상대가 눈치채지 못하도록 상대방의 의지를 꺾을 수 있는가라는 지난한 문제를 도맡아서 해결하도록 되어 있다. 그러나 이 과제는 복잡한 교화과정을 통해서 상벌체계와 그것에 적절한 이데올로기에 의해서 대체로 그럭저럭 해결되고 있기 때문에 대부분의 사람들은 자신이 조절되고 조작당했다는 의식 없이, 자기 의지대로 움직인다고 믿고 있다.

의지의 억제와 관련하여 가장 어려운 대목은 성행위와 관련된 대목이다. 성욕이란 강렬한 자연적인 충동으로서 여타의 소망처럼 쉽사리 조작될 수 없는 성질의 것이기 때문이다. 이런 연유로, 성욕은 그 어떤 인간의 욕망보다도 더욱 치열한 투쟁의 대상이 되어왔다. 성적 욕망이 비방의 대상이 되는 여러 예들—— (섹스 자체가 악이라는) 도덕적 비난에서부터 (자위행위는 몸에 해롭다는) 건강상의 논의에 이르기까지—— 을 일일이 열거할 필요도 없을 것이다. 교회가 임신중절을 금지하는 이유도 근본적으로는 생명의 신성함을 배려해서가 아니라(이런 배려라면 사형제도의 거부나 반전운동으로까지 확대해야 할 것이다), 종족의 번식에 기여하지 않는 한 일체의 성행위를 비방하는 기본 입장에서 나온 것이다.

성욕을 억제하려는 모든 노력은 성욕 자체만을 문제시할 경우 결국 이해하기 어려운 난제로 남을 수밖에 없다. 그러나 성행위가 죄악시되는 근거는 성행위 자체에 있기보다는 인간의 의지를 꺾는 데에 있다. 대부분의 이른바 원시사회에서는 성의 금기를 찾아볼 수 없다. 그들은 착취나 억압 없이 살아가고 있으므로, 개인의 의지를 꺾을 필요가 없다. 그들은 성행위에 대해서 낙인을 찍지 않으며, 죄책감 없이 성관계를 즐긴다. 이들 사회에서 주목할 점은 성적 자유가 성적 방종을 초래하지는 않는다는 사실이다. 그들은 얼마간 성관계를 가지는 시기를 거친 다음 짝을 바꾸려는 욕구를 느끼지 않으면 부부로 결합하며, 그러고도 사랑이 식으면 서슴없이 헤어진다. 소유를 지향하지 않는 이 사회에서 성행위의 기쁨은 바로 존재의 표현이지, 성적 소유욕의 결과가 아닌 것이다. 그렇다고 우리가 이들 원시사회의 생활방식으로 되돌아가야 한다는 이야기는 아니다. 설령 그렇게 하고 싶어도 우리는 그럴 수 없을 것이다. 그 이유는 간단하다. 문명의 발달과정에 수반된 개인화 및 개체 사이의 구별과 격차는 사랑이라는 개념에다가 원시사회에서의 사랑과는 다른 질을 부여했기 때문이다. 우리는 앞으로 나아갈 뿐, 퇴행할 수는 없다.

중요한 것은 새로운 형태의 탈소유(脫所有) 경향이 모든 소유지향적 사회의 특성을 이루는 성적 탐욕까지 제거하게 되리라는 기대이다.

그러나 성적 금기를 타파하는 것 자체가 보다 큰 자유로 통하지는 않는다. 성적 만족감과 그에 뒤따르는 죄책감이 항거의 정신을 삼켜버릴 테니 말이다. 내면적 독립을 성취하는 길만이 자유로 통하는 문을 열어주며, 성적 영역을 포함한 무익한 저항에의 충동을 제거해준다. 금기(禁忌)를 감행함으로써 자유를 탈환하려는 다른 모든 시도에도 이와 똑같은 원리가 적용된다. 금기는 병적인 성적 강박과 도착(倒錯)을 낳는다. 그러나 이와 같은 성적 강박과 도착이 자유를 가져다주지는 않는다.

어린이의 반항은 여러 가지 형태로 나타난다. 순결교육의 계명을 무시하는 태도로, 음식을 탐하거나 거부하는 태도로, 또는 각양각색의 자기 파괴적 행동이나 공격적 또는 사디즘적 태도로 나타난다. 때로는 모든 것을 거부하는 "태업(怠業)"의 형태 ── 세상에 대한 무관심, 게으름, 소극적 태도, 그리고 서서히 자기를 파괴해가는 극히 병적인 여러 변형에 이르기까지 ── 로 나타난다(부모와 자식 간에 벌어지는 권력투쟁의 결과에 대해서는 섹터[David E. Schecter, 1959]를 참조할 것). 이 모든 징후들은 어린이 및 어른의 성장과정에서 이질적인 요소가 끼어들어서 간섭하는 것은 정신적 장애, 특히 파괴성의 심각한 원인이 된다는 사실을 제시한다.

자유는 방임(Laissez-faire)이나 자의(恣意)가 아님을 분명히 해둘 필요가 있을 것이다. 다른 모든 종(種)과 마찬가지로 인간 역시 고유의 구조를 지니고 있고, 그 구조에 일치하는 한 성장할 수 있다. 내가 이해하는 자유란 일체의 지배적 원리를 **벗어던지는** 자유가 아니라 인간의 실존구조에 맞게 **성장을 가능하게 하는** 자유(자율적 제약)이다. 이것은 인간에게 가장 적절한 발전을 보장해주는 법칙들을 준수함을 의미한다. 또한 이런 목적을 뒷받침하는 권위라면 그 어떤 권위이든 "합리적 권위"라고 할 수 있다. 어린이의 능력을 활성화시키고 비판적 사고력과 삶에 대한 믿음을 강화시키는 데에 뒷받침이 되는 권위라면 말이다. 반면, 어린이를 위한 것이 아닌, 권위 자체의 이득을 위한 이질적인 규범들을 어린이에게 강요하는 권위는 "비합리적 권위"이다.

소유적 실존양식, 재산과 이윤을 지향하는 태도는 필연적으로 권력에의 욕구, 말하자면 권력에의 의존성을 낳는다. 지배하려는 상대 생명체의 저항을 깨부수기 위해서 나로서는 폭력이 불가피해지며, 나의 재산을 지키기 위해서는 그것을 앗아가려는 사람들에게 맞설 힘이 필요해진다. 따라서 사유재산을 가지려는 욕망은 노골적으로든 내심으로든 남의 것을 강탈하기 위해서 폭력을 쓰고 싶은 충동을 우리의 마음속에 부추긴다. 소유적 존재양식의 인간은 남들과 비교하여 자신이 우월하다는 데에서, 힘을 지니고 있다는 의식에서, 그리고 결국 정복하고 약탈하고 죽일 수 있는 자신의 능력에서 행복을 발견한다. 그러나 존재적 실존양식에서의 행복은 사랑하고 나누며 베푸는 것에 놓여 있다.

소유적 실존양식을 부추기는 그밖의 요소들

언어는 소유지향을 강화시키는 중요한 인자(因子)이다. 사람의 이름
—— 우리는 누구나 이름을 가지고 있다(그리고 오늘날의 탈개인화
추세가 지속된다면 얼마 안 가서 필시 번호를 가지게 될 것이다) ——
은 그것이 불멸의 본질이라는 그릇된 환상을 불러일으킨다. 이름은
그 사람과 동일시된다. 한낱 스쳐가는 과정일 뿐인 이름의 주인공을
불후의 영속적 실체라는 듯이 전시한다. 앞에서도 언급했듯이, 보통
명사도 이와 똑같은 기능을 한다. 사랑이며 긍지, 증오나 기쁨 같은
말들이 확고한 실체인 듯한 인상을 불러일으킨다. 그러나 그 실체의
배후에는 이렇다 할 실재(reality, Realität)가 없다. 그 말들은 단지
우리가 그것을 인간의 내면에서 벌어지는 과정으로 통찰하는 현실
을 애매하게 흐려놓을 뿐이다. "책상"이나 "램프"처럼 **사물**을 지칭하
는 명사들조차 혼란을 초래한다. 물질명사는 우리에게 암시를 걸어
서 그것이 고정된 실체라고 말하게 말한다. 사물이란 실제로 우리의
물리적 체계 안에 특정한 느낌을 불러일으키는 에너지의 변환과정
에 불과한 것인데도 말이다. 그러나 그 느낌이 곧 책상이나 램프 같
은 특정 사물을 인지(認知)하는 것은 아니다. 우리의 인지행위는 어
디까지나, 일정한 느낌이 일정한 인지형태를 취하게끔 작용하는 문
화적 학습과정의 결과이다. 그러나 우리는 순진하게도 책상과 램프
같은 사물이 그 자체로 존재한다고 믿으면서, 사회가 우리에게 육체
적인 느낌을 인지행위로 바꾸도록 가르치고 있고, 그런 인지행위가
우리로 하여금 당면한 문화 속에서 살아남기 위해서 우리의 주변세
계(그리고 우리 자신)를 조작하도록 허용한다는 사실을 간과하고 있

다. 그렇게 인지된 것에 일단 어떤 이름이 주어지면, 그것은 결정적으로 불변하는 실재를 보증해주는 것처럼 여겨진다.

소유하고자 하는 욕구에는 또다른 근거가 있다. 즉 **생물학적으로 조건지어진 살고자 하는 욕망**이다. 행복하든 불행하든 간에 우리의 육신은 **불멸**을 추구하도록 우리를 몰아간다. 우리는 언제인가 죽을 존재임을 경험상 알고 있다. 그러나 그런 경험적 증거에도 불구하고 우리는 불멸에 대한 믿음을 보증해줄 해결책을 모색한다. 이 소망들은 다양한 형태를 취해왔다. 피라미드 속에 안장되면 자신의 시신이 불멸하리라고 여겼던 파라오들의 믿음, 수렵부족들이 지녔던 사후의 삶에 대한 종교적 환상, 기독교와 이슬람교에서 말하는 천국 등등. 18세기 이후 우리 사회에서는 "역사"와 "미래"가 기독교에서 말하는 천국을 대신하게 되었다. 명예와 명성, 하다못해 악명까지도—— 요컨대 역사책의 각주(脚註)에 선정된다면 그 무엇이든 간에—— 불멸의 한조각으로 간주하게 된 것이다. 명성에의 갈망은 단지 세속적 허영심을 능가하는 것으로서—— 전통적 의미에서의 내세를 믿지 않는 사람들에게는 일종의 종교적 요소를 대신한다(이것은 특히 정치가들에게서 두드러지는 현상이다). 선전이 불멸에로의 길을 닦아주며, 홍보 대리인이 새로운 성직자 노릇을 하고 있는 것이다.

그러나 불멸에의 욕구를 충족시키는 기능을 하는 것은 그 무엇보다 재산소유이다. 그리고 그런 연유로 인해서 필시 소유지향성은 그만큼 강렬할 수밖에 없는 듯하다. 만약 **나 자신**이 나의 **소유물**에 의해서 구성된다면, 그 사물들이 불멸인 한 나도 불멸의 존재가 될 수 있을 테니까 말이다. 고대 이집트로부터 오늘에 이르기까지—— 시신을 미라화하는 육신의 불멸에서부터 "마지막 뜻[유언]"을 통한 법적 불멸에 이르기까지 —— 사람들은 육체적으로 살아 있는 기간을 초월하여 "생명을 유지해왔다." 후세를 향한 "마지막 뜻"을 통해서 나의 사유재산이 어떻게 될 것이며 그것이 어떻게 사용될지를 법적으로 확고히 한다. 이런 식으로 상속법이라는 메커니즘에 의해서 우리는 —— 우리가 자산가인 한 —— 불멸로 **존재할** 수 있게 된다.

소유적 실존양식과 항문애적 특성

소유적 실존양식을 보다 잘 이해하기 위해서 프로이트의 중요한 인식 가운데 하나를 살펴보기로 한다. 프로이트는 모든 어린이는 순전한 수동적 수용시기를 지나 공격적으로 동화하는 수용단계를 거치며, 성인에 이르기 전에는 이른바 **항문기**를 거치기 마련이라는 사실을 고찰했다. 그의 고찰에 의하면 이 시기는 흔히 한 인간의 성장에 결정적인 작용을 하여 지속되며, 그럴 경우 자기의 중심 에너지를 돈이나 물질적 자산뿐만 아니라 감정, 몸짓, 말까지도 소유하고 아끼고 지키려는 성향으로 특징짓는 이른바 **항문애적 성격**을 만들어낸다. 이것은 인색한 사람의 특질로서 일반적으로 또다른 특성, 이를테면 별나게 규칙을 준수한다든가 꼼꼼하고 고지식한 특성과 결합되어 있다. 프로이트의 구상의 한 가지 주목할 측면은 돈과 똥 —— 황금과 쓰레기 —— 을 상징적으로 연관지은 점으로서, 이에 대해서 그는 여러 가지 실례를 제시하고 있다. 항문애적 특성을 성숙 이전의 단계로 보는 프로이트적 견해는 사실상 19세기 부르주아 사회에 대한 신랄한 비판이라고 볼 수 있다. 당시 사회에서는 이른바 항문애적 특질이 도덕적 행동규범을 이루고 있었으며, "인간본성"의 표출로 간주되었던 것이다. 또한 프로이트 자신이 의도하지는 않았으되, 돈＝똥이라는 등식은 부르주아 사회의 기능성과 그 소유욕에 대한 비판을 함축하고 있고, 마르크스가 『경제학-철학 초고(Ökonomisch-Philosophischen Manuskripten)』에서 말한 돈의 역할 해설과 비견될 수 있다.

프로이트 자신이 리비도 발달의 특정 단계를 1차적인 것으로 보고 성격형성을 2차적인 것으로 보았다는 사실은 지금의 논의에서 중요하지 않다(나의 생각으로는 성격형성은 유년 시절에 설정된 인간관계의 산물인 동시에, 특히 그것에 영향을 주는 사회적 조건의 산물이다). 중요한 것은 소유지향의 지배적 특성은 완전한 성숙기 이전에 나타나며, 그 특성이 이후의 삶에도 계속 두드러지면 그것은 병적인 것으로 간주해야 한다는 프로이트의 견해이다. 달리 말하면, 프로이트의 시각에서는 소유와 점유에 전적으로 몰입하는 사람은 정신적으로 병든 사람이고 신경증 환자이다. 따라서 항문애적 성격이 우세한 사회는 병든 사회라는 추론이 나온다.

금욕주의와 평등

도덕적 및 정치적 논쟁의 대부분은 "소유냐 소유하지 않는 것이냐"라는 문제를 둘러싸고 벌어져왔다. 도덕적-종교적 차원에서 보면, 이 문제는 금욕적 생활과 비금욕적 생활 가운데의 양자택일을 의미하고, 여기서 비금욕적 생활은 생산적 기쁨이며 또한 무한한 쾌락으로 이해되었다. 그러나 구체적인 어떤 행동에 역점을 두지 않고 그 행동의 저변에 깔린 입장에 초점을 맞추어보면, 이와 같은 양자택일도 무의미해진다. 왜냐하면 끊임없이 포기와 단념에 몰입하는 금욕행위는 어쩌면 소유와 소비에 대한 강렬한 욕구와 동전의 양면일 수 있기 때문이다. 물론 금욕주의자는 표면상 그런 욕구들을 몰아냈을 수도 있다. 그러나 사실상 그는 소유와 소비를 억제하려는 바로 그 노력을 통해서 끊임없이 소유와 소비에 몰두하고 있다는 역설이 성립된다. 정신분석학적인 여러 경험이 보여주듯이, 과잉보상 행위에 의한 이런 종류의 거부현상은 매우 흔히 일어나는 사례이다. 예를 들면 광신적 채식주의자들은 그런 식으로 파괴적 충동을 몰아내며, 광신적 인공임신중절 반대자들은 그런 식으로 자신들의 살인욕구를 몰아낸다. 또한 광신적 도덕주의자들은 그런 식으로 그들 내심에 자리잡은 "죄인"의 성향을 인정하려고 들지 않는 것이다. 여기서 문제가 되는 점은 제각기 주장하는 신념들이 아니라, 그 신념을 내세우게 만드는 광신적 태도 그 자체이다. 무릇 모든 광신적 태도는 다른 충동, 흔히 그것과는 정반대의 충동을 감추려는 태도라는 의심을 낳는다.

경제적 및 정치적 분야에서 제기되는, 소득의 무제한적 불평등이냐 절대적 평등이냐 하는 양자택일의 문제도 마찬가지로 오류이다. 만약 각 개인의 소비에 맞춘 기능적 재산만 존재한다면, 누가 누구보다 더 많이 가졌느냐 하는 식의 사회적 문제는 발생하지도 않을 것이다. 어차피 소유란 비본질적인 것이므로 시기심 따위는 자라지도 않을 테니까 말이다. 다른 한편, 모든 재산의 절대적 균등분배라는 의미에서 정의를 주장하는 사람들은 사실상 자신들의 소유지향적 성향이 꺾이지 않았음을, 완전한 평등에 광적으로 집착함으로써 자신의 소유지향성을 부인하고 있음을 노출시킬 따름이라고 볼 수 있다. 그것은 그 주장의 배후에 도사린 시기심이라는 진짜 동기의 역설적 표출이다. 어느 누구도 나보다 더 많이 가져서는 안 된다고 주장하는 사람은 다른 누군가가 자기보다 한푼이라도 더 가졌을 때 느낄 시기심에 대해서 그런 식으로 연막을 치는 셈인 것이다.

중요한 것은 지나친 사치와 빈곤을 근절시키는 일이다. 물질적 자산을 마지막 한조각까지 양적(量的)으로 똑같이 분배했다고 해서 그것이 평등을 의미할 수는 없다. 평등이란 사회계층이 다르다고 해서 판이한 생활경험을 가져올 정도로 극도로 극심한 소득차이를 없애는 것이다. 마르크스는『경제학–철학 초고』에서 "인간의 개성을 전면적으로 부정하는", 이른바 "미숙한 공산주의(crude communism, roh Kommunismus)"를 거론함으로써 이와 같은 측면을 지적했다. 이런 종류의 공산주의는 "시기심의 성취이며, 최소한의 소유라는 상상적 가설에 바탕을 둔 평준화의 완성에 불과한 것이다."(K. Marx, 1962, 591쪽 이하)

기능적 소유

지금 논제가 되고 있는 소유적 실존양식을 보다 잘 이해하기 위해서는 또다른 구분, 즉 **기능적 소유**와의 구분을 명확히 할 필요가 있다. 삶을 영위하기 위해서 우리는 특정한 사물을 소유하고 보존하며, 육성하고 사용해야 한다. 우리의 육체와 의식주 그리고 우리의 기본적 욕구를 채우기에 필요한 도구들이 이것에 해당된다. 이런 종류의 기능적 소유는 그것이 인간의 실존에 뿌리박고 있으므로 실존적 소유라고 칭할 수도 있을 것이다. 그것은 생존에 기여하는, 합리적으로 조종되는 충동이며 —— 우리가 지금껏 다루어온 **성격으로 규정된** 소유와는 반대의 것이다. 사물을 자기 것으로 하고 보존하려는 강렬한 본능은 생래적인 것은 아니며, 사회적 조건이 발달하는 가운데 인간이라는 종(種)에게 마치 생물학적으로 주어진 듯이 개발되어온 충동이다.

실존적(기능적) 소유는 존재와의 갈등에 빠지지 않는다. 그러나 성격으로 규정된 소유는 존재와 충돌한다. "의인(義人)"이나 "성자(聖者)"라고 해도 그들이 인간인 이상 기능적 의미에서의 소유를 마다할 수가 없다 —— 그러나 보통 사람은 기능적 의미에서**뿐만** 아니라 성격학적 의미에서의 소유를 원한다(필자가 『독자적 인간[*Man for Himself*]』[1947]에서 다룬 실존적 인간과 역사적 인간의 이분법 역시 참조할 것).

5
존재적 실존양식

소유는 우리 사회에서 가장 빈번히 체험되는 실존양식이므로 우리 가운데 대다수는 존재적 실존양식보다는 소유적 실존양식에 대해서 더 많이 알고 있다. 그러나 존재적 실존양식을 정의(定義)하기 어렵게 만드는 보다 중요한 다른 이유가 있다. 그것은 두 실존양식의 차이점이 지닌 성격이다.

소유는 **사물**과 관계하며, 사물이란 구체적이며 **묘사할 수 있는 것**이다. 존재는 **체험**과 관계하며, 체험이란 원칙적으로 묘사할 수 없는 것이다. 묘사할 수 있는 것은 어디까지나 **인물(persona)**, 우리 모두가 쓰고 있는 탈, 우리가 내세우는 자아이다. 인물 자체도 실상 한낱 사물이기 때문이다. 이와는 달리 살아 있는 인간은 죽은 물상(物像)이 아니므로 사물처럼 묘사할 수 있는 성질의 것이 아니다. 근본적으로 우리는 인간 자체를 결코 묘사할 수 없다. 물론 나에 대해서, 나의 성격, 인생관에 대해서는 얼마든지 이야기할 수 있다. 그리고 이와 같은 통찰이 나 자신이나 타인의 심리구조를 이해하는 데에 도움이 될 수도 있다. 그러나 총체적인 나, 있는 그대로의 나의 모든 개성, 지문(指紋)처럼 나에게만 뿌리박힌 일회적인 나의 실체(suchness,

So-sein)는 결코 완전히 포착될 수 없다. 그것은 감정이입의 방법으로도 불가능하다. 완전히 일치하는 두 사람이란 있을 수 없기 때문이다.* 인생이라는 무도회에 참여하고 있는 한, 너와 나는 서로 살아 있는 관계의 과정 속에서만 우리를 갈라놓은 장벽을 극복할 수 있다. 그럼에도 서로간의 완전한 일치에는 결코 도달할 수 없을 것이다.

심지어는 구체적인 개별 행동양식조차 완전히 그려낼 수는 없다. 모나리자의 미소에 관해서 여러 장에 걸쳐 장황한 묘사를 한다손 쳐도 우리는 그 그림 속의 미소를 말로 잡을 수는 없을 것이다. 그렇다고 해서 그 미소가 그토록 "신비롭다"는 것이 그 이유가 되지는 않는다. 무릇 모든 인간의 미소는 신비롭다(그것이 상품화된 미소, 연습되고 합성된 미소가 아닌 한). 한 인간의 눈빛이나 표정 속에 투영된 다양한 뉘앙스, 걸음걸이, 자세, 어조에서 배어나오는 삶을 향한 사랑, 열광, 관심의 표정, 자기도취와 증오의 표정은 그 누구라도 그려낼 수 없는 것이다.

능동성

존재적 실존양식의 전제조건은 독립과 자유 그리고 비판적 이성을 지니는 것이다. 그 가장 본질적 특성은 능동성이다. 여기서 능동성이라고 함은 겉으로 보기에 바쁜 상태를 의미하는 것이 아니라, 인간의 힘을 생산적으로 사용한다는 의미에서의 내면적 활동상태를 뜻한다.

---

* 이 점은 제아무리 훌륭한 심리학이라도 부딪치는 한계이다. 나는 "심리학의 한계와 위험성에 관하여(On the Limitations and Dangers of Psychology)"(1959)라는 논문에서 이 주제를 파고들면서 "부정적 심리학"과 "부정적 신학"을 비교한 바 있다.

이 활동상태는 인간에게 주어진 소질과 재능 —— 타고난 정도는 다르지만 —— 천부적으로 갖추어진 풍요로운 인간적 재능의 표출이다. 다시 말하면 자기를 새롭게 하는 것, 자기를 성장시키고 흐르게 하며 사랑하는 것, 고립된 자아의 감옥을 초극하며, 관심을 가지고 귀 기울이며 베푸는 것을 의미한다. 그러나 이런 경험들은 그 어느 것도 언어로서 완전히 재현될 수 없는 것이다. 언어란 우리의 체험을 채워 넣는 그릇이기는 하지만, 체험을 완전히 담을 수는 없다. 언어는 단지 체험을 시사해줄 뿐, 체험과 일치할 수는 없는 것이다.

체험이란 일단 사상과 언어로 옮겨지는 순간 증발해버리고 만다. 고갈되고 죽어버려서 순전한 사상으로 변질된다. 그러니까 존재양식은 언어로는 묘사할 수 없고 오로지 체험을 공유함으로써 전달 가능한 양식이다. 이렇듯 소유적 실존양식에서는 죽은 언어가 지배하는 반면, 존재적 실존양식에서는 표현 불가능한 살아 있는 경험이 지배한다(물론 살아 있는 생산적 사고[思考] 역시 존재양식에 속한다).

존재적 실존양식을 명시해줄 듯한 하나의 상징이 있다. 이 상징은 막스 훈치거가 내게 시사해준 것인데, 푸른색 유리가 푸르게 보이는 이유는 그것이 푸른색을 제외한 다른 색깔을 모두 흡수하고 통과시키지 않기 때문이라는 실증적인 예이다. 다시 말하면, 우리가 유리를 보고 푸르다고 말하는 실상은 그 유리가 바로 푸른색을 품고 있지 않은 데에 기인한다는 점이다. 우리가 푸르다고 부르는 근거는 유리가 품고 있는 것에 있지 않고, 유리가 방출해내는 것에 있는 것이다.

존재적 실존양식은 우리가 소유적 실존양식 내지는 비존재적 실존양식을 제거하는 데에 비례해서(다시 말하면, 우리가 소유에 매달림으로써 그것에 "안주하고" 자아와 가진 것에 집착함으로써 안정을 추구하고 자신의 실체를 확인하려는 노력을 감소시키는 정도에 따라서) 관철될 수 있다. "존재하기" 위해서 우리는 자기 중심주의와 아집을 버려야 하며, 신비주의자들의 표현을 빌리자면, 마음을 "가난하게" 하고 "텅 비워야" 한다.

그러나 대부분의 사람들의 경우 소유지향성을 포기하기는 심히 어렵다. 그런 시도부터가 그들을 심한 불안에 몰아넣는다. 헤엄도 칠 줄 모르는데 바다 한가운데에 내던져진 듯한, 일체의 안전대를 끊어버린 듯한 느낌을 가진다. 재산이라는 목발을 던져버리면 그제야 비로소 자신의 능력을 써서 혼자 힘으로 걷기 시작할 수 있다는 진리를 그들은 터득하지 못하고 있다. 그들을 망설이게 하는 것은 자기는 혼자 힘으로 걸을 수 없으리라는, 만약 재산이라는 목발이 지탱해주지 않으면 쓰러져버릴 것이라는 그릇된 환상이다.

능동성과 수동성

지금까지 서술한 의미의 존재양식에는 능동(활동)의 능력이 내포되어 있다. 반면에, 수동성은 존재를 배척한다. 그러나 "능동적"이라든가 "수동적"이라는 말은 심히 오해의 여지가 있는 말이다. 왜냐하면 오늘날에는 그 의미가 고대 그리스에서 비롯되어 중세를 거쳐서 르네상스 이후에 들어선 시대에 이르기까지 쓰인 의미와는 근본적으로 다르게 쓰이기 때문이다. 존재의 개념을 이해하기 위해서 우리는 우선 능동성과 수동성의 개념부터 해명하지 않으면 안 된다.

현대적 언어관용에서는 능동성[활동성]이란 일반적으로 "에너지를 써서 눈에 보이는 효과를 노리는 태도"로 정의된다. 이를테면 땅을 가는 농부, 컨베이어 벨트 앞의 노동자, 고객에게 구매를 설득하는 판매원, 자기의 돈이나 남의 돈을 투자하는 투자가, 환자를 진찰하는 의사, 우표를 파는 우체국 직원, 그리고 서류를 정리하는 관리를 일러 우리는 "능동적[활동적]"이라고 말한다. 이런 종류의 활동 가운데 어떤 것은 다른 활동보다 더 많은 관심과 집중력을 요구할 수도 있지만, 그렇다고 "능동성"이라는 측면에서 달라지는 점은 없다. 일반적으로 정의 내리자면, 현대적 의미의 능동성이란 **사회적으로 유용한 변화에 부응하는, 사회적으로 인정된 합목적적 태도**이다.

현대적 의미에서의 능동성은 단지 태도에만 상관되며 그 태도를 지닌 인물과는 무관한 것이다. 어떤 사람이 노예처럼 외부의 힘에 떠밀려서 활동적인지, 불안감에서 오는 내적 강박에 의해서 활동적인지에 대해서는 구별이 없다. 목수나 작가, 학자나 정원사의 경우처럼 자기가 하는 일에 대해서 흥미를 느끼든, 아니면 컨베이어 벨트에 매달린 노동자나 우체국 직원처럼 맡은 바 일에 대해서 아무런 내적 연관이나 만족감 없이 그 일을 경험하든 간에, 그것은 아무 상관없는 일이다.

현대적 의미에서의 능동성은 **활동**과 단순한 **분주함**을 구별하지 않는다. 그러나 이 두 종류의 활동에는 근본적인 차이가 있다. 이를테면 "소외된" 활동과 "소외되지 않은" 활동 사이의 구별과 같은 것이다. 소외된 활동을 할 때 나는 나 자신을 행동의 주체로 체험하지 않고 나의 활동의 **결과**로 경험한다. 다시 말하면, 나와 분리되어 나를 초월하거나 나와 대립된 "저편에 있는" 무엇으로 경험한다. 근본적으로 행동의 주체는 나 자신이 아니고, 내적 혹은 외적 힘이 나를 통하여 행동한다. 이렇게 나는 나의 활동의 결과에서 떨어져나온다. 소외된 능동성의 가장 명백한 예는 정신병리학 분야의 강박신경증 환자에게서 볼 수 있다. 그들은 자기 의지에 역행하여 무엇인가 해야 한다는── 계단을 헤아린다든가 어떤 관용구를 외운다든가 개인적 의식(儀式)을 수행해야 한다는── 내적 충동에 사로잡혀 있다. 그들은 이렇듯 한 가지 목표를 추구하는 데에는 지극히 "능동적일" 수 있다. 그러나 정신분석학적 여러 연구사례들이 보여주듯이, 그럴 때 그들은 스스로도 의식하지 못하는 어떤 내적 힘에 휘몰린다. 소외된 능동성을 드러내는 또다른 명백한 예는 최면과정에서 볼 수 있는 태도이다. 최면상태에서 어떤 지시를 받은 사람은 그것이 자신의 결단에서 나온 행동이 아니고 최면사의 지시를 따른 것임을 의식하지 못하고서, 최면에서 깨어난 후에도 그 지시를 수행한다.

소외되지 않은 활동의 경우, 나는 나 자신을 행동의 주체로 체험한다. 소외되지 않은 활동은 탄생과 생산의 과정이며, 이때 나와 나의 생산품과의 관계는 그대로 유지된다. 이는 또한 나의 활동이 나의 힘과 능력의 표출임을, 나와 나의 활동 그리고 그 활동의 결과가 일치하고 있음을 의미한다. 이처럼 소외되지 않은 활동을 생산적 활동(productive activity, produktives Tätigsein)이라고 부르기로 하자 (필자는 『자유로부터의 도피』[1941]에서 "자발적 활동[spontaneous activity, spontanes Tätigsein]"이라는 개념을 쓴 바 있다. 그러나 그 이후의 저서에서는 "생산적 활동"이라는 말을 써왔다).

지금 쓰는 의미에서의 "생산적"이라는 말은 어떤 새로운 것이나 독창적인 것을 창조하는 능력과는 무관한 것이며, 따라서 예술가나 과학자의 창의성과 동의어라고는 할 수 없는 것이다. 이 경우에 중요한 것은 활동의 산물이 아니라 활동의 질(質)이다. 그림이나 과학논문은 극히 비생산적인 것, 즉 불모(不毛)의 것일 수 있다. 반면, 스스로를 깊이 의식하는 사람, 나무 한 그루라도 그냥 지나쳐서 보지 않고 진정으로 "투시하는" 사람, 한 편의 시를 읽고 시인이 표현한 느낌들을 뒤따라서 느낄 수 있는 사람, 이런 사람의 내면에서 벌어지는 사건은 비록 그 어떤 "창조"와 연결되지 않는다고 해도 생산적이라고 말할 수 있을 것이다. 생산적 활동이란 내면적 능동의 상태를 표현하는 말이다. 그것이 굳이 어떤 예술작품이나 과학적 업적 또는 "유용한" 무엇과 묶일 필요는 없다. 이와 같은 생산성은 정서적으로 불구가 아닌 한 모든 인간에게 주어진 성향이다. 생산적 인간은 자기가 접하는 모든 것의 생명을 일깨운다. 그는 자신의 능력을 살리며 다른 사람과 사물에게도 생명을 부여한다.

"능동성"이나 "수동성"은 각기 전혀 다른 두 가지 의미를 지닐 수 있다. 단순히 바쁘다는 의미에서의 소외된 능동성은 실제로는 "수동성", 즉 비생산성이다. 반면, 단순히 바쁘지 않다는 의미에서의 수동성은 소외되지 않은 능동성일 수 있다. 오늘날에는 이 점을 이해하기가 심히 어렵다. 왜냐하면 많은 종류의 능동성이 소외된 "수동성"인 반면, 생산적 수동성을 체험하는 기회는 극히 드물어져가기 때문이다.

위대한 사상가들이 보는 능동성과 수동성

산업사회 이전의 철학적 전통에서는 오늘날의 능동성과 수동성의 개념이 사용되지 않았다. 그 시대에는 노동의 소외현상이 오늘날의 그것과는 비교할 수 없을 정도로 거의 드러나지 않았으므로 그럴 수밖에 없었을 것이다. 아리스토텔레스 같은 철학자마저 "능동성"과 단순한 "분주함"을 전혀 구별하지 못했으며, 그 이유는 같은 것이다. 아테네에서는 "실천(Praxis)"이라는 개념에 **자유인**이 하는 모든 종류의 활동을 포함했으되 육체노동은 제외했던 것 같다. 소외된 일은 오로지 노예의 몫이었다. "실천"이라는 말은 원래 아리스토텔레스가 인간의 자유로운 활동을 일컬어 사용했던 용어이다(N. Lobkowicz, 1967을 참조할 것). 그런 사회적 조건으로 볼 때 주관적으로 무의미한 일, 소외된 일, 틀에 박힌 일로 야기되는 문제는 아테네의 대부분의 자유민에게는 거의 일어날 수 없었다. 아테네 자유민에게 자유는—— 그들은 노예가 아니었으므로—— 스스로에게 의미 있고 생산적인 활동을 할 수 있음을 의미했다.

아리스토텔레스에게 실천, 즉 활동의 극상의—— 정치적 활동보다도 높게 간주된—— 형태는 진리추구에 전념하는 **정관적**(靜觀的) 삶이었다. 이런 사실을 염두에 둔다면, 그가 능동성과 수동성에 관한 오늘날의 이해를 공유하지 않았던 점이 극명해진다. 정관이 비활동의 한 형태가 될 수 있다는 점을 그는 상상조차 할 수 없었을 것이다. 아리스토텔레스는 정관을 우리 내면의 최상의 부분, 즉 누스[nūs, 정신지성이라는 뜻의 그리스에]의 활동으로 간주한다. 노예 역시 자유민과 똑같이 관능적 쾌락만은 즐길 수 있다. 그러나 에우다이모니아(eudaimonia), 즉 행복은 향락에 있지 않고 **덕목과 화음을 이루는 활동**에 있다(『니코마코스 윤리학[*Ethica Nicomachea*]』[1177]을 참조할 것).

아리스토텔레스와 마찬가지로 토마스 아퀴나스도 능동성에 대한 오늘날의 이해와는 대비되는 입장에 있었다. 그에게 역시 내적 평온과 정신적 인식에 전념하는 생활, 즉 **정관적 생활**(vita contemplativa)이 인간 활동의 지고의 형태이다. 물론 그는 보통 사람의 일상생활, 즉 **활동적 생활**(vita activa)도 소중한 것임을 인정하기는 했다. 개개인의 모든 일상적 활동이 복지에 이르려는 목표를 향해 있고, 그가 자신의 격정과 육체를 다스릴 능력을 지닌 인물인 한—— 이와 같은 조건이 극히 중요한 것이다—— 베아티투도(beatitudo), 즉 복지로 통할 수 있다고 보았다(『신학대전[*Summa Theologica*]』 II-II, 182, 183 ; I-II, 4. 6을 참조할 것).

토마스 아퀴나스의 입장은 어느 정도 타협의 여지를 내포하고 있는 반면, 에크하르트 수사의 동시대인인 『미지의 구름』의 저자는 활동적 생활의 가치에 대해서 단호히 반대하는 논의를 폈고, 그런가 하면 에크하르트 수사는 옹호하는 발언을 하고 있다. 그러나 이들의 대립은 얼핏 보이는 만큼 그렇게 첨예한 것은 아니다. 세 사상가 모두 활동은 그것이 지고의 윤리적이고 정신적인 신념에서 나와서 그 신념을 표현하는 한에서만 "유익한" 것이라는 점에 의견의 일치를 보이고 있기 때문이다. 이와 같은 기본 입장을 근거로 할 때, 이들 스승들은 모두 분주함, 즉 인간의 정신적 "바탕"으로부터 동떨어진 활동을 거부하고 있는 셈이다(활동적 생활과 정관적 생활의 주제에 대한 더 자세한 통찰은 특히 랑게[W. Lange, 1969], 로브코비츠[N. Lobkowicz, 1967], 미트[D. Mieth, 1971]를 참조할 것).

한 인간으로서 사상가로서 스피노자1)는 그가 살았던 시대보다 약

4세기 전인 에크하르트 시대에 통용되었던 가치들을 구체화시킨 인물이다. 동시에 사회와 보통 인간의 내부에서 벌어지는 변화들에 대한 예리한 관찰자이기도 했다. 그는 현대과학 및 심리학의 창시자이자 인간의 무의식 차원을 최초로 간파한 인물이었다. 이와 같은 깊은 통찰에 힘입어서 그는 앞선 모든 사상가들보다 한결 더 엄밀하고 체계적으로 능동성과 수동성의 차이를 분석했다.

그의 『윤리학(Ethica)』에서 스피노자는 능동성과 수동성(행하는 것과 감수하는 것)을 정신생활의 두 가지 근본 측면으로 구별한다. 능동성의 첫째 기준은 행위가 본성에 일치하고 있다는 점이다. "우리의 내부나 외부에서 우리 스스로가 마땅한 원인이 되는 어떤 일이 일어날 때, 다시 말하면(앞의 정의에 따라서) 오로지 본성이 명징하게 이해할 수 있는 어떤 일이 우리 내부나 외부에서 본성의 결과로서 일어날 때, 우리는 행동하고 있다고 나는 말한다. 반면에 우리 자신이 단지 부분적인 원인이 되는 어떤 일이 우리의 내부에 일어나거나 우리의 본성의 결과로서 일어날 때, 우리는 견디고 있다고 나는 말한다."(『윤리학』, III, 정의 2)

현대독자에게는 이런 구절들이 이해하기 어려울 것이다. 현대인은 "인간의 본성"이라는 개념은 논증할 수 있는 그 어떤 경험적 사실과도 일치하지 않는다는 사고에 길들여져 있기 때문이다. 그러나 아리

---

1) 스피노자(Baruch de Spinoza, 1632-1677) : 네덜란드의 철학자. 데카르트 철학에 의거한 자연과학적 사고에 바탕을 두고 전통적 학문과 성전을 대담하게 비판한 탓으로 평생 동안 고초를 겪었을 뿐만 아니라 그의 철학 자체가 사후 1세기가 지나도록 무용지물로 매장당하는 불행을 겪었다. "신은 즉 자연이다"라는 그의 범신론적 사상은 인간의 자율적 이성을 끌어올리는 데에 큰 몫을 했다.

스토텔레스와 마찬가지로 스피노자는 그렇게 생각하지 않았다. 또한 오늘날의 신경생리학자, 생물학자, 심리학자들 가운데서도 일부는 그렇게 생각하지 않는다. 스피노자는 말[馬]의 본성이 말의 특징을 이루듯이 인간의 본성은 인간의 특징을 이룬다고 확신했다. 또한 한 인간의 덕성이나 악덕, 성공이나 실패, 행복이나 고통, 능동성이나 수동성은 인간이라는 종(種) 특유의 본성이 그에게 어느 정도 잘 실현되느냐에 달려 있다고 믿었다. 우리가 인간의 본성의 전형에 접근할수록, 그만큼 우리의 자유와 행복도 커진다고 보았던 것이다.

스피노자가 구상하는 인간의 전형에서는 능동성이라는 속성이 또 다른 속성, 즉 이성(理性)과 불가분의 관계로 묶여 있다. 우리가 우리의 실존적 조건들에 맞게 행동하고 그 조건들을 필연적이며 실재하는 것이라고 의식하고 있는 한, 우리는 우리 자신에 대한 진실을 알고 있는 것이다. "우리의 정신은 어떤 것은 능동적으로 행하고 어떤 것은 수동적으로 감내한다. 말하자면 우리의 정신이 적합한 관념을 가지고 있는 한 그것은 필연적으로 어떤 일을 행하며, 부적합한 관념을 가지고 있는 한 부득이 어떤 일을 감내한다."(『윤리학』, III, 명제 1)

스피노자는 정서적 욕구 역시 능동적 정서(actiones)와 수동적 정서(passiones)로 분류한다. 능동적 정서는 우리의 실존적 조건(병적으로 왜곡된 상태가 아닌 자연 그대로의 조건)에 뿌리를 두고 있고, 수동적 정서는 형태를 일그러뜨리는 외적 또는 내적 영향에서 야기된다. 전자는 우리가 자유로운 정도만큼 이미 존재하며, 후자는 내부 또는 외부의 강박의 결과이다. 모든 "능동적 정서"는 원래 그대로 좋은 것이며, "격정(passiones)"은 좋을 수도 있고 나쁠 수도 있다. 스피노자에 의하면 활동성, 이성, 자유, 행복, 기쁨, 자기완성은 불가분의 관계로 묶여 있으며, 마찬가지로 수동성, 불합리성, 속박, 슬픔, 무력감 그리고 인간의 본성에 반(反)하는 모든 성향들도 불가분의 관계로 묶여 있다(『윤리학』, IV, 개념정의 2, 3, 5 ; 명제 40, 42).

격정과 수동성에 대해서 스피노자가 펼친 사고과정을 완전히 알기 위해서는 그의 사고의 마지막 —— 그리고 가장 현대적인 —— 단계, 즉 불합리한 격정에 휘둘리는 사람은 정신적으로 병든 사람이라는 그의 견해를 유념할 필요가 있다. 최선의 성장(成長)을 이루는 정도에 따라서 우리는 (비교적) 자유롭고 강하며 이성적이고 기쁨을 누릴 뿐만 아니라 정신적으로도 건강하다는 이야기이다. 그렇지 못할 경우, 우리는 부자유스럽거나 나약하며 합리적이지 못하고 억압을 느낀다. 내가 아는 한 스피노자는 정신적 건강이나 질병이 생활방식이 올바르냐 그릇되었느냐의 결과라는 문제점을 제기한 최초의 현대적 사상가였다.

스피노자가 보는 정신적 건강은 궁극적으로 올바른 삶의 발현이며, 반면 정신적 질병은 인간의 본성이 요구하는 바에 부응하지 못하는 삶의 징후이다. "그렇지만 탐욕스러운 사람이 오로지 이득과 돈만을 생각한다든가 야심가가 명성만을 염두에 두고 있다고 해서, 우리는 그를 정신병자로 간주하지는 않는다. 그들은 부담스럽게 흔히 존재하는, 미움을 사는 존재로 여겨질 뿐이다. 그러나 실제로는 탐욕이나 야심, 욕정 등도 일종의 정신병이다. 비록 질병으로 간주되지 않더라도 말이다."(『윤리학』, IV, 명제 44에 대한 해설) 우리 시대의 통념과는 거리가 먼 이런 진술에서, 스피노자는 인간의 본성의 요구에 어긋나는 격정들을 병적이라고 단정하고 심지어는 일종의 정신병의 형태로 분류한다.

능동성과 수동성에 대한 스피노자의 견해는 산업사회에 대한 극단적인 비판이다. 무엇보다도 돈, 재산, 명성에의 욕구에 따라서 움직이는 사람을 정상적이며 적응력이 있는 사람이라고 여기는 오늘날의 지배적 통념과는 반대로, 스피노자는 그런 사람들을 지극히 수동적인 인간으로, 근본적으로 병든 사람으로 간주했다. 그러나 스피노자 자신이 몸소 구현했고, 그가 의미했던 바의 능동적 인간유형은 지나간 역사 동안 이미 예외적인 인간이 되어버렸을 뿐더러, 이른바 정상적 "활동"에는 적응능력이 없기 때문에 흔히 "신경증"의 의심을 받고 있는 현실이다.

마르크스는 『경제학-철학 초고』에서 "자유롭고 의식적인 활동은 인간 종(種)의 특성"(K. Marx, 1932, I, 3, 88쪽)이라고 말한다. 그에게 노동은 인간의 활동을 대표하며, 인간의 활동은 곧 삶이다.

반면에 마르크스에게 자본은 축적된 것, 지나간 것, 궁극적으로 죽은 것(K. Marx, 1974 참조)이다. 마르크스가 품었던 노동과 자본 간의 투쟁의 정서적 치열함을 완전히 이해하려면, 그것이 그에게는 생존과 죽음, 현재와 과거, 인간과 사물, 존재와 소유의 싸움이었음을 고려하지 않으면 안 된다. 마르크스에게 그 문제는 곧 누가 누구를 지배하는가? 삶이 죽은 것을 지배하는가, 죽은 것이 삶을 지배하는가의 문제였다. 사회주의는 그에게는 삶이 죽음을 이기는 사회였다. 자본주의에 대한 마르크스의 전면적 비판과 사회주의에 대한 희망적 환상은 자본주의 체제 안에서는 인간의 "능동성"이 마비된다는 것, 따라서 인류의 목표는 삶의 모든 분야에서 능동성을 회복함으로써 인간에게 완전한 인간성을 되돌려주는 것이라는 생각에 뿌리를 두고 있다.

특히 고전경제학파의 영향을 놓고 볼 때 오로지 그 시대의 시각에서만 이해될 수 있는 발언들이 더러 있기는 하지만, "마르크스는 결국 인간을 역사 및 경제의 수동적 객체로 규정하고 인간에게서 능동성을 빼앗은 숙명론자였다"라고 하는 상투적인 평은 그의 본래 신념과는 정반대의 것이다. 이는 문맥에서 뽑아낸 몇몇 구절을 읽는 데에서 그치지 않고 마르크스를 조금이라도 제대로 읽은 사람은 누구라도 확인할 수 있다. 그의 견해를 확연히 드러내주는 마르크스 자신의 발언이 있다. (『신성 가족[*Die heilige Familie*]』에서) 그는 이렇게 말한다. "**역사는 아무것도 행하지 않는다.** 역사는 이렇다 할 무슨 엄청난 부도 '전혀 가지고 있지 않고' '아무런 투쟁도 하지 않는다!' 이 모든 것을 행하고 소유하며 투쟁하는 것은 오히려 인간이다. 실제로 살아 있는 인간이다. '역사'가── 마치 별개의 한 인격인 것처럼── 그 나름의 목적을 관철하기 위해서 인간을 수단으로 사용하는 것이 아니다. 역사란 자신의 목적을 추구하는 인간의 활동에 **다름 아니다.**"(K. Marx 1962, 777쪽)

20세기 사상가 가운데서는 알베르트 슈바이처만큼 현대적 활동의 수동적 성격을 예리하게 투시한 사람이 없다. 그는 『문명의 몰락과 재건(*Verfall und Wiederaufbau der Kultur*)』(1973, 33-44쪽)에 관한 고찰에서 현대인의 특성을 "부자유스럽고", "집중력이 없고", "불완전하며", "병적으로 종속적이며", "사회에 떠맡겨져 있다"라고 규정했다.

실재로서의 존재

지금까지 나는 존재의 의미를 소유와 대비시킴으로써 서술해왔다. 그러나 이에 못지않게 중요한 존재의 또다른 의미내용은 현상[겉으로 보이는 것]과 대비시킬 때 분명해진다. 내가 선량해 보이지만 그런 나의 선량함이 단지 나의 착취적 내심을 가리는 가면에 지나지 않을 경우, 용감해 보이지만 실제로는 심한 허영심에 차 있거나 심지어는 염세적인 상태인 경우, 또 애국심으로 충만해 있는 것처럼 보이지만 실은 나의 이기적 이득만을 추구하는 경우── 이런 경우의 외관, 즉 나의 외적 태도는 나를 움직이는 실재(reality, Wirklichkeit)의 힘과는 첨예한 모순관계에 있게 된다. 나의 태도가 나의 성격에 일치하지 않는 것이다. 나의 성격구조, 즉 내가 드러내는 태도 이면의 진정한 동기가 나의 참존재이다. 나의 태도는 때에 따라서는 나의 존재를 반영할 수도 있다. 그러나 일반적으로는 목적을 이루는 데에 유익하기 때문에 쓰는 가면이기 일쑤이다. 행동과학은 이런 가면이 신빙성 있는 학문적 자료인 양 그것을 다루고 있지만, 진정한 통찰이란 흔히 의식되지도 않고 직접 관찰할 수도 없는 내면적 실재에 몰두하는 것이다. 에크하르트가 "가면을 벗는 것"이라고 표현한 이와 같은 존재개념은 스피노자와 마르크스의 사상에서 중심적인 역할을 한다.

　행동과 성격, 가면과 그 이면의 실재 사이의 괴리를 벗기는 것이 프로이트의 심리분석이 이룩한 가장 주목할 만한 업적이다. 프로이트는 유아기에 억압된 본능적인(궁극적으로는 성적인) 욕구를 드러내기 위한 방법(자유연상, 꿈의 분석, 전이와 저항[2])을 개발했다.

그 이후 발전된 심리분석학적 이론과 치료법에서 역시 본능 그 자체
보다는 유년기의 인간관계에서 받은 쇼크(trauma)가 더 강조된 점에
서 원칙에서는 달라진 바가 없다. 억압된 부분은 유년기에 겪은——
내 생각에는 그 이후에도 생긴—— 충격적 욕망이나 불안이라는 점,
따라서 이러한 병증과 삶에 대한 일반적인 불만(malaise)을 치유하는
길은 이 억압된 부분을 제거하는 것으로 본다는 점이다. 바꾸어 말하
면 억압된 부분은 비합리적이며 미숙한, 개인적인 체험들이다.

그런가 하면 정상적인 시민, 즉 사회에 잘 적응하는 시민의 이른바
상식적인 견해들이야말로 합리적인 것이며, 심층심리학적 분석 따위
는 불필요하다는 생각이 통용되어왔다. 그러나 이 통념은 틀린 것이
다. 우리가 의식하고 있는 동기며 관념, 확신들은 실은 그릇된 정보,
편견, 불합리한 격정, 합리화 성향, 선입견이 혼합물로서, 그 혼합물
이 실재하며 참이라는(물론 그릇된) 확신을 주는 떠다니는 진실의
조각들을 몇 가닥 품고 있을 뿐이다. 우리의 사고과정은 이와 같은
그릇된 환상의 웅덩이를 그럴싸한 논리의 법칙에 맞게 체계화하려고
애쓰고 있을 따름이다.

이런 의식수준을 바탕으로 우리는 그것이 실재를 반영하고 있다고
상상하며, 그것은 우리 삶의 행로를 지시하는 지도(地圖)가 된다. 이
그릇된 지도는 배척당하는 일이 없다. 배척받는 것은 실재에 관해서
아는 것, 무엇이 진실인가를 아는 것이다. 따라서 무엇이 무의식인가라

---

2) 심리학에서 말하는 "전이(轉移)"란 유아기에 특정한 사람에 대해서 품었던 감정을
   성장하여 다른 사람에게 옮기는 행위를 말하며, "저항"이란 억압된 사고나 감정이
   의식되는 것에 반하여 일어나는 내적 저항을 의미한다.

고 물을 때, 그 해답은 불합리한 격정뿐만 아니라 실재에 관해서 아는 것 일체가 포함될 것이다.

이와 같은 무의식의 요소는 사회에 의해서 이중으로 결정된다. 사회는 불합리한 격정을 만들어내며, 동시에 그 구성원들에게 각종 허구(虛構)를 공급함으로써 진실을 명목상의 합리성의 포로로 만든다.

물론 진실이 배척당한다고 주장할 경우, 우리는 스스로 그 진실을 알고 있으며 그것에 대한 우리의 앎이 배척당하고 있음을, 바꾸어 말하면 우리 자신이 "무의식적 앎"을 관장하고 있음을 전제한다. 정신분석학상의 나의 경험에 비추어본다면 — 나에게 상관되든 타인에게 상관되든 간에 — 위의 사실은 실제로 적중하는 이야기이다. 우리는 자신의 의지와는 무관하게 실재를 지각한다. 우리의 오관이 실재를 접할 때 시각, 청각, 후각, 촉각이 반응하도록 조직되어 있듯이, 우리의 이성 역시 실재를 인식하도록, 다시 말하면 사물을 있는 그대로 볼 수 있도록, 요컨대 진실을 인식하도록 조직되어 있다. 물론 지금 내가 말하는 실재란 오로지 과학적 도구나 방법을 동원해서 인식할 수 있는 그런 부분적인 실재가 아니다. 그것은 집중적으로 "보는 것"에 의해서 파악할 수 있는 것, 특히 — 우리 자신과 타인의 — 정신적 실재이다. 어떤 위험인물을 만났을 때나 전적으로 신뢰할 수 있는 사람을 만났을 때, 우리는 즉각 그 사실을 간파한다. 속임수에 넘어가거나 착취당하거나 바보취급을 당했을 때, 또는 스스로 자신을 속였을 때, 우리는 그 사실을 안다. 우리의 선조들이 별의 운행에 관해서 놀랍게 알고 있었던 것처럼, 우리는 오늘날 인간행동의 본질적 요소를 거의 알고 있다. 그러나 우리 선조들은 자신들의 앎을 의식하고서 그것을 활용했던 반면, 우리는 우리의 앎을 즉각 몰아내버린다. 그것을 알고 있으면 우리의 삶이 너무 힘들고 ── 우리가 스스로에게 설득하듯이 ── 너무 "위험하리라는" 생각에서이다.

이런 주장을 뒷받침하는 예증은 얼마든지 있다. 이를테면 우리는 흔히 꿈속에서 타인(그리고 우리 자신)의 본질에 관해서 깨어 있는 상태에서는 전혀 불가능할 듯한 통찰을 하는 경우가 있다("통찰의 꿈"에 대해서 필자는 『잊혀진 언어』[1951]에서 예시한 바 있다). 또 다른 예는 어떤 사람이 불현듯 전혀 다른 모습으로 보이는데, 근본적으로는 오래전부터 그런 점을 알았던 듯한 느낌을 가지는 통찰의 경우이다. 이런 예증들은 뼈아픈 진실이 노출될 위험에 처할 때 나타나는 저항현상들에서도 볼 수 있다. 나 자신이 신념을 가지고 주장해왔던 것에 대해서 누군가가 지나가는 투로 반론을 제기했는데 곧이어 그 반론마저도 잊혀진 듯이 여겨지는 순간이라든가, 환각에 빠진 듯한 상태, 또는 말을 더듬는다든가 졸렬한 표현을 쓴다든가 하는 경우에 말이다. 우리는 실제로 스스로 알고 있는 것을 감추기 위해서 상당한 힘을 소모하며, 이렇게 억압된 지식의 양은 헤아릴 수 없이 엄청난 것이다. 『탈무드』에는 이와 같은 진실의 억압을 문학적 형태로 표현한 성담(聖譚)이 하나 있다. "아이가 세상에 태어날 때면, 탄생의 순간에 아이가 알고 있는 진실을 망각하도록 한 천사가 아이의 이마를 건드린다. 그때 만약 아이가 그것을 망각하지 못하면 이후의 아이의 삶은 힘들어진다"는 이야기이다.

우리의 주제로 돌아가자. 존재는 변조된 환상과는 반대되는 실재에 관계한다. 이런 의미에서 존재영역을 넓히려는 모든 노력은 자기 자신과 타인, 그리고 주변 세계의 실재에 대한 통찰을 높여준다. 유대교와 기독교의 중심적인 윤리적 목표 —— 탐욕과 증오의 극복 —— 를 실현하기 위해서는 유대교와 기독교에서도 물론 중요한 것이기는 하지만 그보다는 불교의 중심이 되는 또다른 명제, 즉 우리는 표면을 뚫고 들어가서 실재를 포착해야만 존재에 이른다는 명제를 끌어들이지 않으면 안 된다.

베풀고, 나누고, 희생하려는 의지

현대사회는 소유적 실존양식은 인간의 본성에 뿌리를 두고 있으며 사실상 그 점을 변화시킬 수 없다는 생각을 출발점으로 한다. 인간은 천성적으로 게으르며 수동적인 존재여서 물질의 유혹을 받거나 굶주림이나 형벌에 대한 공포의 자극을 받지 않는 한 무위도식에 빠지리라고 보는 신조 역시 이와 같은 생각에 근거한다. 이런 신조는 보편적으로 받아들여지고 있고, 우리의 교육방식 및 작업수행 방식을 결정하고 있다. 그러나 그것은 인간의 본성적 요구에 부응하는 점을 사회제도에 투영시킴으로써 우리의 사회제도가 가치 있다고 입증하려는 소망의 표출일 뿐이다. 예나 지금이나 우리와 다른 문화권의 구성원들에게는 인간의 이기심과 게으름은 타고난 것이라는 이 설(說)이 틀림없이 궤변으로 들릴 것이다. 그 반대의 설이 우리에게 그렇듯이 말이다.

실제로는 소유적 및 존재적 실존양식 모두 인간의 본성에 잠재해 있는 가능성이며, 아닌 것이 아니라 우리의 생물학적 자기보존 본능

146

이 소유 쪽의 양식을 두드러지게 만들고는 있지만, 그렇다고 이기주의와 게으름만이 인간의 고유한 성향은 아니다.

우리 인간은 존재하고자 하는, 뿌리 깊이 타고난 욕구를 지니고 있다. 자신의 능력을 표출하려는 욕구, 활동하고자 하는 욕구, 타인과 관계를 맺으려는 욕구, 이기심의 감옥에서 빠져나가려는 욕구 등등. 이 주장이 진실임을 입증하는 예들은 책 한 권을 쉽게 채울 수 있을 만큼 얼마든지 있다. 헤브(D. O. Hebb, 1962, 244쪽)는 이 문제의 핵심을 행동과학의 유일한 문제는 활동의 규명이 아니라 비활동의 규명이다라는 극히 보편적인 공식으로 요약했다. 이 명제를 증명하기 위해서 다음의 여섯 가지 요점을 인용하기로 한다(E. Fromm 1973, 235-242)를 참조할 것).

1. 동물의 행동 관찰── 실험과 직접 관찰에서 제시된 바로는 많은 종류의 동물이 물질적 보상이 주어지지 않는 경우에도 어려운 과제를 기꺼이 떠맡는다.

2. 신경생리학 실험── 이 실험은 신경세포 고유의 활동을 입증한다.

3. 유아의 행동── 최근 연구들은 유아에게는 복잡한 자극에 능동적으로 반응하는 능력과 욕구가 있음을 제시한다. 이것은 "유아는 외부의 자극을 위협으로 체험하며 그 위협을 막으려고 공격성을 발동한다"는 프로이트의 가설에 반대되는 발견이다.

4. 학습태도── 많은 연구들은 어린이와 청소년이 "나태한" 이유가 학습자료가 너무 무미건조하고 생동감 없는 방식으로 제공되어서 피학습자들이 진정한 흥미를 느낄 수 없기 때문이라고 밝히고 있다.

지루함과 억압이 제거되고 학습자료가 흥미를 돋우는 방법으로 제공되자마자, 똑같은 그룹이라도 놀랄 만한 능동성과 자발성을 펼친다는 것이다.

5. 작업태도 ── 메이요가 고전적 실험을 통해서 입증한 바에 의하면, 낙천적이며 천부적인 재능을 지닌 인물이 수행하는 실험에 자신들도 참여하고 있음을 작업 당사자들이 알고 있는 경우, 작업 자체가 지루한 것일지라도 흥미를 유발시킨다. 작업을 이끄는 인물이 작업자의 호기심과 참여의식을 고취시키는 것이다. 바로 이것에 해당되는 현상을 유럽과 미국의 많은 공장에서 확인할 수 있다. 경영진은 물론 노동자에 대해서 다음과 같은 판에 박힌 말을 한다. "노동자들은 능동적 참여에는 전혀 관심이 없다. 그들이 원하는 것은 오로지 높은 임금뿐이다. 따라서 이익분배는 노동의 생산성을 높이는 적절한 박차(拍車)가 될지 몰라도, 공동결정권은 그렇지 못하다." 사실상 그들이 제공하는 작업조건에 관한 한 경영진의 말은 옳다. 그러나 경험이 입증하는 바로는 ── 적지 않은 경영자들이 그 점을 인정했다 ── 전에는 전혀 무관심했던 많은 노동자들이 작업현장에서 솔선하는 태도를 펼칠 기회, 책임을 위임받아서 전체 작업과정 및 그 과정에서의 자신의 역할에 대해서 알 수 있는 기회가 그들에게 주어지자, 곧 놀랄 만큼 태도의 변화를 보여서 창의적이고 능동적으로 아이디어를 제출하며 결국 한층 만족스러워하게 된다.[*]

---

[*] 마이클 맥코비(Michael Maccoby, 1976)는 최근 여러 민주적[노동조합의] 공동결정 계획, 특히 "볼리바르 계획(Bolivar Project)"에서의 자신의 연구를 언급했다. 볼리바르 계획은 또다른 계획과 함께 맥코비가 현재 준비 중인 더 방대한 저술에서 상세히 취급될 것이다.

6. 사회적 및 정치적 일상생활에서 제공되는 수많은 자료—— 인간은 희생정신을 가지고 있지 않다는 가설은 분명히 잘못된 것이다. 제2차 세계대전이 발발하자 처칠은 영국 국민을 향해서 "피와 땀과 눈물"을 요청하는 성명을 발표했는데, 그의 발언은 영국인들에게 위협적으로 받아들여지기는커녕 공동체를 위해서 무엇인가 베풀고 희생하려는 그들의 인성(人性) 깊이 뿌리박힌 욕구에 호소하는 결과를 가져왔다. 전쟁이 진행되는 동안 여러 도시에 무차별로 퍼부어지는 폭격에 대한 영국인들의 반응—— 러시아인과 독일인의 반응도 마찬가지였다—— 은 고통을 나누는 것이 피격 주민들의 의기저상을 막아주는 역할을 했음을 보여준다. 고통의 공유는 피격자들의 저항을 공고히 했을 뿐만 아니라, 공포폭격이 상대군의 전투사기를 꺾어서 전쟁을 빨리 종식시키리라고 믿었던 사람들의 생각이 틀렸음을 입증했다.

그러나 이렇듯 유독 전쟁과 고통이 인간의 희생정신을 발동시키는 계기가 되는 반면, 평화시에는 특히 이기심이 기승을 부리는 듯이 보이는 사실은 우리의 문명에 대한 서글픈 촌평이다. 하긴 다행스럽게도 평화시에 역시 헌신과 단결이라는 인간적 자질이 개인행동에서 표출되는 상황들이 있기는 하다. 노동자의 파업, 특히 제1차 세계대전 발발 이전의 그것은 본질적으로 비폭력적 행동으로 나타난 예의 하나이다. 노동자들은 임금인상을 요구함과 아울러 자신들의 존엄과 인간적인 연대감을 체험하는 충족감을 위해서 싸웠고, 그 어떤 고난도 감수했다. 그 파업은 경제적 현상인 동시에 일종의 "종교적" 현상이기도 했다. 이런 종류의 파업은 오늘날에도 벌어지기는 한다. 그러나 요즈음 파업은 주로 경제적 근거에서 일어난다. 노동조건의 개선을 요구하는 파업이 최근에 증가하는 추세이기는 하지만 말이다.

베풀고 나누고자 하는 욕구와 남을 위한 희생정신은 아직도 간호사, 의사, 수도사, 수녀 같은 특정한 사회적 직업종사자들에게서 발견할 수 있다. 물론 절대 다수는 아니더라도, 이런 직업인들 가운데에는 희생과 봉사라는 직업윤리를 입으로만 말하는 종사자들이 많은 것 또한 사실이다. 그래도 상당수의 성격은 그들이 입으로 말하는 가치와 일치한다. 지난 수세기 동안 종교적, 사회적, 휴머니즘적 가치를 표방하고 나온 수많은 공동체들 역시 이런 희생정신들을 표출하며 실증해왔다. 베풀고자 하는 소망은 대가(代價)를 바라지 않고 헌혈하는 사람들의 동인(動因)이 되며, 타인을 구출하기 위해서 자기 목숨을 거는 사람들의 행동도 유사한 자기희생 정신에서 나온 것이다. 베풀고자 하는 적극적인 태도는 진정으로 사랑하는 남녀에게서 발현된다. 물론 "거짓 사랑", 즉 쌍방의 이기심은 사람을 더욱 자기 중심적으로 만든다(그리고 이런 경우는 얼마든지 있다). 그러나 참사랑은 사랑하는 능력과 타인에게 무엇인가 베푸는 능력을 배가시킨다. 참으로 사랑하는 사람은 한 사람에 대한 사랑을 통해서 전 세계인을 사랑하게 된다.* 적지 않은 사람들, 주로 젊은이들 가운데에

---

* 베풀고 나누고자 하는 인간 본래의 충동을 이해하기 위한 주요 원전의 하나는 P. A. 크로포트킨의 고전적 저작 『상호부조론(*Mutual Aid*)』(1902)이다. 그밖의 두 권의 주요 저서는 리처드 티트머스의 『주는 관계 : 혈육으로부터 사회정책에 이르기까지(*The Gift Relationship : From Human Blood to Social Policy*)』(1971, 이 책은 희생적으로 베푸는 행위의 사례를 실으면서, 우리의 경제체제가 사람들로 하여금 자유롭게 주는 권리를 행사할 수 없게 방해하고 있음을 지적한다)와 에드먼드 S. 펠프스 편 『이타주의와 도덕과 경제론(*Altruism, Morality and Economic Theory*)』(1975)이다.

는 자신이 태어난 부유한 환경을 둘러싼 사치와 이기심을 참지 못하는 경우가 많다. 나의 자식들은 "원하는 바를 모두 가지고 있다"고 여기는 부모의 기대와는 정반대로, 이 젊은이들은 고립된 삶, 생명 없는 삶에 대해서 반란을 일으킨다. 왜냐하면 실제에 있어서 그들은 "원하는 바를 모두 가지고 있지 않으며", 그들이 가지지 못한 것을 동경하고 있기 때문이다.

이런 태도의 두드러진 예는 과거역사 속에서 찾을 수 있다. 우선 사랑과 빈곤의 종교[기독교]에 귀의했던 로마 제국의 부유층 자제들을 들 수 있다. 또다른 예는 석가모니이다. 왕자로 태어난 석가모니는 원하기만 하면 온갖 사치와 쾌락을 한몸에 누릴 수 있었지만, 소유와 소비가 불행과 번뇌의 씨앗임을 깨달았다. 근세역사(19세기 후반)에서의 한 예는 러시아 상류층 자제들이었던 나로드니키[3])이다. 이 젊은이들은 그들이 태어난 신분계급의 불의와 무위도식하는 생활을 견딜 수 없어서 가족들을 떠났고, 가난한 소작인들과 한 패가 되어 어울려 살면서, 그렇게 러시아 혁명투쟁의 기반을 닦았다.

이 비슷한 현상을 우리는 오늘날 미국과 서독의 부유층 자제들에게서도 볼 수 있다. 그들은 사치스러운 풍족한 생활을 권태롭고 무의미하게 여긴다. 그리고 무엇보다도 세계가 가난한 사람들에 대해서 냉담한 사실과 또한 양국의 이기적 동기로 인해서 세계가 갈수록 핵

---

3) 나로드니키(Narodniki) : 러시아에서 19세기 후반에 일어난 사회주의 운동 실천자들의 총칭으로서 인민주의라는 뜻이다. 1861년 농노해방을 중심으로 봉건성 타도를 부르짖은 이 이데올로기는 러시아 후진성의 상징이었던 농촌공동체를 그 기반으로 삼았다.

전쟁을 향해 치닫는 양상을 참을 수 없어한다. 그래서 자신의 가정환경에 결별을 고하고 새로운 생활양식을 모색한다 —— 그러나 그들이 아무리 건설적인 노력을 기울인들 성공할 전망은 보이지 않으며 만족할 만한 결과는 없다. 그들 대다수는 원래 자기네 세대 중에서는 탁월한 감수성을 지닌 이상주의적 인물이지만, 전통을 외면하고 미숙한데다가 경험과 정치적 안목이 부족한 탓으로 상당수는 어느새 절망에 빠져버리고 만다. 그런가 하면 맹목적인 자기도취에 사로잡혀서 자신의 능력과 가능성을 과신(過信)한 나머지 폭력의 힘을 빌려서 불가능한 것을 성취하려고 무모한 시도를 벌인다. 이른바 혁명 단체들을 결성하여 테러와 파괴행위로 세계를 구제하고자 한다. 그러나 그럼으로써 자신들이 결과적으로 단지 폭력과 비인간성의 추세를 강화시키고 있다는 사실을 깨닫지 못한다. 그들은 사랑하는 능력을 상실해버리고는 그 자리에 자기 목숨을 희생시키겠다는 소망을 대입시킨다. 사랑하려는 강렬한 욕망을 가지고 있으되 그럴 능력을 잃은 사람들에게는 자기희생이야말로 흔히 안성맞춤의 해결책으로 여겨지는 것이다. 그들은 자기 목숨을 희생하는 것을 사랑의 능력의 지고한 표현으로 이해한다. 그러나 이런 식으로 자기희생을 결단한 젊은이들은 진정한 **사랑의 순교자**와는 본질적으로 구별된다. 진정한 **사랑의 순교자**는 본질적으로 삶을 사랑하기 때문에 살기를 원하며, 배반하지 않기 위해서 피치 못하게 죽어야 할 경우에만 죽음을 받아들인다. 파괴와 자기희생을 일삼는 우리 젊은 남녀들은 사회적으로 비난받는 피고이자, 동시에 고발자이기도 하다. 왜냐하면, 그들이 존재한다는 사실부터가 우리의 사회체제에서는 적지 않은 우수한 젊은

이들이 절망과 고립에 빠져 있으며, 그들을 위한 절망으로부터의 탈출구가 광신주의와 파괴밖에 없다는 엄연한 사실을 표면적으로 드러내주고 있기 때문이다.

타자(他者)와의 일체감을 체험하고자 하는 인간의 욕망은 인간이라는 종(種) 특유의 실존조건에 뿌리를 두고 있으며, 인간의 행동을 낳는 가장 강력한 원동력의 하나이다. 우리 인간은 본능적 결정을 최소화하고 정신적 능력을 최대한으로 계발시킴으로써, 자연과의 원초적 일체성을 상실했다. 따라서 완전한 고립감에 빠져서 미쳐버리지 않기 위해서는 새로운 합일 —— 이웃이나 자연과의 —— 을 모색하지 않을 수 없다. 타자와 한 마음이 되고자 하는 인간의 욕구는 여러 방식으로 경험된다. 이를테면 어머니, 우상, 종족, 나라, (자기와 같은) 계층, 종교, 동창관계, 직업상의 단체 등과의 공생적 유대로서이다. 이런 유대들은 물론 흔히 여러 면에서 중복되기도 하며, 특정 종파의 신도들이나 린치를 가하는 폭도들의 경우처럼, 또는 전시(戰時)의 과격한 국민적 히스테리의 경우처럼 때로는 망아적 형태를 취하기도 한다. 제1차 세계대전의 발발은 일체감에의 욕망이 불합리하게 터진 가장 극적인 예의 하나였다. 사람들은 이 커다란 우리라는 연대감에 가담하기 위해서 하룻밤 사이에 평생의 신조였던 평화주의며 반(反)군국주의, 또는 사회주의를 포기했고, 과학자들은 수십 년 동안 훈련해온 객관성, 비판적 사고, 공정성을 내던져버렸다.

타자와의 일체감을 체험하려는 욕망은 비단 이상(理想)이나 신념에 기초한 연대감처럼 숭고한 차원의 행동양식으로뿐만 아니라, 파괴나 가학행위처럼 저열한 행동양식으로도 발현된다. 이 욕구는 또한 적응욕의 원동력이기도 하다. 국외자(局外者)가 된다는 것에 대한 불안은 죽음에 대한 불안보다 더 큰 불안이기 때문이다. 어느 사회에서나 중요한 것은 그 사회가 어떤 종류의 일체감의 체험과 연대감을 조성하고 있고, 또한 그 사회경제적 구조의 여건하에서 어떻게 그것들을 뒷받침할 수 있느냐이다.

이 고찰들은 인간의 내부에는 두 가지 성향이 있다는 결론을 허용한다. 그 하나는 소유하고자 하는, 자기 것으로 하려는 성향으로서 궁극적으로 살아남고자 하는 생물학적 소망에서 뻗어나온 힘이다. 다른 하나는 존재하고자 하는, 나누어가지고 베풀고 희생하려는 성향으로서 인간실존의 특유의 조건에서, 특히 타자와 하나가 됨으로써 자신이 고립을 극복하려는 타고난 욕구에서 나온 성향이다. 모든 인간의 내부에는 이 두 가지 상반된 성향이 있으므로 사회의 구조와 가치, 그리고 규범은 두 가능성 중에서 어느 한쪽을 우세한 것으로 보는 입장을 취하게 된다. 소유지향, 즉 소유적 실존양식을 조장하는 사회는 인간의 전자의 잠재성에 근거하며, 존재와 나눔을 장려하는 사회는 인간의 후자의 잠재성에 근거한다. 우리는 이 두 잠재성 가운데 어느 것을 개발할 것인가를 결정해야 하며, 아울러 우리의 결정은 그 어느 한쪽 성향으로의 해결을 조장하는 우리 사회의 사회경제적 구조에 상당 부분 달려 있다는 사실을 염두에 두어야 한다.

집단행동에 대한 나의 고찰들에 기초해서 볼 때, 뿌리 깊게 자리잡아서 도저히 변화의 여지가 없는 소유적 유형이나 존재적 유형을 대표하는 양 극단의 형태는 극소수라는 점, 압도적 다수의 인간에게는 이 두 가능성이 공존한다는 점, 그리고 어느 쪽이 우세하며 어느 쪽

이 억압당하고 있는지는 환경적 요인에 달려 있다는 점 등을 가설로 세울 수 있다.

나의 이 가설은 널리 유포된 정신분석학상의 정설, 즉 환경은 유아기와 초기 아동기에는 성격발달에 중대한 영향을 미치지만, 이 시기가 지나면 성격이 고정되어서 외부적 영향에 의해서는 거의 바뀌지 않는다는 주장과는 어긋나는 것이다. 이 정신분석학적 이론이 널리 받아들여질 수 있었던 이유는 대부분의 인간의 경우 대체로 그가 사는 사회적 상황이 달라지지 않는 탓에 유아 시절의 기본 조건이 그후의 생의 시기에도 그대로 존속하기 때문이라고 할 수 있다. 그러나 실제로 환경의 급격한 변화가 행동의 근본적 변화를 초래한 경우는 얼마든지 있다. 다시 말하면 부정적 힘이 육성되지 않으면 긍정적 힘이 강화된다는 의미이다.

요약하면, 베풀고 나누고 희생하려는 소망이 표출되는 강도와 빈도는 인간 특유의 실존적 조건을 고려할 때 그다지 놀라운 일이 아니다. 오히려 놀라운 것은 산업사회 안에서는(그밖에도 여러 사회에서) 이기적 행위가 통칙이 되고 연대적 행위가 예외가 될 정도로 그 욕구가 극도로 억압당할 수 있었다는 사실이다. 역설적인 이야기이지만, 그러나 바로 이런 현상이야말로 우리를 일체감에의 욕구로 회귀하게 한다. 소득-이윤-사유재산의 원칙을 토대로 하는 사회는 소유지향적인 사회적 성격을 낳으며, 그렇게 일단 지배적인 행동유형이 수립되면 그 안에서는 그 누구도 국외자가 되거나 추방자가 되려고 하지 않는다. 국외자나 추방자가 될 위험을 피하기 위해서 모든 사람들은 다수에게 적응한다. 그러나 실상 이 다수를 묶어놓고 있는 것은 상호 적대감에 다름 아니다.

우리 사회의 권력자들은 이기심의 우세를 근거로, 사람의 마음을 움직일 수 있는 것은 물질적 이득, 즉 보수(報酬)뿐이며, 연대감이나 희생정신에 호소하는 것은 쇠귀에 경 읽기라고 생각한다. 따라서 전시(戰時)를 제외하고는 이런 종류의 구호는 드물어지고 있고, 한결 훌륭한 이 호소의 성과를 가늠할 기회는 갈수록 사라지고 있다.

오로지 근본적으로 달라진 사회경제적 구조와 근본적으로 다른 인간 본연의 모습만이 사람의 마음을 움직이는 유일한(또는 최상의) 가능성이 매수(買收)일 수는 없다는 사실을 증거할 수 있을 것이다.

6
소유와 존재의 그밖의 측면

안정 ── 불안정

앞으로 나아가지 않고 제자리에 머물거나 뒷걸음치는 태도, 요컨대
지금 가지고 있는 것에 의존하는 태도는 우리에게 상당히 큰 유혹이
다. 내가 소유하고 있는 것은 이미 내가 알고 있는 것이기 때문이다.
나는 그 안에서 안정감을 느끼며, 그것에 매달릴 수 있다. 우리는
미지의 것, 불확실한 것으로 발걸음을 내딛는 데에 불안을 느끼며,
그래서 그렇게 하기를 피한다. 그 **발걸음**은 일단 내딛고 난 **다음에는**
위험스럽게 보이지 않을는지 몰라도, 그러기 전에는 어떤 일이 벌어
질지 위험스럽고 겁나 보인다. 옛것, 이미 겪어본 것만이 안전하다.
아니, 최소한 안전한 듯하다. 새로 내딛는 발걸음은 실패의 위험을
감추고 있고, 이것이야말로 왜 사람들이 자유를 두려워하는가 하는
이유의 하나이다(E. Fromm, 1941을 참조할 것).

물론 "옛 것과 익숙한 것"은 삶의 단계에 따라서 다르다. 젖먹이일
때에 우리는 우리의 몸뚱이와 어머니의 젖가슴만을(처음에는 이 두
가지를 서로 구분하지 못하는 상태로) 소유한다. 그 다음에는 세계
속에서 나의 위치를 정립시키기 시작한다. 세계 안에 한 장소를 차지

하고, 사물을 소유하려 든다. 어머니, 아버지, 형제자매, 장난감을 소유한다. 그리고 뒤이어 지식을 "취득하고", 어른이 되면 직업, 사회적 지위, 아내, 자식들을 소유하며, 심지어는 죽음 후의 삶까지도 —— 묘(墓) 자리와 생명보험을 취득해놓고 "마지막 뜻", 즉 유언을 통하여 —— 소유하게 된다.

그러나 이렇듯 소유가 주는 안정성에도 불구하고 우리는 새로운 것에 대한 비전을 지니고 새 길을 개척하는 사람들, 앞으로 내디딜 용기를 가진 사람들을 찬탄한다. 신화에서는 **영웅**이 이런 실존방식을 구현하는 상징적 존재이다. 영웅은 자신이 소유하고 있는 것 —— 땅, 가족, 재산 —— 을 버릴 수 있는, 그리고 물론 두려움은 있지만 그 두려움에 굴하지 않고 낯선 곳으로 떠날 용기를 지닌 인간이다. 불교의 전통에서는 자신의 모든 재산, 힌두교 신학이 제공했던 일체의 신념, 신분, 가족을 포기하고 은거의 삶의 행로를 택한 석가모니가 영웅이다. 유대교의 전통에서는 아브라함과 모세가 그런 영웅적 인물이다. 기독교에서의 영웅은 예수로서, 그는 아무것도 소유한 것도 없고 —— 세인의 눈으로 보면 —— 별 볼일 없는 존재이지만 만인에 대한 넘치는 사랑으로부터 행동하는 인물이다.

그리스인들의 영웅은 승리와 자긍심의 충족과 정복을 목표로 삼는 세속적 영웅이다. 그럼에도 헤라클레스와 오디세우스 같은 영웅들은 종교적 영웅과 마찬가지로 그들을 기다리는 모험과 위험을 불사하고 앞으로 나아간다. 동화 속의 영웅도 이와 같은 이상(理想)에 부합된다. 동화의 주인공은 고향을 떠나서 앞으로 나아가며 불확실성을 감내한다.

우리가 이런 영웅들을 찬탄하는 이유는 우리의 마음 깊숙한 곳에는 우리의 길도 그들이 걷는 길과—— 우리도 그 길로 접어들 수만 있다면—— 같아야 한다는 느낌이 자리잡고 있기 때문이다. 그러나 우리는 두려움을 지니고 있기 때문에, 우리에게는 그런 능력이 없고 영웅만이 그런 일을 할 수 있다고 생각한다. 그리하여 영웅은 우상이 된다. 전진할 수 있는 우리의 잠재력을 그에게 떠넘기고, 우리 자신은 있는 그 자리에 머문다. 우리는 영웅이 아니기 때문이다.

이렇게 생각한다면, 영웅이 된다는 것은 바람직하기는 하지만 근본적으로는 정신 나간 짓이며 자신의 이익에는 어긋나는 행위가 될 것이다. 그러나 그것은 결코 맞지 않는 이야기이다. 용의주도한 사람, 무엇인가를 확보하고 있는 사람은 안정된 상태에 있다고 여기지만, 그들은 필연적으로 불안정할 수밖에 없다. 그들은 자신이 가지고 있는 것, 돈, 특권, 자아—— 요컨대 그들 자신의 외부에 있는 것에 의존하고 있다. 그렇게 소유하고 있는 것을 잃을 때, 그들은 어떻게 될 것인가? 사실상 소유하고 있는 것이란 동시에 언제라도 잃을 수 있는 것이다. 재산은 잃을 수 있는 것임이 명약관화하며, 재산의 상실과 더불어서 지위와 친구도 잃기 마련이고—— 또한 생명마저 어느 순간에라도 잃을 수 있는 것이며, 언젠가는 반드시 잃기 마련이다.

만약 나의 소유가 곧 나의 존재라면, 나의 소유를 잃을 경우 나는 어떤 존재인가? 패배하고 좌절한, 가엾은 인간에 불과하며 그릇된 생활방식의 산 증거물에 불과할 것이다. 소유하고 있는 것이란 잃을 수 있는 것이므로, 나는 응당 내가 소유하고 있는 것을 언제이고 잃을 세라 줄곧 조바심 내기 마련이다. 도둑을 겁내고, 경제적 변동을, 혁명을, 질병을, 죽음을 두려워할뿐더러, 사랑하는 행위에도 불안을 느끼며, 자유, 성장, 변화, 미지의 것에 대해서 두려움을 가진다. 그리하여 나는 신체상의 질병뿐만 아니라 내게 닥칠 수도 있는 온갖 손실에 대한 끊임없는 걱정에 싸여 살며 만성적인 우울증에 시달리게 된다. 더 많이 소유하고자 하는 욕구에 떠밀려서 방어적이 되며 가혹해지고 의심이 많아지고, 결국 외로워진다. 입센은 『페르 귄트 (Peer Gynt)』에서 이런 자기 중심적인 인물을 탁월하게 그려냈다. 주인공 페르는 오로지 자기 자신만으로 꽉 차 있는 인물이다. 극단적인 자기 중심주의에 빠져 있어서 "욕망 덩어리"인 자기를 바탕으로 하여 자기 자신이 존재한다고 생각한다. 삶의 마지막 순간에 이르러서야 그는 자기실존의 소유적 구조로 인해서 그 자신이 결코 자기 자신이 되지 못했다는 것, 즉 알맹이 없는 양파처럼 한번도 자기 자신이었던 적이 없는 미완의 존재라는 사실을 깨닫는다.

가진 것을 잃을 수 있다는 위험에서 생기는 불안과 걱정은 존재적 실존양식에는 없다. 존재하는 자아＝나일 뿐 소유하고 있는 것＝나가 아니라면, 어느 누구도 나를 앗아가거나 나의 안정과 나의 주체적 느낌을 위협할 수는 없을 것이다. 나의 중심은 나 자신의 내부에 있고 ── 존재하면서 나의 고유의 힘을 표현하는 능력은 나의 성격구조의 일부로서 나에게 달려 있다. 물론 이 점은 정상적인 삶의 상황에 해당되는 것이지, 참을 수 없는 고통을 수반하는 질병이나 고문, 그밖의 여러 가지 자신의 능력을 빼앗기는 사례에는 해당되지 않는다.

소유는 사용에 따라서 감소하는 반면, 존재는 실천을 통해서 증대한다(타들어가지 않는 "떨기나무 불꽃"["출애굽기" 3:2]은 이 역설을 말해주는 성서의 상징이다). 이성의 힘, 사랑의 힘, 예술적 및 지적 창조력 등 —— 이 모든 본질적 힘은 그것을 사용함으로써 불어난다. 베푸는 것은 상실되지 않으며, 반대로 붙잡고 있는 것은 잃기 마련이다. 존재적 실존양식에서 나의 안정에 대한 유일한 위협은 나 자신의 내부에 있다. 삶에 대한 믿음과 나의 생산적 힘에 대한 신념의 결여에, 퇴보적 성향에, 내면적 게으름에, 나의 삶에 대한 결정을 타인에게 떠맡기려는 것에 등. 그러나 이러한 위험들은 존재에 반드시 내재하는 것은 아니다. 반면 상실의 위험은 소유에 항상 내재한다.

연대감 —— 적대감

사랑하고 좋아하고 즐기면서도 그것을 굳이 소유하려고 하지 않는 체험에 대해서는 스즈키가 일본의 시와 영국의 시를 비교하면서 언급한 바 있다(제1장 참조). 현대 서구인으로서는 소유하지 않고 즐긴다는 것이 사실상 쉽지 않은 일이다. 그렇다고 우리라고 해서 그것이 전혀 낯선 체험만은 아니다. 스즈키가 든 꽃의 예는 만약 그 시 안에 등장하는 산책객이 꽃이 아니라 산이나 초원, 그밖의 휴대할 수 없는 다른 무엇을 관찰했다면, 적절한 예가 못 될 것이다. 물론 많은 사람들, 대다수의 사람들은 상투적인 방식 말고는 진실로 산을 보려고 하지 않는다. 그들은 산을 보는 대신 산의 이름이며 높이를 알거나, 산에 오르려고 할 것이다(이것은 또다른 형태의 소유라고 할 수 있다). 그러나 진정 산을 볼 수 있고 산을 즐길 수 있는 사람들도 더러는 있다. 이와 같은 특성은 음악에 대한 관심에도 해당된다. 애청하는 음악이 수록된 판을 사는 일은 어쩌면 소유행위라고 할 수 있고, 미술품을 좋아하는 대다수의 사람은 유독 그것만을 사들이는 "소비"를 할 수도 있다. 그러나 "소유하려는" 충동을 전혀 느끼지 않고 진정 기쁜 마음으로 음악이나 미술품에 반응하는 소수의 사람들이 아직은 엄연히 있다.

이와 같은 반응을 우리는 사람들의 표정에서 종종 읽어낼 수 있다. 바로 얼마 전에 나는 중국 서커스의 비범한 곡예사와 미술사가 등장하는 텔레비전 프로그램을 본 적이 있다. 그때 카메라는 객석의 개개인의 반응을 잡기 위해서 수시로 방향을 돌려서 관객을 비추었는데, 대부분의 관객의 얼굴은 우아하고 생동감 있는 묘기에 반응하여 환하게 빛나며 생기 있고 아름다운 모습이었다. 다만 그중 소수만이 무감동하고 냉담한 표정이었다.

소유하겠다는 욕망 없이 기쁨을 만끽하는 예는 어린이를 대하는 태도에서도 쉽게 볼 수 있다. 나의 짐작으로는 이 경우에도 실은 상당한 자기기만이 작용할 듯하다. 우리는 어린이의 친구역할을 하는 자기 모습을 기꺼이 전시하고 싶어하니까 말이다. 이런 의혹이 다분히 있음에도 불구하고, 어린이를 대할 때 진정에서 우러나오는 자발적인 반응은 드물지 않다고 나는 생각한다. 그 이유는 상당 부분, 우리는 대체로 청소년이나 성인을 대할 때와는 달리 어린이를 대할 때는 전혀 두려움을 느끼지 않는다는 사실에 근거할 듯하다. 두려움으로부터의 해방은 우리에게 마음놓고 사랑할 수 있는 여지를 주는 반면,

두려움이 가로막고 있는 경우 우리는 마음놓고 사랑할 수 없게 된다.

소유욕을 느끼지 않으면서 기쁨을 누리는 가장 두드러진 예는 남녀관계에서 볼 수 있다. 남자와 여자가 서로에게 매력을 느끼는 이유는 다양하다. 상대방의 기본적 태도, 취향, 이념, 기질 또는 전체적인 인품에 이끌릴 수 있다. 그러나 자기 마음에 드는 것을 반드시 소유해야 직성이 풀리는 사람들의 경우에는 이 매력의 상태가 상습적인 성적(性的) 소유욕으로 통하기 마련이다. 그러나 존재적 실존양식이 지배적인 사람의 경우에는 테니슨의 시구에서처럼, 굳이 그녀 또는 그를 "꺾지" 않고서도 그녀 또는 그와의 공존상태를 즐기면서 성적 매력도 느낄 것이다.

소유지향적 인간은 자기가 사랑하거나 찬양하는 사람을 소유하고 싶어한다. 이런 경우는 부모와 자식, 스승과 제자, 친구들 사이에서도 볼 수 있다. 양편의 그 어느 쪽이든 상대를 자기 휘하에 두고 싶어하며, 다만 상대와 가까이 있음을 즐기는 것에 만족하지 못한다. 따라서 같은 상대를 "소유하려는" 제3자를 질투할 수밖에 없다. 마치 난파당한 사람들이 판자를 움켜잡듯이, 그들은 각기 상대편에게 매달린다. 소유지향에 근본을 둔 관계는 억압과 부담을 주며, 갈등과 질투로 채워지게 된다.

보다 일반적으로 말한다면, 소유적 실존양식에 근거한 인간관계는 경쟁심, 적대감, 두려움으로 특징지어진다. 소유적 실존양식에서의 적대감의 요소는 소유라는 특성 자체에 근거한다. "나의 소유는 곧 나의 존재"이기 때문에 소유가 나의 주체의식의 근거가 되는 경우, 소유하고자 하는 욕망은 필연적으로 많이, 더 많이, 최대한으로 소유하려는 욕구를 초래할 수밖에 없다. 바꾸어 말하면, **탐욕**은 소유지향의 당연한 결과이다. 그것은 수전노의 탐욕일 수도, 이윤 추구자의 탐욕일 수도, 여자의 치마폭을 쫓는 남자나 남자한테 미친 여자의 탐욕일 수도 있다. 그의 탐욕을 부채질한 것이 무엇이든 간에, 아무리 가져도 그는 만족할 수 없다. 결코 "평정에 이르지" 못한다. 배고픔처럼 생리적 조건의 한계를 가진 육체적 욕구와는 달리, **정신적 탐욕** —— 그것이 설령 육체를 통해서 충족된다고 해도 모든 탐욕은 정신적인 것이다 —— 은 아무리 채워도 결코 채워지지 않는다. 정신적 탐욕이 애초에 극복해야 할 내적인 공허, 권태, 고독, 억압 등은 그 탐욕을 충족시키는 것으로는 결코 제거될 수 없는 성질의 것이기 때문이다. 소유하고 있는 것은 어떤 식으로든 빼앗길 가능성을 지닌 것이므로, 그런 위험에서 자신의 삶을 지키기 위해서 그는 끊임없이 더 많이 소유하려고 하지 않을 수 없다. 더 많이 소유하려고 하면, 가진 것을 빼앗길세라 이웃의 공격적 의도를 두려워하기 마련이고, 그런 공격을 막기 위해서 그는 스스로 더 강해지고, 더 공격적 및 방어적이 되지 않을 수 없다. 아무리 생산이 증대해도 이렇듯 무한한 욕망에 보조를 맞출 수는 없으므로, 최대한의 몫을 차지하려는 싸움에서 개인 간에는 경쟁과 적대감이 필연적으로 지배한다. 그리고 설령 적대적 과잉상태에 도달할 수 있다고 해도, 이 투쟁은 계속될 것이다. 천부적인 건강이나 매력, 재능을 남보다 덜 타고난 사람은 그 방면에서 "보다 많이" 가진 타인들을 여전히 극렬히 시기할 것이기 때문이다.

소유적 실존양식과 그로 인해서 야기되는 탐욕이 필연적으로 인간

간에 적대감과 투쟁을 초래하는 점은 개인뿐만 아니라 민족 간에도 해당된다. 민족의 구성원이 소유와 탐욕을 주된 행동요인으로 하는 인간인 한, 민족 간에는 분쟁이 일어나기 마련이다. 그들은 필연적으로 다른 민족이 가진 것을 시기하여 전쟁, 경제적 압력, 위협을 통해서 자기들이 탐하는 것을 획득하려고 한다. 우선은 보다 약한 민족들에 대해서 이런 수단을 적용하며, 공격 대상이 될 법한 비교적 강한 민족보다 더 강해지기 위해서 다른 나라와 동맹을 맺는다. 이렇다 할 승산이 없는데도 국가 간에 전쟁이 일어나는 이유는 경제적 상황이 나빠서라기보다는, 더 많이 소유하고 정복하고자 하는 욕망이 소유적 실존양식에 깊이 뿌리내리고 있기 때문이다.

물론 평화의 시기도 있다. 그러나 항구적 평화와 힘을 모으고 군사력을 정비하기 위한 잠정적 평화를—— 다시 말하면, 지속적으로 조화를 이룬 상태로서의 평화와 근본적으로 휴전상태에 불과한 평화를 구분할 필요가 있다. 물론 그 사이에 일정 기간 휴전상태가 있기는 하지만, 19세기와 20세기의 특성은 역사무대의 주역(主役) 사이의 만성적 전쟁상태라고 일괄할 수 있다. 민족 간에 지속적인 조화의 관계가 유지되는 상태로서의 평화는 소유구조가 존재구조로 바뀌는 경우에만 가능하다. 소유와 이익을 조장하면서 동시에 평화를 유지할 수 있다는 생각은 한낱 환상이며, 그것도 실로 위험한 환상이다. 왜냐하면 이 환상은 우리가 "성격의 근본적 변화냐, 아니면 영원한 전쟁이냐" 하는 명백한 양자택일에 직면해 있다는 사실을 인식하지 못하게 만들기 때문이다. 사실상 이 양자택일은 예로부터 있어온 문제인데 지금껏 전쟁 쪽으로의 선택은 지도자들이 해왔고 백성들은 그들의 결정을 따라왔다. 오늘날과 앞으로는 이 선택의 결과가 그냥 전쟁으로 끝나지 않고 — 믿을 수 없이 막강해진 신무기의 파괴력으로 인해서 — 상호간의 자멸을 의미하게 되었다.

국가 간의 전쟁에 적용되는 이 사실은 계급투쟁에도 적용된다. 탐욕의 원리에 기초를 둔 사회에서는 계급투쟁, 즉 착취자와 피착취자 간의 투쟁이 이미 항상 있어온 반면, 경제구조상 착취가 불가능한 사회에서는 계급 간의 투쟁은 벌어지지 않았다. 그러나 아무리 부유한 사회라고 해도 소유지향이 지배적인 모든 사회에서는 필연적으로 계급이 발생한다. 인간이 지닌 무제한의 욕망을 전제할 때, 아무리 생산을 늘려도 남보다 더 많이 가지려는 환상에 보조를 맞출 수는 없다. 남보다 더 강하고 똑똑하거나 그밖의 여건으로 유리한 위치에 있는 사람들은 필연적으로 우선적인 고지를 확보하려고 할 것이며 강요, 폭력, 은근한 암시로서 보다 힘없는 자들을 협잡하려고 할 것이다. 그러면 피압박계층은 스스로 지배자로 올라서기 위해서 지금의 지배계층을 전복하려고 할 것이며, 이런 악순환은 끝없이 계속될 것이다. 계급투쟁은 비교적 온건한 형태를 취할 수는 있으되, 탐욕이 인간의 마음을 지배하고 있는 한 종결될 수는 없다. 탐욕의 정신으로 만연된 세계 속에서 이른바 사회주의적인 계급 없는 사회를 바라는 것은 탐욕스러운 민족 간의 영속적 평화라는 관념과 마찬가지로, 한낱 환상이며 — 또한 위험한 환상이다.

존재적 실존양식에서는 이러한 개인적 소유(사유재산)가 정서적으로 거의 무의미하다. 나는 즐기기 위해서 무엇을 소유할 필요도 없고, 심지어는 이용하기 위해서도 반드시 그것을 필요로 하지 않기 때문이다. 존재적 실존양식에서는 한 사람 이상이, 아니 수백만의 사람이라도 하나의 대상을 놓고 즐거움을 공유할 수 있다. 그들 가운데 누구도 혼자 즐기겠다고 그것을 자기 것으로 **소유하지 않기** 때문이다. 이런 상황은 분쟁을 막을 뿐 아니라, **기쁨을 나눈다**는 인간 행복의 가장 깊은 체험을 낳는다. 한 인간에 대한 사랑과 경탄을 공유하는 것만큼, 또는 어떤 사상이나 음악, 미술품, 의식(儀式)으로 맺어지거나, 심지어는 고통을 함께 나눌 때만큼 인간을(개성을 막론하고) 굳게 결합시키는 경우는 그 어디에도 없다. 이와 같은 공유의 체험은 양자 사이에 생명을 불어넣으며 유지시켜준다. 이것이 바로 모든 위대한 종교적, 정치적, 철학적 운동의 근본을 이루는 것이다. 물론 이것은 각자가 진정으로 사랑하며 경탄하는 한에서, 또 그 정도에 따라서 적용되는 이야기이다. 종교적 및 정치적 운동이 인습으로 굳어버릴 때 또는 관료주의가 암시와 위협으로 사람들을 조정할 때, 그 사이에서 공유하는 경험은 물질밖에 남지 않게 된다.

자연은 성행위에다가 이를테면 더불어 체험하는 쾌락의 원형(原型) —— 또는 상징 —— 을 설정했지만, 경험에 비추어볼 때 그것 역시 반드시 공유하는 쾌락은 아니다. 흔히 양쪽 다 자기도취적, 자기중심적으로 소유를 탐하여 최선의 경우 **동시의** 쾌락이라고 말할 수는 있어도 **공유의** 쾌락이라고 말할 수는 없다.

그러나 자연은 소유와 존재를 구별하는 아주 분명한 상징을 제공해준다. 남근(男根)의 발기는 완전히 기능적이다. 남성은 발기를 재산이나 지속적 특성으로(물론 얼마나 많은 남성이 그와 같은 지속적 특성을 **소유하기를** 원하는가를 고려에 넣는 것은 각자의 자유이지만)

소유하지 않는다. 남근은 남성이 흥분해 있는 한, 흥분을 야기시킨 상대를 갈구하는 한 발기상태로 존재한다. 만약 어떤 이유로든 흥분에 방해를 받으면 그는 아무것도 —— 가지지 못한다. 다른 모든 행위형태와는 달리, 발기는 실제적으로 위장할 수도 강요될 수도 없다. 널리 알려져 있지는 않지만 탁월한 정신분석학자 중의 한 사람인 게오르크 그로데크는 "남자는 결국 단 몇 분 동안만 남자로 존재하며 대부분의 시간은 어린아이"라는 촌평을 한 바 있다. 물론 그로데크의 이 말은 남성의 총체적 인격이 어린아이가 된다는 의미는 아니고, 많은 남성들이 남성임을 증거로 내세우는 바로 그 측면에서 한 말이기는 하지만 말이다(E. Fromm, 『성과 성격[*Sex and Character*]』[1943]을 참조할 것).

기쁨 —— 쾌락

에크하르트 수사는 생명감은 기쁨(joy, Freude)을 유발시킨다고 가르쳤다. 오늘날의 독자는 아마도 "기쁨"이라는 말에 별로 유의하지 않고, 에크하르트의 말을 쾌락(pleasure, Vergnügen)과 동의어로 건성으로 읽어버리기 쉬울 것이다. 그러나 기쁨과 쾌락은 근본적으로 다른 것이다. 특히 소유 및 존재 양식과 관련해서 그렇다. "기쁨 없는 쾌락"의 세계 속에 살고 있는 우리로서는 이 차이를 이해하기가 쉽지 않다.

쾌락이란 무엇인가? 이 말은 여러 의미로 쓰이고 있지만 일상적인 언어관용을 따르자면, 굳이 능동성(생동성이라는 의미에서)을 요하지 않는 욕망의 충족이라고 정의하는 것이 가장 적절할 듯하다. 쾌락은 극히 강렬한 것일 수도 있다. 사회적으로 성공하고, 돈을 더 많이 벌고, 추첨에서 당첨된 데에서 오는 쾌락, 인습적인 성적 쾌락, "마음껏" 포식하는 데에서 오는 쾌락, 경주에서 이기는 쾌락, 음주, 마약, 환각상태에서 야기되는 몰아의 상태, 가학성을 충족시키는 데에서, 또는 생명체를 토막내거나 죽이는 데에서 오는 쾌락 등등.

물론 부자가 되고 유명해지기 위해서는 필히 "내적 탄생"이라는 의미보다는 바쁘다는 의미에서 활동적이지 않으면 안 된다. 목표를 이룩했을 때 우리는 흥분이나 "강렬한 만족감"을 느낄 것이고, "절정"에 이르렀다고 생각할 것이다. 그것은 어떤 절정인가? 필시 흥분이나 만족감의 절정, 또는 망아의 경지나 황홀한 광란상태의 절정일 것이다. 이와 같은 상태로 우리를 휘몰아온 힘은 격정이다. 격정이란 인간적인 것이기는 하되, 그것이 실제적으로 인간의 문제에 대한 적절한 해결로 통하지 않는 한 병적인 것이다. 이런 종류의 격정은 인간을 강하게 하고 성장시키기는커녕 조만간 불구로 만든다. 극단적 쾌락주의자가 추구하는 쾌락, 현대사회에 만연된 쾌락산업과 끊임없는 새로운 자극의 충족은 각기 다른 정도의 **말초적 흥분**을 불러일으킨다. 그러나 사람의 마음을 **기쁨**으로 충만시키지는 못한다. 오히려 기쁨이 부재하는 삶이 사람들로 하여금 새롭고 좀더 자극적인 쾌락을 끊임없이 추구하도록 몰아간다.

이런 점에서 현대인은 3,000년 전의 헤브루인과 똑같은 처지에 있다고 할 수 있다. 모세는 이스라엘 백성을 향해 그들이 저지른 가장 무거운 죄의 하나를 일러, "네가 모든 것이 풍족하여도 기쁨과 즐거운 마음으로 네 하나님 여호와를 섬기지 아니함을 인하여……"("신

명기" 28:47)라고 지적했다. 기쁨은 생산적 활동에 수반되는 현상이다. 그것은 정점에 이르렀다가 느닷없이 추락하는 식의 "절정의 체험"이 아니라 수평의 상태, 인간 고유의 능력이 생산적으로 전개됨에 따라서 수반되는 정서의 상태이다. 기쁨이란 몰아의 경지, 순간의 불꽃이 아니라 존재에 내재하는 불씨이다.

쾌락과 말초적 흥분은 절정을 넘어서면 비애의 감정을 남긴다. 흥분은 맛보았지만, 그릇은 채워지지 않았기 때문이다. 내적 힘은 성장하지 못했기 때문이다. 사람들은 비생산적인 일의 권태를 타파하려고 시도해왔고, 한순간은 모든 에너지를—— 이성(理性)과 사랑을 제외한—— 하나의 목표에 집중하는 데에 성공하기도 했다. 그는 인간이 되지 않은 채 초인이 되고자 했던 것이다. 승리의 순간 그는 목표에 이르렀다고 여겼지만—— 아무런 내면적 변화도 성취하지 못했으므로, 그 승리에는 깊은 좌절이 뒤따른다. "성교 후의 모든 동물은 슬프다(Omne animal postcoitum triste)"라는 옛 속담은 이런 현상을 사랑 없는 성교에 비유하여 표현하고 있다—— 성교 역시 강렬한 흥분과 묶인 절정의 체험이며, 그렇기 때문에 그 과정이 지나자마자 환멸이 뒤따른다. 성적 기쁨이란 육체적 친밀도가 사랑의 친밀도와 일치할 때에만 느낄 수 있는 것이다.

당연히 생각할 수 있듯이, 존재 안에서 삶의 의미를 찾는 종교 및 철학 체계에서는 "기쁨"이 중심적인 역할을 한다. 불교는 "쾌락"을 배척한다. 그렇지만 석가모니의 죽음에 관한 보고나 그림에서 볼 수 있듯이 궁극의 단계, 즉 열반(涅槃)은 기쁨[悅樂]의 상태로 묘사되어 있다(석가모니의 죽음에 관한 유명한 그림을 예시하며 내게 이 사실을 환기시켜준 고[故] D. T. 스즈키 씨에게 감사한다).

  구약성서와 그 이후의 유대교 전통은 탐욕의 충족과 묶인 쾌락에
대해서는 경고하지만, 기쁨 가운데서는 존재에 수반되는 근본적인
정서를 본다. "시편(詩篇)"의 종결을 이루는 15편의 송가는 기쁨에
관한 더할 수 없는 찬가이다. 두려움과 비애로 시작되는 이 힘찬 송
가는 기쁨 가운데서 끝나고 있다(E. Fromm, "You shall be as Gods",
1966에서 시편에 관한 분석을 참조할 것).

  안식일은 기쁨의 날이며, 메시아의 시대에는 온 누리가 기쁨으로
충만할 것이다. 예언서들은 그날의 기쁨을 알리는 예언들로 가득 차
있다. "그때에 처녀는 춤추며 즐거워하겠고 청년과 노인이 함께 즐거
워하리니 내가 그들의 슬픔을 돌이켜 즐겁게 하며 그들을 위로하여
근심한 후에 기쁨을 얻게 할 것임이니라."("예레미야" 31:13) 또는
"너희가 기쁨으로 구원의 우물들에서 물을 길으리로다."("이사야"
12:3) 하나님은 예루살렘을 "즐거운 성읍"("예레미야" 49:25)이라고
칭한다. 이와 같은 의미에서의 기쁨은 『탈무드』에서도 발견된다.
"미츠바(mitzvah, 신앙의 의무)의 완수에서 오는 기쁨은 성령에 이르
는 유일한 길이다."(Berachot[1] 31, a) 이 기쁨은 너무나 중요한 것이
기 때문에 결코 중단될 수 없는 것이다. 『탈무드』의 율법은 죽은 지
1주일이 지나지 않은 가까운 친척의 애도마저도 안식일의 기쁨을 중
단할 수 없도록 정해놓고 있다. "기쁨으로 여호와를 섬기라"("시편"
100:2)는 시편 구절을 표어로 내걸었던 하시디즘 운동[2]은 기쁨을

---

1) 베라카(Beracha) : 정통 유대교의 여러 의식에 따른 축도의 말/역주.

2) 하시디즘(Hasidism) : 이 말의 원어 하시딤(Hasidim)은 기원전 2세기경 안티오쿠스

본질로 하는 삶의 양식을 창조해냈다. 그들에게 슬픔과 우울은 죄(罪)는 아닐지라도 영적 혼란의 징표로 간주되었다.

기독교에서는 "복음"—기쁜 소식—이라는 명칭부터가 즐거움과 기쁨이 지닌 중심적 의미를 시사한다. 신약성서에 의하면, 기쁨은 소유를 포기하는 자에게 주어지는 상이요, 슬픔은 재물에 매달리는 자가 치러야 할 몫이다("마태 복음" 13:44 ; 19:22 참조). 성경의 여러 대목에서 예수는 자신에게 기쁨이란 존재적 실존양식에 부수되는 현상이었음을 밝힌다. 제자들에게 한 예수의 최후의 말씀에는 궁극적 의미에서의 기쁨이 표현되어 있다. "내가 이것을 너희에게 이름은 내 기쁨이 너희 안에 있어 너희 기쁨을 충만하게 하려 함이니라." ("요한 복음" 15:11)

이미 언급했듯이, 에크하르트 수사의 사상에서도 기쁨은 지극히 중요한 역할을 한다. 웃음과 기쁨이야말로 창조적인 힘을 지니고 있다는 사상을 에크하르트 수사처럼 아름답게 시적으로 표현한 예는 다른 어디에도 없을 것이다. "[하늘의] 아버지가 아들을 향해 웃고 아들이 웃음으로 응답할 때, 그 웃음은 즐거움을 불러일으키고, 그 즐거움은 기쁨을 만들며, 그 기쁨은 사랑을 낳고, 그 사랑은 인격을 만들어내며, 이 인격이 성령을 창조한다."(F. Pfeiffer 1857, 79쪽)

스피노자는 그의 인류학적-윤리적 체계 안에서 기쁨에 주도적 위

4세의 헬레나화 운동에 반항한 엄격한 팔레스타인 유대인 무리를 가리키는 것이었다. 이들이 지녔던 신비주의적 성격을 이어받아서 근세에 이르러 하시디즘 운동이 부흥했는데, 발 셈-토브(Baal Shem-Tov, 1700-1760?)에 의해서 이론화된 이 운동의 특색은 현세에서 하나님의 영광을 찬양하는 즐거움을 강조하며 신비적, 민주적, 대중적인 점이다. 이 운동은 주로 동유럽의 유대인 사이에 급속히 퍼져서 오늘에 이르고 있다.

치를 부여한다. 그는 말한다. "기쁨이란 인간이 부족한 완성에서 보다 위대한 완성으로 가는 통로이다. 반면, 슬픔은 보다 위대한 완성에서 부족한 완성으로 가는 통로이다."(『윤리학』, III, 감정에 대한 개념정의 2, 3)

스피노자의 이 말을 완전히 이해하려면 그의 전체적인 사상체계의 문맥 안에서 이 구절을 읽을 필요가 있다. 타락하지 않기 위해서 인간은 스스로 "인간의 본성의 전형"에 가까워지도록, 즉 최상으로 자유롭고 이성적이며 활동적인 인간이 되고자 애써야 한다는 이야기이다. 인간의 본성에 내재한 잠재력인 선(善)을 길러내야 한다. 스피노자에게 선이란 "인간의 본성의 전형에 가까이 다가갈 수 있는 수단이라고 우리가 확신하는 바로 그것이며, 반면 이 전형에 일치하지 못하도록 방해하는 것으로 여겨지는 것은 곧 악"이다(『윤리학』, IV, 머리말). 기쁨은 선이며, 슬픔(tristitia, 비애 혹은 우울이라고 번역하는 편이 더 나을 것이다)은 악이다. 기쁨은 미덕이며, 슬픔은 죄악이다.

요컨대 기쁨은 자기실현이라는 목표를 향해가는 도상에서 우리에게 다가오는 체험이다.

죄와 용서

유대교 및 기독교 신학사상에서 의미하는 죄(罪)에 대한 고전적인 개념은 신의 뜻에 대한 **불복종**과 일치한다. 이 점은 대체로 최초의 죄의 근원으로 여겨지는 아담의 불복종에 극명하게 드러나 있다. 아담의 불복종 행위는 기독교에서는 아담의 모든 자손이 이어받는 "원죄"로 해석된다. 그러나 유대교 전통에서는 단지 **최초의** 죄로 간주되었다 —— 말하자면 아담의 모든 후예들에게 이 죄가 자동적으로 고착되는 것은 아니었다.

그러나 두 종교의 공통점은 신이 내린 계명이 무엇이든 간에 신에 대한 불복종은 죄라는 견해이다. 성경의 이 대목에 드러난 신의 표상이 동양의 "왕중왕(王中王)"의 역할에 부합되는 가차 없는 권위의 표상이었던 점을 고려한다면, 이런 사실은 이상할 것도 없다. 또한 거의 초창기부터 교회가 당대의 사회적 질서에 적응했던 사실을 떠올리면, 이 견해는 놀라워할 일이 아니다. 모름지기 사회적 질서란 —— 당시의 봉건주의 체제에서나 오늘날의 자본주의 체제에서나 —— 스스로 기능하기 위해서 개인에게 진정 이득이 되느냐 안 되느냐를 불문에 붙이고 법을 지킬 것을 요구한다. 여기서 그 법이 얼마나 권위적이냐 진보적이냐, 어떤 수단으로 법의 준수를 수행하느냐 하는 것은 문제의 핵심과는 무관한 일이다. 문제는 인간이 비단 법이라는 무기를 든 "법 수호자" 모습의 권위를 두려워할 뿐만 아니라, 권위 자체에 대한 두려움을 배운다는 점이다. 법 앞에서의 두려움만으로는 국가가 마찰 없는 기능을 하도록 보장해주는 충분한 수단이 못 된다. 시민으로 하여금 그 두려움을 흡수하여 불복종을 도덕적 및 종교적 의미의 죄로 변형시키도록 만들어야 하는 것이다.

사람들이 법을 존중하는 이유는 비단 처벌이 두려워서일 뿐만 아니라, 이렇듯 불복종 자체가 그의 내면에 죄의식을 불러일으키기 때문이다. 이런 죄의식으로부터 그를 풀어줄 수 있는 것은 오로지 권위에 의해서 주어지는 용서뿐이다. 용서의 전제조건은 죄인이 회개하고 벌을 받고 그 벌을 받아들임과 동시에 새롭게 복종하는 것이다.

따라서 죄(불복종) → 죄의식 → 새로운 복종(그리고 처벌) → 용서라는 일련의 과정은 불복종 행위가 번번이 한층 더 강화된 복종을 초래하는 한, 일종의 악순환이다. 이 과정을 거치는 동안 위축(萎縮)되지 않는 인간은 실로 거의 없다. 이 과정에서의 영웅은 프로메테우스이다. 제우스가 판결을 내린 전대미문의 잔혹한 형벌에도 불구하고 프로메테우스는 굴복하지 않을뿐더러 죄의식도 느끼지 않는다. 신들에게서 불을 훔쳐서 인간에게 가져다준 자신의 행위는 연대감에서 우러나온 행위였다는 것과, 불복종을 저지르기는 했지만 그것이 죄를 지은 행위는 아니라는 것을 프로메테우스는 알고 있었던 것이다. 그밖의 인류의 수많은 사랑의 영웅들(순교자들)처럼 그는, 불복종은 곧 죄라는 등식을 타파했다.

그러나 사회는 영웅들로 구성되어 있지 않다. 소수만을 위한 밥상이 차려지고, 다수는 이들 소수의 목적을 위해서 일하면서 찌꺼기로 만족하게 만들어야 하는 한, 불복종은 곧 죄라는 의식이 고취될 필요가 있었다. 국가와 교회는 힘을 모아서 그 일을 행했다. 각기 나름의 계급조직을 지키기 위해서 양자는 협력했다. 국가는 불복종을 죄로 공표하는 이데올로기를 얻기 위해서 종교를 필요로 했고── 종교는 국가에 의해서 복종의 미덕으로 훈련된 신자들을 필요로 했다. 양쪽 모두, 아이가 최초로 독자적 의지를 드러내는 순간부터(보통 늦어도 대소변 가리기를 가르치는 것이 시작되면서) 복종을 가르치는 기능을 담당하는 가정이라는 제도를 이용했다. 확실하게 장차 바람직한 시민 노릇을 하게 하려면, 아이의 "독자적 의지"는 꺾을 수밖에 없었다.

신학적 및 세속적 용어로 "죄"라는 말은 권위적 구조와 결부된 개념이다. 그리고 그 구조는 인간의 중심이 그 자신 안에 있지 않고 그가 복종하는 권위에 있다는 점에서 소유적 실존양식과 부합된다. 이때 우리에게 행복을 가져다주는 요인은 우리 자신의 생산적 활동이 아니라, 수동적 복종과 그 대가로 권위 측에서 베푸는 관용이다. 우리는 우리가 신뢰하는 하나의(세속적이거나 종교적인) 지도자(왕/여왕 또는 신)를 소유하며, 그럼으로써 안전을 소유한다 —— 단, 우리가 아무것도 아닌 인물로 있는 전제에서 말이다. 그러나 우리는 복종이 반드시 복종으로만 의식되지 않을 수도 있다는 것, 복종 역시 완화된 형태를 취할 수 있다는 것, 정신적 및 사회적 구조는 절대적이 아니라 상대적으로만 권위를 유지할 수 있다는 것 등의 사실을 투시해야 한다. 엄연한 사실은 우리 사회의 권위적 구조를 우리가 받아들이는 정도에 따라서 그만큼 우리도 소유적 실존양식 속에서 살게 된다는 점이다.

알폰스 아우어가 그의 저술(1975)에서 상술했듯이 권위, 불복종, 죄에 대한 토마스 아퀴나스의 관념은 휴머니즘적인 것이다. 토마스가 말하는 죄의 개념은 불합리한 권위에 대한 불복종에서가 아니라, 인간의 복지에 대한 침해에서 나온다.*"우리가 우리 자신의 선(善)에 반하여 행동하는 것이야말로 곧 신에 대한 모독이다"(『대이교도

---

* 알폰스 아우어의 논문 "토마스 아퀴나스에 따른 윤리의 자율성(Die Autonomie des Sittlichen nach Thomas von Aquin)"(1977)은 윤리의 개념을 이해하는 데에 큰 도움을 준다. 그의 "죄는 신에 대한 모독인가?(Ist die Sünde eine Beleidigung Gottes?)"(1975) 역시 그렇다.

대전(*Summa contra gentiles*)』, 3:122)라고 그는 공언한다. 이 입장을 이해하기 위해서 분명히 알아야 할 점은 토마스에게 인간의 **행복** (bonum humanum)은 순전히 주관적인 욕망을 채움으로써 임의적으로 결정되는 것도, (스토아 학파에게는 "자연스러운" 것으로 이해된) 충동적 욕구에 의해서 결정되는 것도 아니며, 그렇다고 신의 독단적인 뜻에 의해서 결정되는 것도 아니라는 사실이다. 그는 "행복을 결정하는 것은 인간의 본성 및 그것을 기초로 한 최선의 성장과 복지를 가져올 규범을 이해하는 일"이라고 생각한다(교회의 충직한 아들이자 교단에 복종하는 구성원으로서, 또한 혁명적 종파들을 반대하는 기존 사회질서의 옹호자로서 토마스는 비권위주의적 윤리학의 골수 대표자는 아니었다. 그는 불복종이라는 말을 두 가지 종류의 불복종에 사용함으로써 자신의 입장이 지닌 내적 모순을 감추었던 셈이다).

불복종이라는 의미에서의 죄는 권위주의적 구조, 즉 소유지향적 구조의 구성요소인 반면, **존재지향**의 비권위주의적 구조에서의 죄의 개념은 전혀 다른 의미를 가진다. 이 다른 의미 역시 인간의 타락에 관한 성서 이야기에 내포되어 있으며, 같은 이야기를 다른 시가에서 해석하면 이해할 수 있다. 신은 인간을 에덴 동산에 살도록 내버려두고서 생명의 나무와 선악을 인식시키는 나무 열매를 따 먹지 말라고 경고했다. 신은 "사람의 독처하는 것이 좋지 못하니"("창세기" 2:18)라고 여기어 짝을 창조했다. 남자와 여자가 한몸이 되도록 한 것이다. 그들은 둘 다 알몸이었지만 "부끄러워 아니하니라."("창세기" 2:25) 이 구절은 흔히 남자나 여자는 성기가 노출되면 당연히 수치심을 가질 것이라고 여기는 인습적 성도덕의 입장에서 풀이된다. 그러나 그것이 과연 이 구절이 내포한 의미의 전부인지에 관해서는 의심해봄 직하다. 보다 깊은 층에서 이 구절이 함축되고 있는 의미는 다음과 같을 수 있다──"남자와 여자는 서로 알몸으로 마주하고 있었지만 서로 부끄러워하지 않았을 뿐더러 그럴 수도 없었다. 그들은 서로를 타인으로서, 서로 분리된 개체로서가 아니라 '한몸'으로 경험했기 때문이다.

이와 같은 인간 이전의 상황은 아담과 이브의 타락 이후 근본적으로 변한다. 그들은 완전한 의미에서 인간이 된다. 다시 말하면 이성을 갖추게 되고, 선과 악을 인식하게 되며, 그들 자신이 서로 분리된 존재임을, 원래의 한몸이 쪼개지고 각자 낯선 존재가 되었음을 알게 된다. 그들은 가까이 있으면서도 멀리 떨어져 있다고 느낀다. "알몸으로" 마주 대하고 있음에 마음 깊이 수치심을 느끼며, 아울러 서로의 소외감을, 자신들을 갈라놓고 있는 깊은 단애(斷崖)를 의식한다. 그들은 "무화과나무 잎을 엮어 치마를 하였더라."("창세기" 3:7) 그리고 그런 식으로 완전한 인간적인 만남을, 적나라한 가운데 서로를 알아보는 것을 피하려고 했다. 그러나 죄나 수치심은 가려서 제거되는 성질의 것이 아니다. 그들은 사랑으로 접근하려는 시도를 하지 않았다. 어쩌면 육체적으로는 서로를 갈망했을는지 모른다. 그러나 육체적 결합이 인간의 소외감을 치유할 수는 없는 법이다. 그들 남녀가 서로 사랑하지 않았다는 점은 서로를 대하는 입장에서 드러난다. 이브는 아담을 보호하려고 하지 않으며, 아담은 이브를 옹호하는 대신에 그녀를 죄인으로 몰아세움으로써 자신의 벌만 면하려고 든다.

어떤 죄가 그들을 죄인으로 만들었는가? 그 원인은 그들이 서로 분리되고 고립된 이기적 인간으로, 사랑의 결합행위로 소외를 극복할 수 없는 인간으로 맞서 있었다는 데에 있다. 이러한 죄는 인간의 실존 자체에 뿌리를 두고 있다. 자연과의 근원적인 조화를 —— 이것은 타고난 본능에 의해서 결정되는 삶을 영위하는 동물의 특성이며, 인간에게는 그 대신 이성과 자의식이 주어졌다 —— 상실한 까닭에, 인간은 모든 타인과의 총체적 소외감에서 빠져나올 수가 없다. 가톨릭 신학에서는 이와 같은 실존형태를 —— 사랑의 가교 없이 완전히 고립되고 소외된 상태를 —— "지옥"이라고 정의한다. 이 상태는 참을 수 없는 것이다. 우리는 어떤 식으로든 절대적 고립의 고통을 극복해야 한다. 굴복하든 지배하든, 또는 이성과 의식을 잠재우려고 시도하든 간에. 그러나 이런 식의 노력은 일시적인 성공을 보장할 뿐, 진정한 해결에 이르는 길을 오히려 가로막는다. 이 지옥에서 스스로를 구제하는 가능성은 단 한 가지, 자기 중심의 감옥을 깨고 나와서 손을 내밀어 "세계와 하나"가 되는 길뿐이다. 자기 중심의 독거가 중대한 죄라면, 이 죄는 사랑의 행위로 보상할(atone) 수 있는 것이다. 영어의 atonement(속죄, 화해)라는 말은 이러한 견해의 측면을 표현한다. 어원상 이 말은 중세영어에서 결합을 의미하는 at-one-ment(하나가 되다)에서 유래한 것이다. 독거의 죄는 불복종의 행위가 아니므로 **용서를 받을** 필요가 없다. 그러나 **치유될** 필요는 있다. 그리고 그것을 치유하는 수단은 벌을 받는 것이 아니라, 사랑하는 것이다.

라이너 풍크는 나에게 독거를 죄로 보는 관점이 예수의 비권위주의적인 죄의 개념에 뜻을 같이하는 일부 교부(敎父)들에 의해서 거론되었던 사실을 환기시켜주었다. 이를테면 오리게네스[3](Ezechiel-Kommentar 9, 1)는 이렇게 말한다. "죄가 있는 곳에는 다양성이 있다. 여러 갈래가 있다.……그러나 미덕이 지배하는 곳에는 단일성이 있고 합일이 있다."(H. de Lubac, 1943, 30쪽, 각주 25에서 재인용) 막시무스 콘페소르[4]는 "너의 것과 나의 것이 대립자가 아닌 조화로운 전체를 이루었어야 할 인류가" 아담의 죄로 인해서 "개개인이라는 먼지구름으로" 흩어져버렸다고 말한다(H. de Lubac, 1943, 30쪽에서 재인용). 아담으로 인해서 근원적인 조화가 파괴되었다는 이 비슷한 생각들은 성 아우구스티누스의 저술에서도, 아우어 교수가 지적하듯이 토마스 아퀴나스의 가르침에서도 발견된다. 드 뤼바크는 요약하여 말한다(같은 책, 32쪽). "그렇다면 구원이라는 사안(事案)은 '재수립하는' 작업으로 여겨진다. 상실한 일체감을 다시 획득하는 것, 인간과 신의 초자연적인 합일을 재수립하는 것, 아울러 사람과 사람 사이의 합일을 재수립하는 것이다."(E. Fromm, 1966, 5장 역시 참조할 것)

요약하면 소유적 실존양식, 즉 권위주의적 구조에서의 죄는 곧 불복종이며 회오(悔悟) → 징벌 → 새로운 굴종으로 특징지어진다. 존재적 실존양식, 즉 비권위주의적 구조에서의 죄는 미결의 격리상태

---

3) 오리게네스(Origenes Adamantius, 185?-254?) : 그리스 알렉산드리아 학파의 대표적 신학자. 그의 저서는 무수히 많은데, 그 주류는 구약성서의 해설과 신학체계에 관한 것이며, 그의 신학사상의 근본은 기독교와 그리스 철학을 조화 및 종합시키는 것이었다.

4) 막시무스 콘페소르(Maximus Confessor, 580?-662) : "저명한 그리스 신학자. 헤라클레이토스 황제의 집정관이었으나 613년경 승려가 되었다. 교회 정통주의의 대표자로서, 추방당하여 순교했다. 그리스 정교에서는 순교성자로 간주된다.

[소외]이며 이성과 사랑을 완전히 펼침으로써, **하나가 됨**으로써 극복된다.

성서의 인간의 타락에 관한 이야기는 권위주의적 요소와 해방적 요소를 모두 함축하고 있어서, 사실상 그 어느 식으로든 해석될 수 있다. 그러나 그 자체로 볼 때, 죄를 불복종으로 보는 견해와 소외로 보는 견해는 완전히 대립되는 견해이다.

구약성서에 나오는 바벨 탑 이야기도 같은 사상을 내포하고 있는 것 같다. 바벨 탑의 경우에서 인간은 온 인류가 하나의 언어를 쓴다는 사실로 상징화된 조화의 상태에 이르렀다. 그러나 권력욕과 거대한 탑을 소유하려는 욕망으로 인해서, 인간은 합일의 상태를 파괴하고 다시 분열된다. 어떤 의미에서 바벨 탑은 제2의 "인간의 타락", 곧 역사적 인간이 저지른 죄이다. 이 이야기는 인간의 합일과 그로 인해서 생성될 인간의 힘을 신 편에서 두려워한다는 사실 때문에 한층 더 복잡해진다. "여호와께서 가라사대 이 무리가 한 족속이요 언어도 하나이므로 이같이 시작하였으니 이후로는 그 경영하는 일을 금지할 수 없으리로다. 자, 우리가 내려가서 거기서 그들의 언어를 혼잡케 하여 그들로 서로 알아듣지 못하게 하자 하시고."("창세기" 11:6 이하) 이와 똑같은 문제는 물론 최초의 타락 이야기에도 내포되어 있다. 그때에도 신은 두 그루의 나무, 즉 인식의 나무와 생명의 나무 열매를 따 먹을 경우, 인간이 얻을 힘에 대해서 두려워하고 있다.

죽음에 대한 두려움 —— 삶에의 긍정
이미 앞에서 언급했듯이, 소유에 근거하는 안정감의 경우에는 소유물을 잃을지도 모른다는 두려움이 불가피하게 따르기 마련이다. 지금부터는 이 생각을 한 단계 더 나아가서 추적해보자.

재산에 집착하지 않고 따라서 상실에 대한 두려움을 가지지 않는 것은 누구에게든지 가능하게 여겨질 수 있을 것이다. 그렇지만, 생명을 잃는 것에 대한 두려움, 죽음에 대한 두려움에도 이 점이 똑같이 적용될 수 있을까? 죽음에 대한 두려움은 모든 사람이 지닌 것일까? 아니면 노인과 환자만의 것일까? 또는, 우리는 필연적으로 죽게 마련임을 알고 있고 그로 인해서 전체 삶이 억압을 받고 있으며, 나이들고 병들어서 삶의 종착역에 가까워질수록 죽음에 대한 두려움을 더욱 강렬히 의식하는 것일까?

지금껏 우리는 광범하고 체계적인 심리분석학상의 연구를 통해서, 죽음에의 두려움에 대한 의식적 및 무의식적 발현을 포함하여 유년기에서 고령기에 이르기까지의 이 현상의 실체를 알아내고자 부심해왔다. 이제 이 연구들을 비단 개인적 사례에 한정하지 않고, 기존의 사회심리학적 방법의 도움을 받아서 광범한 집단을 대상으로 고찰할 수도 있을 것이다. 그러나 그런 연구결과가 현재로서는 없기 때문에 여기서는 산재한 개별 자료에서 잠정적인 결론을 이끌어낼까 한다.

가장 주목할 만한 사실은 아마도 인간에게 뿌리박힌 불멸에의 욕망일 것이다. 이미 말했듯이 이 욕망은 육체를 보존하려는 수많은 의식(儀式)과 신앙의 내용에서 드러나고 있다. 다른 한편 오늘날, 특히 미국에서 성행하는 사체(死體)를 "미화(美化)시켜서" 죽음을 부인하는 행위도 결국 죽음을 호도함으로써 죽음에 대한 두려움을 몰아내려는 행위에 다름 아니다.

죽음에 대한 두려움을 극복하는 길은 단 하나밖에 없다. 그것은 석가모니와 예수, 에크하르트 수사가 가르쳐준 길로서 **삶에 집착하지 않는 것, 삶을 소유물로 간주하지 않는 것**이다.

죽음 및 죽게 될 것에 대한 두려움은 근본적으로는 겉보기처럼 "더 이상 살 수 없다는 것"에 대한 두려움이 아니다. 에피쿠로스의 말처럼 죽음은 우리와 아무 상관없는 것이다. 왜냐하면 우리가 존재하는 한 죽음은 아직 오지 않은 것이며, 만약 죽음이 이미 와 있을 때는 우리는 이미 존재하지 않기 때문이다(Diogenes Laertius, X, 125). 물론 우리는 죽음에 선행하는 고통이나 괴로움을 두려워할 수는 있다. 그러나 그것은 죽음 자체에 대한 두려움과는 다른 것이다. 이렇게 볼 때 죽음에 대한 두려움은 부조리한 것으로 여겨질 수 있다. 그러나 삶이 소유물로 체험되는 경우에는 사정이 다르다. 이 경우에 사람들은 죽음 자체를 두려워한다기보다, 소유하고 있는 것을 잃는 것에 대해서 두려워한다. 그것은 그의 육신, 그의 자아, 그의 재산, 그의 실체를 잃을 것에 대한 두려움이며, 자기를 확인할 수 없는 심연에서 "상실"을 직시하는 것에 대한 두려움이다.

소유적 실존양식에 따라 살아가는 한, 그 정도에 따라서 우리는 죽음을 두려워하지 않을 수 없고 그 어떤 합리적 설명이라고 한들 우리를 그 두려움에서 풀어줄 수는 없다. 그러나 죽음을 앞둔 마지막 순간에라도 이 두려움을 줄일 가능성은 있다 — 삶에 대한 사랑을 확인함으로써, 우리에게 사랑을 일깨우는 타인의 사랑에 응답함으로써. 죽음에 대한 두려움에 맞서는 투쟁은 죽음을 맞는 준비 작업으로 비롯되어서는 안 되며, 소유를 줄이고 존재 안에서 성장하려는 끊임없는 노력의 일환이어야 한다. "자유로운 인간은 죽음에 대해서는 최소한으로만 생각한다. 그의 지혜로움은 죽음에 대한 것이 아닌 삶에 대한 숙고이다"라고 스피노자는 말한다(『윤리학』, IV, 67. 정의).

죽음에의 입문은 사실상 삶에 대한 입문이다. 모든 형태의 소유물에 대한 욕구, 특히 자아에 대한 집착에서 벗어날수록 그만큼 죽음에 대한 우리의 두려움도 줄어든다. 왜냐하면, 우리는 잃을 것을 그만큼 가지고 있지 않기 때문이다.*

여기, 지금 —— 과거, 미래

존재적 실존양식은 오로지 **지금, 여기**(hic et nunc)에만 있다. 반면 소유적 실존양식은 과거, 현재, 미래라는 시간 안에 있다.

소유적 실존양식의 인간은 그가 **과거**에 축적한 것 —— 돈, 땅, 명성, 사회적 신분, 지식, 자식, 기억 등—— 에 묶여 있다. 그는 과거를 돌아보며, 과거의 느낌들(또는 그가 느꼈다고 여기는 것들)을 **추억함으로써**(이것이 센티멘털의 본질이다) 과거를 느끼려고 애쓴다. 그는 바로 과거 자체이다. 그는 "나는 과거의 나로 존재한다"라고 말할 수 있다.

미래란 앞으로 과거가 될 것을 선취하는 시간개념이다. 과거와 마찬가지로 미래는 소유적 실존양식으로 체험된다. 이 점은 "이 사람은 미래를 **가지고** 있다"라는 관용구에서 명백히 드러난다. 이런 말로

---

* 이 논의를 여기서는 죽음 자체에 대한 두려움으로 한정하고, 우리의 죽음이 우리가 사랑하는 사람에게 미치는 거의 해결하기 어려운 고통의 문제에 관해서는 이 고찰에서 생략하기로 한다.

써 사람들은 그가 지금은 비록 그런 것들을 가지고 있지 않지만 앞으로는 많은 것을 소유하게 되리라는 사실을 시사한다. "당신의 미래에는 포드가 있습니다"라는 포드 자동차의 광고문은 수많은 선물매매(先物賣買) 행위의 경우처럼 미래의 소유를 강조하고 있다. 그것이 과거의 것이든 미래의 것이든 간에 소유라는 기본적 체험은 동일한 것이다.

현재는 과거와 미래가 만나는 일종의 시간상의 경계지역이다. 그러나 질적으로는 그것이 묶어주는 다른 두 시간의 영역과 다를 바 없다.

존재는 반드시 시간의 외곽에 있는 것은 아니지만, 시간이 존재를 지배하는 차원은 아니다. 화가는 물감과 캔버스와 붓을 가지고 씨름하며, 조각가는 돌과 끌을 가지고 씨름한다. 그러나 창조적 행위, 즉 그들이 만들어낸 작품의 "비전"은 시간을 초월한다. 이 비전은 한순간 또는 수많은 순간이 만들어내는 것이지만, 그 비전 안에서 "시간"이 체험되지는 않는다. 사상가들의 경우도 마찬가지이다. 사상을 기록해두는 일은 시간 안에서 벌어지지만, 그들의 착상은 시간 바깥에서의 창조적 사건이다. 그리고 이와 똑같은 점을 우리는 존재의 모든 발현에 대해서도 적용할 수 있다. 사랑의 체험, 기쁨의 체험, 어떤 진리를 발견하는 체험은 시간 안에서 벌어지는 것이 아니라 "지금, 여기"에서 일어난다. 이와 같은 지금, 여기는 영원에 다름 아니다. 다시 말하면, 초시간적인 것이다. 영원이란 우리가 흔히 잘못 생각하듯이, 무한으로 연장된 시간이 아닌 것이다.

그러나 과거와 관련하여 앞에서 언급한 점에 대해서 한 가지 중요한 한계를 그을 필요가 있다. 앞에서 나는 과거에 대한 기억, 과거를 생각하고 반추하는 태도에 대해서 언급했다. 이런 방식으로 과거를 소유하는 사람의 측면에서 보면, 그 과거는 죽은 것이다. 그러나 우리는 이 과거를 소생시킬 수도 있다. 과거의 어떤 상황을 마치 그것이 "지금, 여기"에서 벌어지는 것처럼 생생하게 되살릴 수 있다. 다시 말하면, 과거를 재창조하여 삶으로 환원시킬 수 있다(상징적으로 말하면, 죽은 자를 부활시킬 수 있다)는 이야기이다. 이렇게 할 수 있는 경우, 우리에게 과거는 이미 과거가 아니며 "지금, 여기"로 **존재한다**. 그뿐만 아니라 미래 역시 우리는 "지금, 여기"인 듯이 체험할 수 있다. 어떤 미래의 상태가 자신의 의식 속에서 너무나 완벽하게 선취되어 그것이 단지 "객관적으로", 즉 외적 사실로만 미래일 뿐, 주관적 체험에서는 그렇지 않은 경우 그런 현상이 생긴다. 이것이 진정한 유토피아적 사고(유토피아적 백일몽과는 반대되는)의 본질이다. 이것은 또한, 실제적 경험을 위해서 "미래"에서의 외적 실현을 필요로 하지 않는 참된 신념의 토대이기도 하다.

과거, 현재, 미래, 즉 모든 시간개념은 우리의 육체적 실존으로 인한 불가피한 요소이다. 유한한 생존기간, 보살핌을 필요로 하는 육체의 끊임없는 욕구, 스스로를 지탱하기 위해서 주어진 생존조건에서 우리가 필요로 하는 물리적 세계 등. 물론 인간은 영원히 살 수 없는 존재이다. 유한한 존재이므로 시간으로부터 도망칠 수가 없다. 밤과 낮, 수면과 깨어남, 성장과 노쇠의 리듬, 그리고 노동에 의해서 삶을 영위하고 자신을 방어해야 할 필연성 —— 이 모든 요인들은 우리에게 살고 싶으면 시간을 **존중하기**를 강요하며, 우리의 육체 역시 우리가 살기를 원한다. 그러나 시간을 존중하는 것과 시간에 굴복하는 것은 별개의 문제이다. 존재적 실존양식에서 우리는 시간을 존중하되 시간에 굴복하지는 않는다. 그러나 소유적 실존양식이 지배할 때는 시간에 대한 존중이 **굴복**으로 변한다. 이 양식에서는 비단 물(物)이 물일 뿐 아니라, 모든 살아 있는 것이 물화(物化)된다. 소유적 실존양식에서는 시간이 우리의 지배자이다. 반면, 존재적 실존양식에서는 시간이 옥좌를 떠난다. 시간은 이미 우리 삶을 지배하는 폭군이 될 수 없다.

산업사회에서는 만사가 시간의 지엄한 명령에 굴복한다. 오늘날의 생산방식은 작업과정 하나하나가 특정 시간에 맞출 것을 요구한다. 비단 컨베이어 벨트에 매달린 작업뿐 아니라, 대부분의 우리 활동은 전적으로 시계에 맞추어 조정되어 있다. 시간은 그냥 시간이 아니라, 바로 돈이다. 기계는 최대한으로 활용되어야 하며, 노동자들에게는 따라서 기계에 맞춘 리듬이 강요된다.

기계로 인해서 시간은 인간의 지배자가 되었다. 우리에게는 단지 휴식시간에만 약간의 선택의 여지가 주어진다. 그렇지만 대체로는 여가시간마저 노동시간과 마찬가지로 조직화된다. 또는 이와는 정반대로 우리는 시간이라는 폭군에 대해서 완전히 나태한 상태로 반항하기도 한다. 시간의 요청을 전적으로 묵살하며 자유에의 망상을 길러낸다. 그러나 그것도 실제로는 시간이라는 감옥으로부터의 일시적인 탈출에 불과하다.

제3부

새로운 인간과
새로운 사회

7
종교, 성격, 그리고 사회

이 장에서 나는 우선 사회의 변혁과 사회적 성격의 변천은 상호작용을 한다는 점을 제시하고자 한다. 이어서 남녀를 막론하고 모든 인간에게 "종교적" 충동은 사회의 변혁에 근본적으로 작용하는 에너지의 공급원(供給源)임을 제시하고, 끝으로 새로운 사회는 인간의 근본적인 내적 변화를 통해서만 이룩되며, 현존하는 헌신의 대상 대신 새로운 헌신의 대상이 등장해야만 한다는 사실을 제시하고자 한다.*

사회적 성격의 토대

지금의 고찰은 평범한 개인의 성격구조와 그 개인이 속해 있는 사회의 사회경제적 구조는 상호작용 관계에 있다는 설(說)을 출발점으로 한다. 여기서 개인의 정신적 구조와 사회경제적 구조 간의 상호작용의 결과를 **사회적 성격**이라고 이름 붙이기로 한다. 한 사회의 사회경

---

* 이 장은 나의 이전의 저술, 특히 『자유로부터의 도피』(1941)와 『정신분석과 종교 (*Psychoanalysis and Religion*)』(1950)에 기초한 바 크다. 이 주제에 관한 광범한 문헌 가운데 주요 부분은 거기서 인용하기로 한다.

제적 구조는 그 구성원에 대해서 그들이 해야만 하는(have to, sollen) 일을 하고 싶어하도록(wish, wollen) 사회적 성격을 형성한다. 동시에 그렇게 형성된 사회적 성격은 사회의 사회경제적 구조에 다시 영향을 미친다. 일반적으로는 사회질서에 안정성을 부가하는 시멘트로 작용하며, 특별한 상황하에서는 사회질서를 파괴하는 폭발물을 제공한다.

사회적 성격과 사회구조의 관계는 두 요소 모두 도저히 끝나지 않는 과정이므로 결코 정적(靜的)인 관계가 아니다. 두 요소 가운데 한쪽만 변화해도 양자의 변화를 초래한다. 많은 정치적 혁명가들은 먼저 정치경제적 구조를 근본적으로 개혁해야 하며, 그러고 나면 두 번째이자 필연적 단계로서 인간의 정신에도 변화가 오리라는 견해를 가지고 있다. 바꾸어 말하면, 새로운 사회가 실현되면 거의 자동적으로 새로운 인간도 연이어 탄생되리라는 생각이다. 여기서 그들이 간과하고 있는 점은 엘리트를 움직이는 동기는 예나 지금이나 결국 똑같은 성격의 것이므로, 새로운 엘리트도 혁명이 만들어낸 새로운 사회정치적 제도들 안에 구(舊)사회가 지녔던 여러 조건들을 재수립하는 경향을 가진다는 사실이다. 그들은 또한, 혁명의 승리는 사회경제적 발전의 길을 터놓은 점에서 역사적 단계로서는 패배가 아닐지 몰라도 혁명 자체로서는 패배를 의미한다는 사실을, 결국 사회경제적 발전도 목표에 이르지 못한 채 정체해버리고 만다는 사실을 인식하지 못하고 있다. 프랑스 혁명과 러시아 혁명이 그 극명한 예이다. 처음에는 혁명가의 자격으로 성격적인 자질을 크게 중시하지 않았던 레닌이 말년에 이르러서 견해를 일신하여 스탈린의 성격적인 결함을 투시했던 사실은 주목할 만하다. 그가 유언(遺言)에서 스탈린을 자신의 후계자로 임명하지 말도록 요청한 이유는 바로 스탈린의 성격적 결함 때문이었다.

앞의 견해와는 다른 극(極)에, 우선적으로 인간의 본성 —— 의식, 가치관, 성격 —— 을 변화시키는 것이 중요하며, 그 다음에야 진정한 인간적인 사회가 수립될 수 있다고 주장하는 사람들이 있다. 그러나 인류역사는 이들의 주장에 대해서 반증을 거듭해왔다. 순전한 정신적 변혁은 항상 사적(私的) 영역이나 소규모 집단에 한정되어왔으며, 또는 제아무리 훌륭한 정신적 가치들의 가르침이라고 해도 전혀 다른 가치들이 실천되는 마당에서는 전혀 효력이 없는 것으로 드러났다.

사회적 성격과 "종교적" 욕구

사회적 성격은 이처럼 사회가 요구하는 특정한 성격유형을 제공하고 개인의 성격에 뿌리박힌 욕구들을 충족시키는 기능 이외에도, 한 가지 더 중요한 기능을 가지고 있다. 즉 모든 인간에게 내재하는 종교적 욕구를 채워주는 기능이다. 명백히 할 점은 지금 여기서 말하는 "종교"의 개념이 반드시 신이나 우상을 상대하는 체계, 그래서 종교로 공인받는 체계를 가리키는 것은 아니라는 사실이다. 그것은 개인에게 지향할 틀과 헌신할 대상을 제공하는, 어떤 집단이 공유하고 있는 사고 및 행동 체계를 포괄하는 말이다. 이렇게 넓은 의미로 본다면, 과거나 현재, 미래에까지도 "종교"를 가지지 않은 사회란 사실상 생각할 수 없는 일이다.

"종교"에 대한 앞의 정의(定義)는 그 고유의 내용을 일러주지는 않는다. 헌신의 대상은 동물이나 나무일 수도 있고, 황금이나 나무로 만든 우상, 보이지 않는 신, 성자(聖者)나 악마 같은 지도자일 수도 있으며, 또는 조상, 국가, 계급이나 정당, 돈이나 성공일 수도 있다. 각각의 종교는 파괴성향이나 사랑의 마음을 조장할 수도 있고, 지배욕이나 연대감을 고무시킬 수도 있다. 또는 정신력 개발에 도움을 줄 수도 있고 그것을 마비시킬 수도 있다. 특정한 신념의 추종자들은 자기네 체계야말로 세속적 영역과는 본질적으로 다른 종교적 체계라고 간주할 것이며, 다른 종류의 사람들은 스스로 종교를 가지고 있지 않다고 생각하면서 오로지 실용적 필요에서 권력, 돈, 성공 따위의 이른바 세속적 목표에의 헌신을 공표할 수도 있다. 어쨌든 문제는 **종교이냐 아니냐**가 아니라 **어떤 종류의 종교이냐**이다. 인간을 발달시키고, 인간 특유의 힘이 펼쳐지도록 촉진시키는 종교이냐, 아니면 인간의 성장을 마비시키는 종교이냐이다.

종교가 인간의 행동에 동기를 부여하는 경우, 종교는 그것이 표방하는 교의(敎義)와 신념의 총화 이상의 것이 될 수 있다. 그 종교는 개인의 특정한 성격구조 속에, 그것이 어떤 집단의 종교인 경우에는 그 집단의 사회적 성격에 뿌리내리고 있는 것이다. 따라서 우리의 종교적 태도는 우리의 성격구조의 측면으로 간주될 수 있다. 왜냐하면 우리는 헌신하기 위해서 존재하며, 헌신의 대상이 우리의 **행동**을 낳는 동기가 되기 때문이다. 그러나 흔히 개개의 인간은 자기가 헌신하는 대상을 전혀 의식하지 못하면서, 자기의 "공식적" 종교를 내밀의 진정한 종교와 혼동을 한다. 예를 들면 권력을 숭배하는 어떤 사람이 공식적으로는 무슨 사랑의 종교[기독교]의 신도임을 고백했다고 할 때, 그에게 권력에의 믿음은 내밀의 종교이며 이른바 그의 공식적 종교, 이를테면 기독교는 한낱 이데올로기에 불과한 셈이다.

종교적 욕구는 **인간이라는 종**(種)의 실존조건에 뿌리를 두고 있는 요소이다. 침팬지나 말[馬], 제비나 마찬가지로 인간도 고유한 한 종이다. 각각의 종의 본질을 명시해주는 것은 그 해부학적 및 생리학적 특성들이다. 인간을 종으로 특징짓는, 생물학적으로 일치된 관점들도 물론 있다. 앞에서 나는 인간이라는 종(種), 즉 인간의 본성은 **정신적으로도** 정의될 수 있다고 말한 바 있다. 생물학적 진화과정을 보면, 인간 종은 동물의 두 갈래의 진화경향이 엇갈려서 만나는 시점(時點)에 출현했다.

그 한 갈래의 진화과정은 **본능**(여기서 말하는 "본능"이란 학습경험을 배제하는 행동적 충동이라는 전래의 관용적 의미가 아니라, "유기체적 본능"의 의미로 사용했다)에 의한 **행동결정이 계속 감소하는 경향**이다. 본능의 본질에 관해서는 여러 분분한 견해들이 있기는 하지만, 한 가지 요점에서는 의견의 일치를 보인다. 즉 높은 진화의 단계에 오른 동물일수록, 계통발생적으로 짜여진 본능에 의해서 행동이 결정되는 예가 그만큼 감소한다는 사실이다.

본능에 의한 행동결정이 계속 감소하는 진화과정을 우리는 연속도표로 그려볼 수 있다. 원점에는 최고도의 본능적 결정을 보이는, 동물의 진화과정상으로는 최저형태가 위치한다. 이어서 진화가 진행됨에 따라서 본능적 결정은 계속 감소하며, 포유동물에 이르면 일정 수준을 유지한다. 그러다가 영장류에 이르러서는 본능적 결정이 현격히 감소하지만, 여기에서도 작은 긴꼬리원숭이와 유인원(類人猿) 사이에는 큰 격차를 보인다(이 점에 관해서는 R. M. 야키스와 A.

V. 야키스가 1929년에 그들의 고전적 연구로 입증해보였다). 그리고 도표의 끝, 인간(Homo Sapiens)이라는 종에 이르면, 본능적 결정이 최소치로 감소한다.

동물의 진화과정에서 눈에 띄는 두 번째 경향은, 뇌, 특히 신피질(新皮質)의 성장이다. 이 경우에도 우리는 진화과정을 연속도표로 파악할 수 있다. 그 한쪽 끝에는 비교적 적은 수의 신경세포와 가장 원시적인 신경조직을 지닌 최하등 동물류가 위치하고, 그 반대쪽 끝에는 한층 복잡하고 큰 두뇌조직 —— 특히 영장류 가운데 인간의 선조인 유인원의 그것보다 세 갑절은 더 큰 신피질을 지닌 —— 과 엄청난 수의 신경세포 간의 연결조직을 가진 최고등 동물, 즉 호모 사피엔스가 위치한다.

이러한 사실들에 근거할 때 "인간이라는 종은 진화과정에서 본능적 결정이 최소치로 감소하고 뇌의 발달은 최대치에 이른 시점에 출현한 영장류"라고 정의할 수 있을 것이다. 이처럼 최소치의 본능적 결정과 최대치의 두뇌발달이 결합한 예는 동물의 진화과정에서 인간 이전에는 한 번도 없었던 사례이며, 생물학적으로 볼 때 완전히 새로운 현상이다.

이렇듯 인간이라는 종은 행동을 직접적으로 낳는 본능에 의해서는 거의 행동동기를 부여받지 못한 반면, 자의식, 이성, 상상력 —— 가장 영리한 영장류가 지닌[욕구를 만족시키기 위한 수단으로서의] 도구적 사고능력을 능가하는 새로운 특질들—— 을 관장하고 있기 때문에, 살아남기 위해서는 **지향해야** 할 하나의 **규범**과 헌신의 대상을 필요로 하지 않을 수 없었다.

만약 우리의 자연적 및 사회적 환경을 제시하는 "지도(地圖)", 즉 세계와 그 속에서 우리가 처한 위치를 짜맞추어 응집한 그림이 없다면, 우리는 갈피를 못 잡고 목적을 향한 일관된 행동을 할 수 없을 것이다. 그런 지도가 없다면 인간은 진로의 방향을 잡을 수도, 자신을 향해서 마구 덮쳐오는 듯한 온갖 것의 가닥을 잡을 확고한 표지를 찾을 수도 없을 것이다. 그러나 그런 지도가 있음으로 해서 세계의 모습은 우리에게 의미 있게 보이며, 더불어 사는 인간의 동의(同意)가 있음으로 해서 우리는 자신의 생각이 옳다는 확신을 부여받는다. 비록 우리의 세계상[지도]이 잘못된 것이라고 할지라도, 그것은 이렇듯 나름의 심리적 기능을 수행한다. 그러나 지금껏 그 지도는 완전히 틀린 적도 완전히 옳은 적도 없이 언제나 현상에 대한 근사치를 해명해주면서, 그것만으로 인간의 삶을 가능하게 해왔다. 우리의 세계상은 우리의 실천적 삶이 모순과 부조리를 얼마나 탈피하느냐 하는 정도에 따라서, 그만큼 실재에 일치할 뿐이다.

주목할 점은 이와 같은 방향정립의 틀 없이 이룩된 문화는 하나도 없다는 사실이다. 똑같은 점이 개인의 경우에도 해당된다. 대다수의 개인은 자신에게 그런 세계상이 있다는 것을 부인하며, 살아가면서 부딪치는 온갖 사건과 현상들에 대해서 그때그때 자기 판단에 따라서 대처하고 있다고 여긴다. 그러나 자신이 지닌 세계관이 당사자에게는 단지 자명하게 여겨질 뿐이라는 점을 우리는 쉽게 입증해 보일 수 있다. 그의 눈에는 바로 그 세계관만이 유일무이하게 합리적인 것으로 비치는 것이다. 그는 자신의 모든 관념이 일반적으로 수용된 좌표계(座標系)에서 나온 것이라는 사실을 의식하지 못한다. 이런 종류의 인간은 자기와 근본적으로 다른 인생관에 맞닥뜨리면 "미쳤다"거나 "불합리하다"거나 "유치하다"고 못박으면서, 여전히 자기 견해만 "합리적"이라고 여긴다. 어떤 좌표계에 대한 뿌리 깊은 욕구는 특히 어린이의 경우에 두드러진다. 일정한 나이에 이른 어린이들은 자기가 관장할 수 있는 불과 얼마 안 되는 자료들을 동원하여 교묘하게 자기 고유의 방향정립의 틀을 짜맞추는 성향을 보인다.

그러나 이와 같은 세계상만으로는 행동지표가 되기에 충분하지 않다. 우리의 방향을 조준할 수 있는 목표도 필요하다. 동물들에게는 이런 문제가 없다. 그들의 본능은 그들에게 "세계상"뿐만 아니라 목표물까지 갖추어주기 때문이다. 그러나 우리에게는 본능에 의한 결정력이 결핍된 데다가, 두뇌는 여러 갈래 방향의 진로를 상상하도록 여지를 주는 탓에 우리는 총체적으로 헌신할 하나의 대상을, 우리의 모든 노력을 모을 초점(焦點)을, 동시에 우리의 사실상의——공표된 것만이 아닌—— 가치를 세울 토대를 필요로 한다. 우리가 헌신의 대상을 필요로 하는 이유는 우리의 에너지를 한 방향으로 결집하기 위해, 온갖 의혹과 불안을 수반하는 고립된 실존을 초월하기 위해, 그리고 삶에 의미를 주고자 하는 우리의 욕구를 충족시키기 위해서이다.

사회경제적 구조와 성격구조, 그리고 종교적 구조는 불가분의 관계에 있다. 종교적 체계는 그것이 지배적인 사회적 성격에 일치하지 않는 경우, 즉 실제의 사회생활과 모순관계에 있을 경우 한낱 이데올로기에 불과하게 된다. 비록 우리에게 의식되지는 않지만 근본적으로 작용하는 종교적 구조는 배후에 감추어져 있다 —— 만약 종교적 성격구조에 내재한 인간의 에너지가 폭발물로 작용하여 기존의 사회경제적 조건들을 위태롭게 하는 식으로 노출되지만 않는다면 말이다.

그러나 지배적인 사회적 성격 가운데 항상 예외적인 인물이 있듯이, 우세한 종교적 성격 가운데에도 예외적인 인물이 있기 마련이다. 그들은 흔히 종교적 혁명의 지도자이거나, 새로운 종교의 창시자이다.

고유한 "종교적" 성향은 모든 "숭고한 종교"의 체험적 핵심임에 틀림없지만, 그 종교들이 발전해오는 가운데 상당 부분 왜곡되었다. 각 개인이 자신의 성향을 어떻게 의식하고 평가하는가 하는 것은 기준이 되지 않는다. 그는 자신은 그렇게 여기지 않는데도 "종교적일" 수 있고, 마찬가지로 스스로는 기독교인이라고 느끼고 있는데도 정작 비종교적일 수 있다. 어떤 종교이든 그것에 대해서 우리가 알고 있는 것은 개념적 요소와 제도적 측면일 뿐, 그 종교의 **체험적 내용**에 대해서는 아무런 표현수단을 가지고 있지 못하다. 그래서 나는 한 인간의 "종교성"이 흡수한 외형적 관념체계와는 상관없이, 주관적으로 체험되는 성향이라는 의미로 "종교적"이라는 말을 쓸 때 인용부호를 붙이기로 한다(무신론적 종교문제를 가장 심도 있고 대담하게 다룬 사람은 에른스트 블로흐이다[Ernst Bloch, 1972]).

서구세계는 기독교적인가?

여러 역사책과 일반적인 견해에 의하면, 유럽의 기독교화는 두 차례의 단계를 거쳤다. 처음에는 콘스탄티누스 대제 치하의 로마 제국이 이 새로운 신앙을 받아들였을 때이고, 두 번째로는 8세기에 이르러 "독일의 사도(使徒)" 보니파티우스1)에 의해서 북유럽 이교도들이 개

---

1) 보니파티우스(Bonifatius, 672?-754) : 영국의 선교사. 베네딕트회의 수도사로서 그레고리우스 2세의 명을 받아서 게르만의 선교를 맡았고, 특히 북부 독일의 선교에 큰

종하고, 이어서 그밖의 나라들도 개종했을 때이다. 그렇다면 유럽이 진실로 기독교화한 적 있는가?

이 질문에 대해서는 흔히 긍정적으로 답변이 되고 있음에도 불구하고, 보다 엄밀히 분석해보면 유럽의 기독교 개종은 전반적으로 표면에 머물렀음이 드러난다. 기껏해야 12세기와 16세기 사이의 한시적 개종이었다고 말할 수 있을까, 그때를 전후한 다른 여러 세기 동안은 그 심도의 차이는 있었지만 대체로 교회에 대한 전면적인 굴종이 수반된 이데올로기로의 전향(轉向)이었으며 마음의 변화, 즉 성격구조의 변화를 의미하는 개종은 아니었다. 물론 예외적으로 많은 참된 기독교 운동이 있기는 했다.

앞에서 말한 4세기 동안에 유럽은 근본적으로 기독교화하기 시작했다. 교회는 사유재산, 물가, 빈민구제 등의 문제에서 기독교 교리를 관철시키려고 시도했다. 사유재산의 부정을 포함하여 기독교적 원리로의 복귀를 요구하는 수많은, 일부는 이단적인 수사(修士)들과 종파들이 —— 주로 신비주의의 영향하에 —— 등장했다. 에크하르트 수사와 더불어서 절정에 이른 신비주의는 이 반권위주의적-휴머니즘 운동에 결정적인 역할을 했는데 우연이라고 할 수 없게, 이 운동에 가담한 신비주의적 교사와 학생 가운데에서는 수많은 여성들이 널리 알려졌다. 세계종교, 또는 소박하고 비교조주의적인 기독교에 대한 관념이 수많은 기독교 사상가들에 의해서 표방되었고, 성서에서의 신(神)의 개념마저 문제시되었다. 이후 르네상스 시대의 신학

성과를 거두었다. 독일 교회조직에 공헌한 이유로, "독일의 사도"로 불린다.

적 및 비신학적 휴머니스트들의 철학과 유토피아도 13세기의 노선을 그대로 계승했다. 사실상 중세 후기("중세 르네상스")와 본격적 르네상스를 구분하는 명확한 선은 없다. 전성기 및 후기 르네상스를 지배했던 정신의 특성을 보기 위해서 프레데릭 B. 아르츠의 간명한 요약을 인용하기로 한다(Frederick B. Artz, 1959, 455쪽).

중세의 위대한 사상가들은 사회와 관련하여, 신 앞에서는 만민이 평등하며 아무리 보잘것없는 사람이라도 더할 수 없이 소중하다는 견해를 폈다. 또 그들은 경제적인 면에서 노동은 인간존엄의 근원이며 비하(卑下)의 근원이 될 수는 없다는 것, 어떤 인간도 자신의 복리와 무관한 목적을 위해서 이용당해서는 안 된다는 것, 임금과 물가는 정의에 의해서 결정되어야 한다는 것을 가르쳤다. 정치와 관련해서는 국가는 도덕적 기능을 수행해야 한다는 것, 법과 그 적용은 기독교적 정의의 정신으로 수행되어야 한다는 것, 지배자와 피지배자의 관계는 항상 상호간의 의무에 기초를 두어야 한다는 것을 가르쳤다. 국가, 재산, 가정은 신에 의해서 그것들을 다스리는 사람들에게 맡겨진 것이므로, 신의 뜻에 따라 이끌어지고 관장되어야 한다. 끝으로 중세의 이상(理想)에는 모든 국가와 민족은 하나의 커다란 공동체를 구성하고 있다는 확신이 들어 있다. "국가 위에는 인류가 있다"라고 한 괴테의 말처럼, 또는 에디트 카벨[2]이 1915년 사형 전날 밤 그녀가 소지했던 『그리스도를 본받아(Imitatio Christi)』의 여백에 남긴 글, "애국심이 전부는 아니다"처럼 말이다.

---

2) 카벨(Edith Cavell, 1868-1915) : 영국의 간호사로 제1차 세계대전 때 영국, 프랑스, 벨기에 병사들의 도망을 도와준 이유로 독일군에 의해서 총살당했다.

만약 유럽 역사가 13세기 정신으로 계속 발전했다면, 그 과학적 사상을 중단 없이 서서히 13세기의 정신으로 발전시켜왔다면 오늘날 우리는 한층 더 유리한 위치에 있게 되었을는지 모른다. 그러나 그러는 대신 이성은 조작적 지능으로, 개인주의는 이기주의로 전락하기 시작했다. 기독교화의 짧은 시기는 막을 내렸고, 유럽은 그 본래의 이교도 정신으로 환원했다.

그밖의 견해들이 아무리 상반된다고 할지라도, 기독교의 모든 분파는 한 가지 믿음만은 공유한다. 즉 예수에 대한 믿음, 예수야말로 인간에 대한 사랑으로 자신의 생명을 던진 구세주라는 믿음이다. 그리스도는 사랑의 영웅이며, 권력 없는 영웅이다. 권세를 부리지도 지배하려고도 하지 않았으며, 아무것도 **소유하려고** 하지 않은 영웅이었다. 그는 존재의 영웅, 베풀고 나누는 영웅이었다. 이러한 특질들은 로마의 가난한 사람들뿐 아니라, 자신의 이기심으로 숨 막히는 상태에 있던 일부 부자들의 마음에까지 깊은 감명을 주었다. 예수는 사람들의 마음을 겨누어 호소했던 것이다. 그것은 지식인의 입장에서는 기껏해야 순진하게 보일 수밖에 없는 현상이었다. 그럼에도 이 사랑의 영웅에 대한 믿음은 수십만의 추종자들을 낳았고, 그들 가운데 수많은 사람들은 실천적으로 생활태도를 바꾸거나 스스로 순교자가 되었다.

기독교의 영웅은 순교자였다. 유대교 전통에서도 그랬듯이 이 종교의 지고의 목표는 신이나 이웃을 위해서 자기 목숨을 희생하는 데에 있었다. 순교자의 모습은 그리스나 게르만의 영웅들로 대표되는 이교적 영웅상과는 정반대의 것이다. 이교적 영웅의 목표는 정복하고 이기고 파괴하고 빼앗는 것이었다. 그들의 삶을 충족시키는 것은 명예, 권력, 명성, 그리고 살육의 최대 명수라는 자부심이었다(성 아우구스티누스는 로마의 역사를 강도의 심복들에게 비유했다). 이교적 영웅에게 인간의 가치는 체력과 권력을 쟁탈하여 유지하는 담력에 있었고, 그래서 그들은 승리의 순간 싸움터에서 기꺼이 죽어갔다. 호메로스의『일리아드(Iliad)』는 영광스러운 정복자와 강도들에 관한 위대한 서사시이다. 순교자의 특성을 이루는 범주가 **존재하는 것, 주는 것,** 더불어 가지는 것이라면 이교적 영웅의 특성을 이루는 범주는 소유하는 것, 착취, 강탈이다(여기에 반드시 덧붙여야 할 점은 이교적 영웅의 출현은 모계사회를 추방하고 부계사회가 들어선 사실과 연관된다는 점이다. 여성에 대한 남성의 지배는 정복행위의 발단이며 폭력을 착취에 적용한 시발점이다. 남자들이 승리한 이래 들어선 모든 가부장적 사회에서는 이러한 원리가 남성적 성격의 바탕이 되었다).

서로 화해할 수 없이 대립하는 이 두 가지 전형 가운데 그 어떤 것이 오늘에 이르는 유럽 역사에서 우리 자신의 발전을 규정해왔을까? 우리 자신의 내면을 들여다보고 우리의 대다수 이웃과 정치적 지도자들을 눈여겨보면, 우리가 품고 있는 모범상과 선과 가치의 척도는 여전히 이교적 영웅에게 머물러 있음을 부인할 수 없다. 유럽과 북아메리카의 역사는 기독교에의 귀의를 표방하고 있음에도 불구하고, 정복과 허욕과 탐욕의 역사이다. 우리의 최고 가치는 여전히 남들보다 강하여 이기는 것, 정복하고 착취하는 것이다. 이와 같은 가치개념은 "남자다움"에 대한 우리의 이상(理想)과 일치한다. 호전적이며 정복능력을 가진 사람만이 사나이로 인정받으며, 폭력을 쓰지 않는 사람은 약자요, 따라서 "남자답지 못한" 인간인 것이다.

서구의 역사가 정복, 착취, 폭력, 그리고 제압의 역사라는 사실은 사례를 열거할 필요도 없다. 이런 특성을 드러내지 않은 시대는 거의 한번도 없었으며, 거기서 제외된 종족이나 계급도 거의 없다. 이와 같은 폭력행위는 아메리카 인디언의 경우에서 보듯이 흔히 종족말살에까지 이르렀고, 십자군 같은 종교적 기도(企圖)마저도 예외는 아니었다. 이런 행위는 단지 경제적이고 정치적인, 표면적인 동기에서 유발된 것일까? 노예상인들, 인디언을 지배하고 말살한 자들, 중국인들에게 아편수입을 강요한 영국인들, 두 차례의 세계대전을 일으킨 책임자들, 그리고 지금도 다음 전쟁을 준비하고 있는 무리들——이들 모두는 과연 심부로부터의 기독교도들일까? 아니면, 대다수 대중은 어디까지나 기독교도들이었는데 그 선동자들만 탐욕스러운 이교도들이었을까? 만약 그렇다면, 우리는 좀더 쉽게 용기를 가질 수 있을 것이다. 그러나 유감스럽게도 사실은 그렇지가 않다. 그 선동자들은 더 많은 것을 수중에 넣으려 들었다는 점에서 그들의 추종자들보다 흔히 더 탐욕스러웠던 것은 사실이지만, 만약 남들을 정복하고 이기겠다는 욕망이 그때나 지금이나 사회적 성격에 뿌리내리고 있는 것이 아니라면, 그들도 필시 자기들의 계획을 실현시킬 수 없었을 것이다.

지나간 수세기 동안 여러 전쟁에 뛰어들었던 무리들의 열광적 도취의 상태를——그리고 오늘날 "최강"이나 "명예"라는 명분을 지키기 위해서, 또는 국익을 챙기기 위해서 수백만이 무릅쓰는 국민적 자살행위를 상기해보는 것만으로 충분히 알 수 있는 일이다. 또는 다른 예를 들어보자. 이른바 평화에 기여한다고 하는 올림픽 경기를 구경하는 수많은 사람들의 광적인 민족주의를 생각해보라. 올림픽의 인기는 그 자체로 서구 이교정신이 드러난 단면이다. 올림픽은 이교적 영웅들, 즉 승리자, 가장 강한 자, 난관을 헤쳐나오는 능력을 가진 자를 칭송하는 축제이다. 다만 현대판 경기의 경우, 그리스 올림픽 경기를 본떴으되 그 특징을 이루는 요소는 장삿속과 선전의 더러운 야합이라는 사실을 축제의 관객이 모른 척할 뿐이다. 기독교 문화에서 올림픽 경기를 대신할 것이 있다면 수난극일 것이다. 그러나 오늘날 남아 있는 유일하게 유명한 이런 종류의 극은 오버람머가우(Oberammergau)에서 관광객의 눈요기로 벌어지고 있을 뿐이다.

이 모든 이야기가 진실일진대, 왜 유럽과 미국은 기독교 정신은 현시대에 맞지 않는 것이라고 솔직히 포기하지 않는 것일까? 거기에는 몇 가지 이유가 있다. 이를테면 사람들이 규율을 잃고 그래서 사회질서도 위태로워지는 것을 막으려면 종교적 이데올로기가 필요하기 때문이다. 예수를 위대한 박애자로, 자기를 희생하는 하느님의 아들로 믿는 사람은 예수가 **자신들을 대신하여** 사랑하고 있다는 일종의 망상으로 이 믿음을 소외시킬 수 있다. 그럴 때 예수는 우상이 되며, 예수에 대한 믿음은 자기가 실천해야 할 사랑의 행위의 대용물이 된다. 이 무의식적 공식을 단순화시켜서 말하면, "그리스도가 우리를 대신하여 사랑의 행위를 하고 있는 한, 우리는 그리스 영웅의 본을 따라 계속 살아갈 수 있고 그럼에도 구원을 받을 수 있다. 그리스도에 대한 소외된 '믿음'이 **그리스도를 본받는** 행위를 대신하고 있으니까." 이처럼 기독교 신앙은 자기 탐욕을 은폐하는 싸구려 구실이 되어왔고 지금도 그렇다는 점은 자명한 일이다. 그럼에도 결국 사랑하고자 하는 욕구는 인간에게 천성적으로 갖추어진 것이므로 인간이 늑대처럼 행동할 때는 필연적으로 죄책감을 느끼게 마련이라고 나는 믿는다. 그런데 사랑[그리스도]에 대한 명목상의 믿음이 실제 사랑의 부재상태에 대한 우리의 무의식적인 죄책감 및 고통을 상당 부분 마비시키고 있는 실정이다.

산업시대의 종교

중세의 종언 이후 종교 및 철학의 발달사는 이 책에서 다루기에는 너무나 복잡다단하다. 그것은 일단 두 갈래 원리 사이의 투쟁으로 특징지어진다. 즉 신학이나 철학의 형태에 담긴 기독교적, 정신적 전통과 "산업시대 및 인공두뇌 시대의 종교"라고 칭할 수 있는 것이 발달해오면서 여러 형태를 취하게 된 우상숭배 및 비인간성의 이교적 전통과의 투쟁이다.

르네상스의 휴머니즘은 중세 후기의 전통을 이어받은 것으로, 중세의 종언 이후 "종교적" 정신이 최초로 개화된 위대한 정신적 사건이었다. 인간의 존엄에 대한 관념, 인류는 곧 정치적 및 종교적으로 범세계적인 통일을 이끌어낼 하나의 통일체라는 사상이 르네상스의 휴머니즘 안에서 무제한의 표현을 찾았다. 17세기와 18세기에 **계몽주의**의 대두와 더불어 휴머니즘 사상은 한층 더 나아간 개화기를 맞았다. 칼 베커는 계몽주의가 13세기 신학자들의 "종교적 근본 태도"와 얼마나 일치했는가를 제시했다. "그들의 사상의 토대를 살펴보면, 모든 면에서 이 [계몽] **철학자들**이 스스로는 의식하지 못한 채, 중세의 사상적 자산에 계속 공물(貢物)을 바치고 있음을 발견하게 된다."

(C. L. Becker, 1932, 독역판, 20쪽 이하) 계몽주의가 낳은 자식인 프랑스 혁명은 정치적 혁명 이상의 것이었다. 토크빌[3]의 확언대로, 그것은 "일종의 **종교적 혁명**처럼 전개되어 확산된……정치적 혁명" (같은 책에서 인용, 강조는 저자)이었다. "이 혁명은 이슬람교나 프로테스탄트의 저항처럼 영토와 민족의 경계선을 넘어 설교와 선전에 의해서 전파되었다."(C. L. Becker, 같은 책)

19세기와 20세기의 극단적 휴머니즘에 대해서는 다음 장에서 산업시대의 이교정신에 대한 휴머니즘의 저항을 논할 때 상술하기로 한다. 그러나 이 논의의 기초 작업으로 지금 우리는 우선, 휴머니즘과 병행하여 발전해왔으며 역사적 현시점에서 우리를 파멸시키려고 위협하는 새로운 이교정신을 주목할 필요가 있다.

산업시대의 종교가 발달하도록 길을 터준 최초의 변화는 루터에 의해서 실천된, 교회로부터 모성적 요소를 제거하는 작업이었다. 불필요한 우회로 보일 수도 있겠지만, 이 문제를 상술하려는 것은 그것이 새로운 종교와 새로운 사회적 성격을 이해하는 데에 중요한 문제이기 때문이다.

무릇 모든 사회는 부계 중심(또는 가부장제)이나 모계 중심(또는 가모장제) 원칙의 양자택일로 구성되어왔다. J. J. 바흐오펜[4]과 L.

---

3) 토크빌(Alexis de Tocqueville, 1805-1859) : 프랑스의 정치학자이며 역사가. 1831년 교도소 조사차 미국을 방문하고, 귀국 후 『미국 민주제론(*De la démocratie in Amérique*)』을 썼다.

4) 바흐오펜(Johann Jakob Bachofen, 1815-1887) : 스위스의 법률사가이며 고고학자. 고대신화와 상징들에 대해서 낭만적 해석을 가한 그의 수많은 저술들은 20세기 이후 새로운 주목을 받게 되었다. 모권(母權)의 창시자로 유명하다(『모권[*Die Mutterrecht*]』 [1861]).

H. 모건5)이 처음으로 제시했듯이, 모계 중심 원칙은 사랑하는 어머니 상에 구심점을 둔다. 모성의 원칙은 **무조건적** 사랑의 원칙이다. 어머니는 아이들이 기쁨을 주어서가 아니라 그 아이들이 자기(또는 다른 여자)의 자식이기 때문에 아이들을 사랑한다. 따라서 모성애는 "착한 행동"으로 획득되거나 "나쁜 거동"으로 상실될 수 있는 성질의 것이 아니다. 모성애는 **은총과 자비**(헤브루어로 rachamim, 그 어원은 rechem["자궁"])이다.

이와는 달리 부성애는 **조건적**이다. 자식의 착한 행동과 성과에 좌우된다. 아버지는 자기를 가장 많이 닮은 자식을 사랑한다. 다시 말하면, 그 자식에게 자기 재산을 물려주고 싶어한다. 부성애는 잃을 수도 있지만, 뉘우침과 새로운 복종에 의해서 되찾을 수도 있다. 아버지의 사랑은 **정의**(正義)이다.

이 두 가지 원칙, 여성적-모성적 원칙과 남성적-부성적 원칙은 모든 인간의 내면에는 남성적 요소와 여성적 요소가 결합되어 있다는 사실을 나타내는 데에 그치지 않고, 모든 개개 인간이 지닌 은총과 **아울러** 정의를 원하는 욕구에도 상응한다. 인류의 가장 깊은 열망은 이 두 개의 극(모성과 부성, 여성과 남성, 은총과 정의, 감정과 사고, 본성과 지성)이 합(合)을 이루는 상태, 양극의 적대성이 사라지고 조화로운 색채로 칠해지는 상태인 듯하다. 가부장제에서는 이러

---

5) 모건(Lewes Morgan, 1818-1881) : 미국 출신의 비교풍속학의 창시자. 가족이란 원래 완전한 혼합 공동체였는데 여러 발전단계를 거쳐서 부부형태로 옮겨갔다는 이론을 제시했다. 그의 저술 『고대사회(*Ancient society*)』(1877)는 문화인류학과 역사적 유물론에 큰 영향을 미쳤다.

한 합이 결코 완전히 실현될 수 없다. 그러나 로마-가톨릭 교회에서는 어느 정도까지는 그런 상태가 실재했다. 성모 마리아, 사랑하는 어머니로서의 교회, 모성의 모습을 지닌 교황과 사제들—— 이들은 모든 것을 용서하는 사랑, 무조건적인 어머니의 사랑을 대표했으며, 이와 병존해서 교권의 대표적인 교황을 정점으로 하여 엄격하게 가부장적으로 조직된 관료체제의 부성적 요소가 갖추어졌다.

생산과정에서 자연과의 관계 역시 종교가 지닌 이런 모성적 요소와의 관계에 상응했다. 지난날 농부나 노동자의 작업은 자연에 대해서 적대적으로 착취하는 공격형태가 아니었다. 그것은 자연과의 협동작업이요, 강제적 탈취가 아니라 자연의 법칙과 조화를 이루며 자연을 변모시키는 일이었다.

루터는 북유럽에 도시 중산계급과 세속적 군주들의 뒷받침을 얻어서, 순전히 가부장적인 형태의 기독교를 확립했다. 이 새로운 사회적 성격의 본질은 가부장적 권위 아래에서의 복종이며, 여기서 사랑과 인정(認定)을 받아내는 유일한 길은 일(Work, Arbeit)이었다.

기독교의 기치가 걸린 배후로, 현대사회의 성격구조에 근거하면서 종교로 표방되지는 않는 일종의 새로운 비밀종교—— 산업시대 종교—— 가 생겼다. 이 산업시대 종교는 참기독교 정신과는 결코 화해할 수 없다. 그것은 인간을 경제의 노예로, 인간 스스로 만들어낸 기계의 노예로 만들고 있다.

산업시대 종교는 새로운 사회적 성격을 바탕으로 하고 있다. 그 핵심을 이루는 것은 막강한 남성적 권위에 대한 두려움과 복종, 불복종에 대한 죄의식의 배양, 만연된 이기심과 상호 적대감으로 인한 인간적 연대감의 소멸 등이다. 산업시대 종교에서 "신성한" 것은 노동, 이익, 힘이다. 비록—— 그 보편적 원칙의 한계 내에서는—— 개인주의와 개인의 자유를 신장하기는 하지만 말이다. 기독교 정신을 순전히 가부장적 종교로 변형시킴으로써, 산업시대 종교에다가도 기독교적 용어를 입힐 수 있었던 것이다.

"시장적 성격"과 "인공두뇌적 종교"

오늘날 우리 사회의 성격구조와 숨겨진 종교를 이해하는 데에 가장 중요한 열쇠는 전기 자본주의에서 20세기 후반에 이르기까지 벌어진 사회적 성격의 변화이다. 16세기에 전개되기 시작하여 19세기 말까지 적어도 중류계급을 지배했던 권위주의적, 강압적, 축재적 성격이 서서히 **시장적 성격**과 혼합되거나 그것에 의해서 밀려났다(이와 같은 여러 성격의 혼합양상에 대해서는 나의 저서 『독자적 인간』[1947]에서 상세히 다루었다).

내가 이 현상을 "시장적 성격"이라고 칭하는 이유는 개개인이 자기 자신을 상품으로, 그리고 자신의 값을 "사용가치"로서가 아니라 "교환가치"로서 체험하고 있는 사실에 근거한다. 인간이 "인간시장"에 진열된 상품이 된 것이다. 여기서도 평가의 원칙은 상품시장에서와 똑같으며, 단 한 가지 차이가 있다면 여기서는 "인품"이, 상품시장에서는 상품이 매물로 제공될 뿐이다. 두 시장 모두에서 결정적인 것은 교환가치이며, 이를 위해서 "사용가치"는 필요조건이기는 하나 충분조건은 아니다.

성공의 전제조건으로서 직업적 및 인간적 자질과 인품의 비율은 유동적이지만 그중에서 "인품"의 요인은 항상 결정적인 역할을 한다. 성공은 한 인간이 시장에서 얼마나 유리하게 자신을 파는지, 즉 (매물경쟁에서) "이기는지"에 따라서, 또는 그를 싸고 있는 "포장"이 얼마나 매력적인지, 즉 그 인물이 "명랑하고", "건실하며", "의욕적이고", "믿을 만하며", "야심적인지"에 따라서, 그가 어떤 환경 출신이며, 어떤 단체에 속해 있는지, 그리고 "올바른" 사람들과 친분이 있는지 등에 따라서 좌우된다.

선호되는 인품의 유형은 그가 일하고자 하는 직업 분야에 따라서 어느 정도 달라진다. 증권업자, 세일즈맨, 비서, 철도원, 대학교수, 호텔 지배인—— 이들 모두는 각기 다른 종류의 인품에 상응해야 하지만, 그 모든 인품의 차이에도 불구하고 하나의 조건은 충족시켜야 한다. 즉 수요(需要)가 있어야 한다는 점이다.

따라서 자기 자신에 대해서 가지는 개개인의 입장은 특정한 과제를 수행하는 데에는 능력과 소질만으로는 충분하지 않다는 사실의 결정적인 영향을 받는다. 성공을 하기 위해서는 다른 많은 사람들과의 인품판매 경쟁에서 유리하게 자기 인품을 전시할 수 있어야 한다. 만약 그의 지식과 능력에 의존하는 것만으로 생계를 유지하기에 충분하다면, 그의 자긍심은 그의 능력, 즉 한 인간의 사용가치에 정비례할 수 있을 것이다. 그러나 각자의 성공은 자기 인품을 얼마나 잘 파는가에 달려 있으므로 사람들은 자신을 상품으로, 정확히 말하면 판매원이면서 **동시에** 팔아야 할 상품으로 경험한다. 따라서, 자신의 삶과 행복보다는 자신의 상품성에 더 큰 관심을 기울이는 것이다.

시장적 성격의 최고 목표는 인품시장의 그 어떤 조건하에서도 탐나는 인품이 되려고 전인적으로 적응하는 것이다. 이런 유형의 인간은 자신이 고집할 수 있는 하나의 자아, 그에게 속해 있는 불변의 자아(19세기 사람들은 가지고 있었던)조차 소유하고 있지 않다. 그럴 것이, 그는 "나는 당신이 내게서 원하는 바로 그 사람입니다"라는 원칙에 따라서 끊임없이 자신의 자아를 변화시키기 때문이다.

시장적 성격구조를 가진 사람들은 끊임없이 움직이며 만사를 최대한 효율적으로 행하는 것 말고는 다른 아무 목표도 가지고 있지 않다. 왜 만사를 그토록 신속히 능률적으로 해치워야 하는가라는 질문을 그들에게 해본들 진정한 대답을 들을 수는 없고, 다만 "더 많은 공장을 짓기 위해서"라든가 "회사를 확장하기 위해서"라는 식의 합리화된 대답을 들을 뿐이다. 왜 인간은 사는가? 왜 우리는 다른 방향으로 가지 않고 이쪽 방향으로 가는가? 이러한 철학적 또는 종교적 문제에 대해서 그들은 (적어도 의식적으로는) 거의 관심을 가지고 있지 않다. 그들은 항상 변하는 큼직한 자아를 가지고 있으되, 그들 가운데 어느 한사람도 진정한 자아, 하나의 심지, 자아의 실체적 체험을 보유하고 있지 않다. 현대사회의 "자아의 실체성[아이덴티티(identity)]의 위기"는 그 구성원들이 자아를 상실한 도구들로 변해버려서, 대기업(또는 거대하게 부풀려진 다른 관료조직)에 속해 있는 것으로 자신을 증명할 수밖에 없게 된 사실에 근거한다. 참된 자아가 실재하지 않는 곳에는 자아의 실체도 있을 수 없는 법이다.

시장적 성격은 사랑도 증오도 모른다. 사랑이나 증오 같은 "구식(舊式)" 감정들은 거의 전적으로 순수 오성의 차원에서만 작용하는 이 성격구조에는 어울리지 않는다. 시장적 성격은 좋은 감정이든 나쁜 감정이든 간에 일체의 감정적 요소를 기피한다. 왜냐하면 감정이란 시장적 성격의 중심 관심사, 즉 매출과 교환, 보다 엄밀히 말하자면 기능의 우수성 이외에는 다른 아무것도 문제 삼지 않는 것——이런 점은 관료주의 체제의 승진제도에서 볼 수 있다——을 본질로 하는 "초대형 기계"(L. Mumford, 1967)의 논리에 따라서 **기능을 발하는 것**에 장애가 되기 때문이다.

이렇듯 시장적 성격은 자기 자신에게도 타인에게도 이렇다 할 깊은 연관을 가지고 있지 않으므로, 그런 성격의 소유자가 진정한 의미에서 관심을 기울이는 것은 아무것도 없다. 이것은 그가 그만큼 이기적이기 때문이라기보다는 자기 자신 및 타인과의 관계가 그만큼 긴밀하지 못한 데에서 오는 결과이다. 이것은 또한 그들이 위험신호를 보내는 온갖 정보를 알고 있으면서도, 핵무기 및 생태학적 파국의 위험에 대해서 왜 아무런 걱정도 하지 않는가에 대한 설명이 될 수도 있다. 그들이 자기 자신마저 걱정하지 않는 듯 보이는 이유는 그들이 매우 용감하며 사심(私心)이 없는 사람들이기 때문이라는 가정(假定)으로 설명할 수도 있을 것이다. 그러나 자기 자식과 손자들에게까지 무관심한 태도는 이런 해석을 배제한다. 만사를 소홀히 대하는 그들의 태도는 정서적 유대, 심지어는 자기와 가장 **가까운** 사람들과의 유대마저 상실한 결과이다. 실제에 있어서, 시장적 성격에는 가까운 사람이 없다. 하다못해 자기 자신마저도.

오늘날 사람들이 구입하고 소비하기를 즐기면서도 일단 획득한 것에 대해서는 왜 그다지 애착을 가지지 않는가 하는 수수께끼 같은 의문은 이와 같은 시장적 성격현상에서 그 확답을 찾을 수 있다. 모든 것에 대해서 연관을 가지지 못하는 그의 성격은 사물에 대해서까지 무관심을 낳는다. 그에게는 혹시나 특정 사물이 제공하는 체면이나 안락이 중요할 수는 있어도, 사물 자체는 아무 실체도 없는 것이다. 그런 사물은 모조리 교체될 수 있는 것이며, 친구나 애인도 다를 바 없다. 그들에 대해서라고 더 깊은 유대는 없으니까 말이다.

주어진 상황에서 최적의 기능을 하는 것을 목표로 하는 시장적 성격은 그 성격의 소유자로 하여금 세계에 대해서 주로 순전히 오성적(cerebral)으로만 반응하게 한다. 이해한다는 의미에서의 이성은 인간(*Homo sapiens*)만이 보유한 천부의 재능이며, 구체적 목표를 달성하는 도구로서의 조작적 지능(manipulative intelligence, manipulative Intelligenz)은 동물에게나 인간에게나 공통으로 주어져 있다. 이성의 통제가 없는 조작적 지능은 이성의 관점에서는 사람들을 자기 파괴적 길로 빠져들게 할 수 있으므로 위험스러운 것이다. 이성의 통제가 없는 조작적 지능이 탁월하면 할수록, 그것은 그만큼 더 위험하다.

순전히 과학적으로 소외된 지능이 한 인간의 인품에 초래할 수 있는 비극적 결과를 제시한 사람은 다른 누구도 아닌 찰스 다윈6)이었다. 그는 자서전에서, 자기는 30세까지 음악, 문학, 조각에 대해서 큰 관심을 가지고 즐겼지만, 그 이후 오랜 세월 동안 이 모든 것에 대한 관심과 취미를 잃어버렸노라고 쓰고 있다. "나의 정신은 엄청난 양(量)의 사실들에서 일반적인 법칙을 찍어내는 기계가 되어버린

---

6) 다윈(Charles Darwin, 1809-1882) : 영국의 생물학자. 유명한 저술 『종의 기원(*On the Origin of Species by Means of Natural Selection or the Preservation of Favoured Race in the Struggle for Life*)』(1859)으로 생물진화론의 정립에 공헌했다.

것 같다.……이런 취미들의 상실은 곧 행복의 상실이다. 그리고 어쩌면 이 상실은 우리 본성의 정서적 측면을 약화시킴으로써, 지성을 해치고 나아가서 도덕적 성격까지 해칠 수 있을 것이다."(E. F. Schumacher, 1973, 독역판, 170쪽에서 재인용)

다윈이 여기서 묘사한 과정은 그의 시대 이후 지금까지 급속도로 진척되어 이제는 두뇌가 심장에서 거의 완전히 떨어져나갔다. 흥미로운 점은 가장 엄밀하고 혁명적인 분야(예를 들면 이론물리학)에 종사하는 다수의 주도적 과학자들이 이와 같은 이성의 위축에서 제외되었다는 사실이다. 그들은 철학적 및 종교적 문제에도 깊이 몰두한 과학자들이었다(아인슈타인, 보어,7) 츨라드,8) 하이젠베르크,9) 슈뢰딩거10) 같은 과학자들을 생각해보라).

순전한 두뇌적 사고 및 조작적 사고의 지배는 정서생활의 위축을

---

7) 보어(Niels Henrik David Bohr, 1885-1962) : 덴마크 물리학자. 1922년 원자구조론으로 노벨 물리학상을 받았다. 1943-1945년 원자탄 개발의 진원지인 로스 앨러모스 원자력 연구소에서 일했다. 종전 후 귀국하여 코펜하겐 대학에 복귀, 원자력의 평화적 이용과 원자무기로 인해서 야기된 정치적 문제에 관심을 가지고 국제연합에 공개장을 보낸 바 있다.

8) 츨라드(Leo Szilard, 1898-1964) : 헝가리계 미국 물리학자. 1838년 미국으로 이주, 히틀러가 원자탄을 만든다는 정보를 줌으로써 A. 아인슈타인에게 루스벨트 대통령에게 보내는 서한의 동기를 제공했다. 따라서 미국 원자탄 개발계획을 발단시키고 시카고 원자로 개발계획에도 참여했지만, 원폭투하 이후 손을 떼고 시카고 대학에서 생물리학 교수로 일했다.

9) 하이젠베르크(Werner Karl Heisenberg, 1901-1976) : 독일의 이론물리학자이며 양자 역학의 창시자. 1932년 노벨 물리학상을 받았다.

10) 슈뢰딩거(Erwin Schrödinger, 1887-1961) : 오스트리아의 이론물리학자이며 파동역학의 창시자. 1933년 노벨 물리학상을 받았다(공동). 1938년 나치스에 의해서 오스트리아가 병합되자 이탈리아로 탈주, 이후 미국 프린스턴 대학 이어서 왕립 더블린 대학의 교수로 일했다. 평생을 독자적 연구의 길을 걸은 고고한 학자로 알려져 있다.

수반한다. 정서생활은 육성되지 않는다. 그것은 필요 없을뿐더러 최적의 기능적 생활에는 오히려 방해가 되므로 위축되거나 유아의 발달수준에서 정지해버린다. 그 결과, 시장적 성격의 소유자는 정서적 문제에서는 눈에 띄게 미숙하다. 흔히 그들도 "정서적 인간"에게 매력을 느끼기도 하지만 스스로가 정서적으로 미숙한 탓에 그들이 진실한 사람인지 사기꾼인지를 분간하지 못한다. 이는 아마도 정신적 및 종교적 분야에서 왜 그토록 많은 사기꾼들이 성공할 수 있는지, 또한 강렬한 감정을 표출하는 정치가들이 시장적 성격을 가진 사람들에게 왜 호소력을 가지는지에 대한 설명이 될 수 있을 것이다── 그뿐만 아니라, 시장적 성격의 소유자가 왜 참된 종교인과, 종교적 정서를 위장한 선전의 산물을 구별할 수 없는지에 대한 설명도 될 수 있을 것이다.

"시장적 성격"이라는 용어가 이런 인간유형을 나타내는 유일한 명칭은 아니다. 우리는 이것을 마르크스의 개념인 소외된 성격이라고 이름할 수도 있다. 이런 유형의 사람은 자기의 일, 자기 자신, 이웃, 그리고 자연에서 소외되어 있으니까 말이다. 정신의학적 언어로는 이런 성격유형을 분열증적 성격이라고 부를 수 있겠지만, 다른 분열증적 인간들과 더불어 살면서 분열증적 인간도 우수한 실적을 올리고 성공하고 있는 현실에서 이 개념은 혼돈을 가져오기 쉽다. 실상 동류에 묻혀 있을 경우, "정상적" 환경 가운데서라면 분열증적 성격에 덮쳐올 불안감이 그에게서 완전히 떨어져나가기 때문이다. 마이클 맥코비는 그의 통찰력 있는 연구서 『도박꾼 : 새로운 기업 경영자들(*The Gamesmen : The New Corporate Leaders*)』(1976)에서, 미국의 대기업 가운데 두 회사에 근무하는 경영인과 기술자 250명을 대상으로 그들의 성격구조를 분석했다. 그가 발견한 많은 내용은 이른바 인공두뇌적 인간에 관한 나의 서술, 특히 그들에게는 정서적 영역이 발육부진인 반면 순전한 두뇌적 영역이 우세하다는 요점을 확증해준다. 맥코비가 인터뷰한 경영인들이 미국사회의 주도적 인물들이거나 앞으로 그렇게 될 인물들임을 감안한다면, 그의 성과는 사회적으로 상당히 중요성을 지닌다고 할 수 있다.

맥코비가 개인적 조회(3회에서 20회까지 걸친 개별상담)를 근거로 제시하는 다음의 통계적 자료는 우리에게 이 성격유형의 한 단면도를 제공해준다.

이 자료를 보면, 두 가지 특징이 두드러진다.

1. 이해하는 것에 대한 깊은 관심("이성[理性]")이 없다.

2. 대다수의 경우, 일에 대한 지속적 관심이 없는 채로 일 자체가 동기가 되거나, 일은 경제적인 안정을 보장해주는 수단이거나 둘 중의 하나이다.

이해하고자 하는 욕망, 깊은 과학적 관심,
일에 대한 동적(動的) 감각, 활기에 차 있다.　　　　　　0%

집중적, 고무적이며, 자신의 업적에 대한 긍지, 장인(匠人)의
태도, 그러나 사물의 본질에 대한 깊은 과학적 관심은 없다.　22%

일 자체가 관심을 자극하지만,
그 관심은 지속적인 것이 못 된다.　　　　　　　　　　58%

적당히 생산적이며, 집중적이지 못하다. 일에 대한 관심은
주로 안정과 수입을 확보하려는 수단으로서이다.　　　　18%

수동적, 비생산적, 산만하다.　　　　2%

일과 현실을 거부한다.　　　　0%
　　　　100%

맥코비가 "사랑의 척도"라고 부르는 단면도는 위의 자료와 완전히
대조적이다.

애정이 깊고, 긍정적이며, 창조적으로 활기 있다.　　　　0%

책임의식이 있고, 온화하고 상냥하다.
그러나 강한, 깊이 사랑하는 능력은 없다.　　　　5%

타인에 대해서 적당히 관심을 가지며,
사랑하는 능력의 가능성을 지니고 있다.　　　　40%

이웃에 대해서 형식적인 관심을 가지고 있고,
착실하고, 임무지향적이다.　　　　41%

수동적이고 애정이 없고, 타인에 대해서 무관심하다.　　　　13%

삶에 대한 적대감을 가지고 있고 냉혹하다.　　　　1%
　　　　100%

조사 대상 중에서 5퍼센트의 인물이 "온화하고 상냥하다"고 분류되어 있기는 하지만, 무조건 사랑할 능력을 가졌다고 할 사람은 한사람도 없다. 그밖의 사람들은 이웃에 대해서 적당한 관심이나 형식적인 관심을 가지고 있고, 아니면 완전히 거부하거나 삶에 대한 적대감을 가지고 있다—— 실로 순수한 오성의 우수성과는 대조적인, 정서적 발육부진의 충격적 양상이다.

시장적 성격의 "인공지능적 종교"는 그 총체적 성격과 일치한다. 당사자들은 자각하고 있지 못하지만, 불가지론(不可知論)이나 기독교 정신의 배후에는 뿌리 깊게 이교적 종교가 감추어져있는 것이다. 이 이교적 종교를 묘사하기란 어려운 일이다. 왜냐하면 우리는 그것의 실존을 다만 행동여부를 근거로 추론할 수 있을 뿐, 그것은 의식된 종교적 사상이나 표방된 교의(敎義)를 근거로 추론할 수 있는 성질의 것이 아니기 때문이다. 가장 눈에 띄는 현상은 인간이 그 사이에 "제2의 세계창조"를 위한 기술적 능력을 획득함으로써 스스로를 신으로 만들었다는 사실이다. 전통적 종교에서 신에 의해서 이루어진 첫 번째 창조의 자리에, 인간에 의한 또 하나의 창조가 들어선 것이다. 이 현상은 "우리는 기계를 신성으로 추대했고, 그 신성에 봉사함으로써 우리 자신이 신과 같아졌다"라는 표현으로 요약될 수 있을 것이다. 그러나 그것을 어떻게 표현하는가는 문제가 되지 않는다. 문제는 실상 엄청난 무력(無力)의 순간에 빠져 있는 인간이, 과학 및 기술의 진보에 기대서 스스로 전능하다고 착각한다는 사실이다.

우리가 고립이라는 감옥에 깊이 갇힐수록, 세계에 대한 정서적 반응능력을 잃어갈수록, 그리고 동시에 파국적인 종말이 불가피한 것으로 보일수록 그만큼 더 이 새로운 종교는 악성화되어간다. 우리는 이미 기술의 주인이 아니라 그 노예가 되고 있다── 그리고 한때 창조의 중요한 요소였던 이 기술이 이제는 그 다른 얼굴을, 다시 말하면 파괴의 여신의 모습(인도의 칼리[Kali]11) 여신 같은)을 드러내고 있고, 우리 인간은 남녀 할 것 없이 이 여신에게 자기 자신뿐만 아니라 자식들까지 제물로 바치려고 한다. 인공지능적 인류는 의식적으로 보다 나은 미래에 대한 희망에 여전히 매달리면서, 그들 자신이 파괴의 여신을 우상으로 추대하기 시작했다는 사실을 묵살하고 있는 것이다.

이 명제에는 수많은 증거가 있지만, 그중 가장 설득력 있는 증거는 다음의 두 가지 사실이다. 1. 강대국들이(몇몇 약소국까지) 점점 더 큰 파괴력을 가진 핵무기 생산을 계속하고 있는 한편에서, 단 하나의 이성적 해결책, 즉 모든 핵무기와 핵무기 원료를 생산하는 원자력 공장을 파괴하는 결단에는 이르지 못하고 있다는 사실과 2. 생태학적 파국의 위험을 막을 수 있는 시도가 실제적으로 전혀 이루어지지 않고 있다는 사실이다. 요컨대, 인류가 살아남기 위한 행동이 전혀 이루어지지 않고 있는 것이다.

휴머니즘의 저항

사회적 성격의 비인간화와 산업시대 종교 및 인공지능적 종교의 확

---

11) 칼리(Kali) : 힌두교의 신 시바의 신비(神妃). 마하칼리(Mahakali)라고도 부른다. 남편인 시바의 특성인 암흑과 음침을 그대로 이어받아서 광폭하고 잔인한 신으로 민간신앙의 대상이 되었다.

산은 이에 대한 저항운동, 즉 중세 후기에서 계몽주의에 이르는 기독교적 및 철학적 휴머니즘에 뿌리를 둔, 새로운 휴머니즘의 출현을 야기했다. 이 저항은 유신론적 기독교 사상뿐 아니라, 범신론적 사상이나 무신론적 철학사상에서도 그 표현을 찾아낼 수 있다. 저항은 상반된 두 방향으로부터 일어났다. 즉 정치적으로 보수적인 낭만주의자들과 마르크스주의자를 비롯한 다른 사회주의자들(그리고 몇몇 무정부주의자들)이 그 진원지이다. 우익이나 좌익을 막론하고 산업체제와 그것이 인간에게 미친 해악을 비판하는 점에서는 모두 의견을 같이했다. 프란츠 바더12) 같은 가톨릭 사상가나 벤자민 디즈레일리13) 같은 보수 정치가 모두 이 문제를 거론하면서 흔히 마르크스와 똑같은 어조를 썼다.

양 파는 인간의 물화(物化) 추세를 막는 방법론에서 차이를 보인다. 우익 낭만주의자들이 생각한 유일한 해결책은 산업체제의 걷잡을 수 없는 "진보"에 일단 제동을 걸고 약간의 수정을 가해서 예전의 사회질서 형태로 되돌아가는 것이었다.

좌익에서 나온 저항은 더러는 유신론적 개념으로 더러는 무신론적 개념으로 표현되기는 했지만, 급진적 휴머니즘이라고 칭할 수 있을 것이다. 이 사회주의자들은 경제적 발달은 멈출 수 없을뿐더러 과거

---

12) 바더(Franz Xaver von Baader, 1765–1841) : 독일의 가톨릭 신학자이며 철학자. 신지학적(神智學的) 입장에서 인간내면에서의 신적 요소의 발전에 대한 학설을 전개했다. 셸링과 독일 낭만주의에 큰 영향을 미쳤다.

13) 디즈레일리(Benjamin Disraeli, 1804–1881) : 빅토리아 시대의 번영기를 지도한 영국의 정치가. 1874년부터 1880년까지 수상직에 있으면서 수에즈 운하를 매수하여 이집트 진출의 발판을 구축했고, 키프로스 섬을 획득하는 등 제국주의적 대외진출에 공헌했다.

의 사회질서 형태로 되돌아갈 수도 없다고 생각했다. 따라서 그들이 구상한 구제책은 발전을 계속하여 소외로부터, 기계의 노예로부터, 비인간화의 운명으로부터 인간을 해방시킬 새로운 사회를 만드는 것이었다. 사회주의는 중세 종교적 전통과 르네상스 이후 발달된 과학적 사고방식 및 정치적 행동의 통합이었다. 그것은 세속적 무신론적 개념을 사용하기는 했지만, 불교와 마찬가지로 인간을 이기심과 탐욕으로부터 해방시키려고 한 일종의 "종교적" 대중운동이었다.

여기서 위와 같은 나의 마르크스주의 사상의 해석에 대해서 간단하나마 설명을 덧붙일 필요가 있을 듯하다 —— 오늘날 마르크스 사상은 소련 공산주의와 서구 수정사회주의에 의해서, "만인을 위한 부"를 목표로 하는 일종의 유물론으로 완전히 왜곡되어 있으니까 말이다. 지난 수십 년 동안 헤르만 코엔14)과 에른스트 블로흐를 비롯한 이론가들이 주장해온 것처럼, 사회주의는 예언자적 메시아 사상의 세속적 등가물(等價物)이었다. 이 명제를 확인하는 데에는 이븐 마이문15)의 『법전(Mischne Tora)』을 인용하는 것이 첩경일 듯하다. 거기에는 메시아의 시대가 다음과 같이 서술되어 있다.

[이스라엘의] 현자(賢者)들과 예언자들이 메시아 시대를 갈망했던 것은 그들이 온 세계를 정복하기 위해서도, 이교도를 지배하기 위해서도,

---

14) 코엔(Hermann Cohen, 1842-1918) : 독일의 철학자. 인간의 능동적 측면을 강조한 신칸트 학파 중의 한 사람이다.
15) 이븐 마이문(Ibn Maimūn, 1135-1204) : 코르도바 출신의 중세의 유대교 신학자이며 철학자. 아리스토텔레스의 철학을 대폭 수용하여, 성서(율법)와 이성의 조화를 추구하고 유대인 신학이며 철학 체계를 수립했다. 그의 신학 체계는 특히 토마스 아퀴나스에게 큰 영향을 주었다.

다른 민족들에게 숭상받기 위해서도, 먹고 마시고 즐기기 위해서도 아니었다. 그들의 소망은 토라와 그 지혜에 충실할 수 있도록 자유로워지는 것, 그 누구의 핍박이나 간섭을 받지 않는 것이었고 우리가 "회개의 교의"에서 이미 설명했듯이, 내세의 삶에 맞도록 가치 있는 존재가 되는 것이었다.

메시아 시대에는 기근도 전쟁도 없을 것이며, 시기(猜忌)도 다툼도 없을 것이다. 지상생활에 필요한 자산들은 풍요롭게 넘쳐날 것이며, 어디를 가나 먼지처럼 기쁨이 들떠 있을 것이며, 온 세상 사람들의 관심사는 오로지 주님을 인식하는 것이 될 것이다. 그리하여 이스라엘 사람들은 숨어 있는 사물들을 인식하는 위대한 현자들이 될 것이며 인간의 힘이 닿는 한, 창조주를 알아보게 될 것이다. "물이 바다를 덮음같이 여호와를 아는 지식이 세상에 충만할 것임이니라"("이사야" 11:9)라고 예언되었듯이 말이다(Ibn Maimūn, 1966, 179쪽 이하).

앞의 서술에 따르면 역사의 목표는 인간으로 하여금 권력이나 사치에 몰두하게 하는 것이 아니라, 지혜를 배우고 신을 인식하는 데에 전념하도록 해주는 데에 있다. 메시아의 시대에는 온 세계에 평화와 물질적인 풍요가 지배하며, 시기심 같은 것은 사라지고 없다. 이 묘사는 마르크스가 『자본론(Kapitals)』 제3권 끝부분에서 표현한 역사의 목표에 대한 이해와 상당히 유사하다.

자유의 왕국은 사실상, 외적 효용성과 강요에 의한 노동이 멈추는 지점에서 열린다. 그러니까 그 왕국은 본질상, 물질적인 생산영역을 넘어선 곳에 존재한다. 미개인이 욕구를 충족시키기 위해서, 생명을 부지하고 종족을 번식시키기 위해서 자연과 싸우지 않으면 안 되듯이, 문명인 역시 자연[본성]과 싸우지 않으면 안 된다. 그것도 그가 그 어떤 사회형태에 몸담고 있든지, 그 어떤 생산형태하에 있든지 말이다. 인간이 문명인으로 발달함에 따라서, 자연[본성]을 필수로 하는 영역도 확대된다. 왜냐하면, [문명인으로서의] 인간의 욕구가 증가하는 동시에 그 욕구를 충족시켜야 할 생산능력도 증가하기 때문이다. 생산 분야에서의 자유는 사회화된 인간, 즉 협동생산자들이 맹목적인 힘에 이끌리듯 자연[본성]과의 신진대사에 지배당하지 않고 그것을 합리적으로 조정하여 그들의 공동관리하에 둠으로써, 인간의 본성에 가장 적합하고 합당한 조건하에서 최소한의 힘을 소모하여 자연[본성]과의 신진대사를 수행하는 데에 있다. 그럼에도 불구하고 이 필수의 영역은 여전히 남는다. 그 영역을 넘어선 곳에서 인간 본연의 목적인 인간적 힘이 펼쳐지는, 참된 자유의 왕국이 열린다. 그러나 이 왕국은 저 필수의 영역을 바탕으로 해야만 꽃필 수 있다. 노동시간의 단축은 그 근본적 전제이다(K. Marx, 1971, 제3부, 828쪽).

이븐 마이문과 마찬가지로 마르크스는── 기독교 및 다른 유대교의 구원론과는 반대로── 그 어떤 종말론적 해결을 전제하지 않는다. 인간과 자연[본성]과의 괴리는 남아 있지만, 필수의 영역을 가능한 한 인간의 지배하에 옮겨놓는다. "……그럼에도 불구하고 이 필수의 영역은 여전히 남는다." 목표는 "**인간 본연의 목적인 인간적 힘이 펼쳐지는, 참된 자유의 왕국**"(앞의 말, 강조는 저자)이다. "온 세상 사람의 관심사는 오로지 주님을 인식하는 것"이라는 이븐 마이문의 확언은 곧 마르크스의 "본연의 목적인 인간적 힘이 펼쳐지는"이라는 표현에 상응하는 것이다.

인간실존의 두 가지 다른 방식, 즉 소유와 존재는 새로운 인간생성에 대한 마르크스적 관념의 핵심을 이룬다. 이 두 존재양식을 동원하여 마르크스는 경제학적 범주를 넘어서서 심리학적, 인류학적 범주로 나아간다. 심리학적 및 인류학적 범주는 우리가 구약 및 신약 성서, 그리고 에크하르트 수사에 대한 논의에서 보았듯이, 동시에 "종교적" 범주이기도 한 것이다. 마르크스는 다음과 같이 말한다. "사유재산은 우리를 너무 멍청하고 편협하게 만들었기 때문에, 우리는 어떤 사물을 소유하고 있을 때에만, 그러니까 그것이 우리를 위한 자본으로 존재할 때에만, 또는 그것을 직접 손에 넣어서 먹고 마시거나, 걸치고 거주하거나 등등, 요컨대 우리에 의해서 쓸 때에만 우리의 것이라고 여기게 되었다.……모든 육체적 및 정신적 감각의 자리에는 이 모든 감각이 소외된 현상, 즉 소유의 감각이 들어선 것이다. 인간의 본질은 자신의 내적 부(富)를 탄생시키기 위한 전 단계로, 이와 같은 절대적 빈곤으로 축소되지 않을 수 없었다."(K. Marx, 1971, 240쪽. 소유의 범주에 관해서는 헤스의 『21 Bogen』을 참조할 것)

마르크스는 존재와 소유에 대한 자신의 이해를 다음과 같이 요약했다. "그대의 존재가 적으면 적을수록, 그대가 그대의 삶을 덜 표출할수록, 그만큼 그대는 더 많이 소유하게 되고, 그만큼 그대의 소외된 삶은 더 커진다.……국가의 관리자는 그대의 삶과 인류에게서 앗아간 모든 것을 돈과 부로 환산하여 그대에게 돌려준다."(같은 책, 258쪽)

마르크스가 여기서 말하는 "소유의 감각"은 에크하르트가 말하는 "자기 속박", 사물에의 탐욕과 그것에 연관된 아욕과 똑같은 것이다.

여기서 마르크스는 소유적 실존양식을 염두에 두고 말하고 있으며, 소유 자체나 소외되지 않은 사유재산 자체를 염두에 두고 있지 않다. 목적은 부나 사치가 아니며, 그렇다고 빈곤도 아니다 — 이 두 가지는 마르크스에게는 모두 악덕으로 간주된다. 이 악덕으로부터 자유로워지는 것이 내적인 부를 낳기 위한, "탄생"을 위한 전제조건이다.

이 탄생의 행위는 어떤 것인가? 그것은 그때그때 해당 대상에 대해서 우리의 능력을 소외됨 없이 능동적으로 표출하는 일이다. 마르크스는 계속해서 말한다. "세계에 대한 그[인간]의 모든 **인간적** 관계는, 다시 말하면 보고 듣고 냄새 맡고 맛보며 만지는 것, 생각하고 관조하며 느끼는 것, 뜻하고 활동하며 사랑하는 것, 한마디로 개체로서의 그의 모든 기관들은……그것의 **대상적** 행위, 또는 대상과의 관계 속에서의 행위로 대상들을 점유한다. 인간적 실재를 점유하는 것이다.……"(같은 책, 240쪽) 이것은 바로 존재적 실존양식에서의 점유형태이지, 소유적 실존양식에서의 점유형태가 아니다. 마르크스는 소외되지 않은 능동성의 형태를 다음 구절에서 표현하고 있다. "인간을 인간으로 전제하고, 세계에 대한 인간의 관계를 인간적 관계라고 전제한다면, 그대는 사랑에 대해서는 오로지 사랑으로, 신뢰에 대해서는 오로지 신뢰로만 등등으로 교환할 수 있을 것이다. 만약 그대가 예술품을 즐기고자 한다면 그대는 예술적 소양을 갖춘 인간이어야 하며, 다른 사람에게 영향을 주고자 한다면 그대 자신이 진실로 다른 사람들에게 고무적으로 자극을 주는 활동적 인간이어야 한다. 인간에 대한 — 그리고 자연에 대한 — 그대의 하나하나의 관계는 그대가 뜻하는 대상과 부합되는, 그대의 **실재적**이고 **개체적**인 삶에서 우러나온 **특정한 표출**이어야 한다. 만약 그대가 사랑을 하고 있는데 사랑의 응답을 불러일으키지 못한다면, 다시 말하면 사랑하고 있는 사람으로서 **혼신의 표현**을 통해서 그대 자신을 **사랑받는** 사람으로 만들지 못한다면, 그대의 사랑은 무력한 것이며 하나의 불행인 것이다." (같은 책, 301쪽)

그러나 마르크스의 사상은 곧 왜곡되었다. 그것은 어쩌면 그가 1세기를 앞질러 살았기 때문일는지도 모른다. 마르크스도 엥겔스도, 자본주의는 이미 그 가능성이 소진했으며 따라서 혁명이 눈앞에 와 있다고 확신했다. 마르크스 사후에 엥겔스가 확인했듯이, 그 점에서 그들은 근본적으로 착각하고 있었다. 그들은 자본주의가 최고도로 발달한 시점에 그들의 새 학설을 발표하면서, 자본주의가 쇠퇴하여 최후의 위기에 이르려면 아직도 1세기 이상이 걸릴 것이라는 사실을 전혀 예측하지 못했던 것이다. 자본주의적 권력팽창이 정점에 이르렀을 때 공표된 이 반(反)자본주의적 사상이 완전히 변형되고 자본주의 정신의 침투를 받은 것은 하나의 역사적 필연이었다고 할 수 있다 —— 다만 그런 식으로만 반자본주의 사상은 살아남을 수 있었던 것이다. 그리고 그런 일은 실제로 벌어졌다. 서양의 사회민주주의자들과 그들의 통렬한 반대자들, 즉 소련 안팎의 공산주의자들은 사회주의를 최대한의 소비와 최대한의 기계투입을 목적으로 하는 순전한 경제적 개념으로 변질시켰다. 흐루쇼프는 특유의 소박하고 대중적인 방식으로 자신의 "잡탕 공산주의(goulash communism, Gulaschkommunismus)"의 진상을 무심코 폭로했다 —— "사회주의의 목표는 자본주의의 경우 소수에게 국한된 소비의 즐거움을 모든 인민에게 똑같이 제공하는 데에 있다." 이렇게 사회주의와 공산주의가 부르주아적 물질주의의 토대 위에 세워진 것이다. 마르크스의 초기 저술(그것은 다른 측에서는 "젊은" 마르크스의 "이상주의적" 오류라고 대체로 평가절하했다) 가운데 몇몇 구절이 이와 같은 목적을 위해서, 서양에서 복음서의 말씀을 끌어들이듯, 의례적(儀禮的)로 인용되었다.

　마르크스가 자본주의 발달이 절정에 이른 시대에 살았다는 사실은 그밖에도 또 한 가지 중요한 귀결을 가져왔다. 그 시대의 자식으로서 그는 어쩔 수 없이 부르주아적 이론과 실제의 특정한 입장과 견해를 전수한 것이다. 이를테면 그의 인품이나 저술들에 드러난 다분한 권위주의적 성향은 사회주의 정신에 입각했다기보다는 가부장적 부르주아 정신에서 나온 것이었다. "공상적(utopian, utopisch)" 사회주의에 대응하는 "과학적(scientific, wissenschaftlich)" 사회주의 초안에서, 그는 고전 경제학파 학자들의 사고도식을 본뜨고 있다. 그들은 경제가 인간의 의지와는 무관하게 그 고유의 법칙을 따른다는 주장을 폈는데, 마르크스 역시 사회주의가 필연적으로 경제적 법칙에 맞추어서 발전하리라는 사실을 입증하려는 입장을 취했던 것이다. 그 결과, 그는 숙명론으로 오해될 수도 있게끔 역사적 발전과정에서의 인간의 의지와 상상력의 역할을 과소평가하는 인상을 주는 발언을 수시로 했다. 이처럼 무의식적으로 자본주의 정신을 허용한 부분이 마르크스의 체계를 근본적으로 자본주의와 분간할 수 없을 지경으로 왜곡시키는 과정을 촉진했던 셈이다.

　만약 마르크스가 자본주의가 붕괴되기 시작한 오늘날 그의 사상을 공표했더라면, 그의 진정한 메시지는 영향력을 행사하거나 승산을 가졌을는지도 모른다. 애당초 이와 같은 역사적 가정(假定)이 인정된다면 말이다. 그런데 오늘날 사정을 보면, "사회주의"라든가 "공산주의"라는 말을 입에 올리는 것조차 위험스러운 세평을 받게 되었다. 어쨌든 마르크스 사상을 표방하려는 모든 사회주의, 또는 공산주의 정당은 몇 가지 확신을 밝혀놓고 출발하지 않을 수 없을 것이다. 즉 소비에트 정치체제는 어느 면에서도 사회주의적 체제가 아니라는 것과 사회주의는 관료주의적, 유물론적, 소비지향적 사회체제, 다시 말하면 오늘날 소비에트 체제나 자본주의 체제의 특징이 되고 있는 물질주의 및 순전한 두뇌적 요소로의 환원현상과는 화해할 수 없다는 것 등의 확신이다.

오늘날 사회주의 실천의 실패는 왜 진정으로 투철한 휴머니즘에 입각한 사상이 흔히 마르크스주의 사상과는 일치하지 않거나 심지어 그것을 거부하는 개인이나 집단—— 이들 중 적지 않은 경우가 과거 공산주의 운동의 적극적인 구성원이었다 —— 에게서 나오는가 하는 사실에 대한 해명이 된다.

마르크스는 이후 나타난 투철한 휴머니스트들을 모두 여기에 열거할 수는 없다. 그와 같은 사상적 범례의 일부만을 예시하자면, 소로, 에머슨, 알베르트 슈바이처, 에른스트 블로흐, 이반 일리치,16) 그리

---

16) 일리치(Ivan D. Illich, 1926-2002) : 오스트리아 출신의 성직에 적(籍)이 없는 신부이며 사회문화 비평가. 뉴욕 슬럼에서 신부로 활동했고, 1960년에는 멕시코에 "국제문화 센터(CIDOC)"를 창설하여, 특히 라틴 아메리카에서 벌어지는 경제적, 정치적, 문화적 착취를 알리는 교육을 통해서 "문화를 파괴하는 발전계획"에 대항하는 운동을 펼쳤다. 그러한 활동으로 인해서 교회로부터 배척받고 정치적 압력을 받았다.

고 유고슬라비아에서 잡지 『실천(Praxis)』[17]을 중심으로 활동한 M. 마르코비치, G. 페트로비치, S. 스토야노비치, R. 주페크, P. 브라니키를 비롯한 여러 철학자들, 그리고 민족경제학자 E. F. 슈마허, 정치가 에르하르트 에플러를 거론할 수 있고, 그밖에도 이스라엘의 키부츠, 후터 형제단,[18] 수많은 세계 교회공동체[19]를 비롯하여 19세기와 20세기에 유럽과 미국에서 출현한 헤아릴 수 없이 많은 종교적 단체나 투철한 휴머니즘적 단체를 들 수 있다.

물론 앞에 예시된 투철한 휴머니스트들의 견해는 상당 부분 엇갈리고 더러는 완전히 상충되는 듯이 보이지만, 다음과 같은 요지에서는 모두 일치한다.

── 생산은 인간의 참된 욕구에 부응해야 하며 경제체제의 요구에 종속되어서는 안 된다.

---

17) 프락시스(Praxis) : 1964년 창설된 유고슬라비아의 철학 잡지. 자그레브 대학과 베오그라드 대학의 철학 및 사회학 교수들(주페크, 스토야노비치, 그를리크, 페트로비치, 마르코비치)을 중심 멤버로 한 이 잡지는 정통 변증법적 유물사관에 반대하면서, 마르크스주의의 비판적 및 휴머니즘적 성격을 강조했다. 정부와의 잦은 갈등으로 1975년 폐간되었다.

18) 후터 형제단(Hutteriten) : "후터 형제단" 또는 하나버(Hanaber)라고도 부르는 공산주의적 재세례파 교도들. 1529년에 자콥 후터(Jacob Hutter : 1536년 인스부르크[Innsbruck]에서 화형당함)에 의해서 창설되어 헝가리와 슬로바키아 지역을 중심으로 살았는데 1760년경에는 가톨릭으로 개종했다. 이들 교도들 가운데 일부는 1874년경에 북아메리카로 건너갔다.

19) 이를테면 테제 공동체(Communauté de Taizé)를 들 수 있다. 1940년 로저 슈츠에 의해서 프랑스 테제에서 창설된 신교 세계 공동체로서, 이 공동체의 회원이 되려면 3년간의 엄격한 수련을 거쳐야 하며, 독신과 공동자산의 계율을 지켜야 한다. 각 회원은 인쇄공, 도공, 예술가, 미장이, 목사 등 위임받은 직업으로 살아가며, 교회의 한 분자로서 가장 가난한 사람들(시카고의 게토, 브라질과 아프리카의 빈민구역 등)과 함께함으로써 그리스도의 현존을 입증하고자 한다.

── 사람과 자연 사이에는 착취가 아닌 협력에 기초한 새로운 관계
　　가 수립되어야 한다.

── 상호 적대감은 연대감으로 대치되어야 한다.

── 모든 사회적 제도의 최고 목표는 인간의 복지를 가져오고 인간
　　의 고통을 저지하는 것이어야 한다.

── 우리가 노력해야 할 방향은 소비의 극대화가 아니라, 인간의 복
　　지를 증진하는 합리적 소비이다.

── 개인은 사회생활에 능동적 동기로 참여해야 한다(E. Fromm,
　　1965, 사회적 휴머니스트들의 입장을 참조할 것).

슈바이처는 서구문화의 위기가 눈앞에 닥쳤다는 극단적인 전제에
서 출발한다. 그는 말한다. "우리의 문화가 자멸해가고 있음은 누구에
게나 명백한 사실이다. 그중 남아 있는 것마저 안전하지 못하다. 그것
이 아직도 부지되는 이유는 다른 것을 무너뜨린 파괴적 압력에 미처
노출되지 않았기 때문일 뿐이다. 그렇지만 그것 역시 자갈밭 위에
세워져 있어서, 다음 산사태에 휩쓸려버릴 수도 있다.……현대인의
문화적 능력은 저하(低下)되었다. 왜냐하면, 현대인이 처한 상황이
그를 위축시키고 정신적으로 손상시키기 때문이다."(A. Schweitzer,
1973, 24쪽과 32쪽)

슈바이처는 산업시대의 인간을 부자유하고, 집중력이 없으며, 불
완전하고, "인간성을 상실한 존재"(같은 책, 44쪽)가 될 위험에 처해
있다고 규정하며, 계속 호소한다. "그뿐만 아니라, 사회는 이제 그
세련된 조직으로 인해서 인간의 정신생활에 대한 전대미문의 세력이
되어버렸고, 그 세력 앞에서 인간은 독자적인 정신적 존재로 살아가

기를 중단할 만큼 무력해져버렸다.……이렇게 우리는 새로운 중세로 퇴행한 것이다. 하나의 보편적 의지에 밀려서 사고(思考)의 자유는 쓸모가 없어졌다. 많은 사람들이 자유로운 개성으로서 사고하는 데에는 무력해지고, 모든 면에서 오로지 소속된 집단이 이끄는 대로 자신을 내맡기고 있기 때문이다.……사고의 독립을 포기함으로써 우리는 진리에 대한 신념을 잃었다. 어떻게 그렇게 되지 않을 수 있겠는가. 우리의 정신적 삶은 해체되었다. **공적**(公的) **상황의 과도한 조직화가 사고부재**(思考不在)**라는 조직을 초래한 것이다.**"(같은 책, 41쪽 이하, 고딕체는 저자)

슈바이처는 산업사회를 특징짓는 현상으로 위와 같은 자유의 결핍뿐만 아니라 "과로(過勞)"를 지적하고 있다. "지나간 몇 세대를 거치면서 여러 분야의 많은 사람들이 인간으로서가 아니라 **일벌레**로 살아가고 있다."(같은 책, 34쪽, 고딕체는 저자) 따라서 인간의 본질이 위축되고, 그렇게 위축된 부모 밑에서 자라는 아이들의 경우에도 인간으로서의 발달에 본질적인 요소가 결여되게 된 것이다.

"나중에 그 자신 또한 과도한 일에 시달리게 되면, 점점 더 천박한 오락에의 욕구에 빠지게 된다.……**절대적 무위도식, 자기 자신을 외면하고 망각하는 것, 그것은 바로 그의 육체가 요구하는 바이다.**"(같은 책, 고딕체는 저자) 이렇듯 슈바이처 역시 노동시간의 단축을 권장하고 과소비와 사치에 반대한다.

프로테스탄트 신학자 슈바이처도 도미니크 수도회 수사 에크하르트와 똑같은 점을 강조한다. 우리는 세상사와 동떨어져서 정신적 에고이즘의 분위기로 퇴각해서는 안 되며, 인간에게는 그의 정신적 완성에 기여할 수 있는 능동적인 삶을 영위할 과제가 주어져 있다는 것이다. "현대인 가운데에서 인간적 및 윤리적 정서를 온전하게 간직한 사람들을 별로 만날 수 없다면, 그 이유는 상당 부분 현대인들이 **집단과 유대를 유지하면서 자신의 개인적 도덕성을 그 집단을 완성시키는 추진력으로 제공하지 않고, 그것을 끊임없이 조국이라는 제단에다 제물로 바쳐버렸기** 때문이다."(같은 책, 고딕체는 저자)

슈바이처는 오늘날의 문화적 및 사회적 질서는 파국을 향해 치닫고 있으며, 이 파국으로부터 과거의 "르네상스보다 훨씬 더 위대한" 새로운 르네상스가 도래하리라는 귀결에 이른다. 다시 말하면, 몰락하지 않기 위해서 우리는 새로운 지조와 근본적으로 새로운 태도로 우리 스스로를 쇄신해야 한다는 것이다. 이 르네상스의 가장 본질적 요체는 "합리적 사고가 우리에게 부여하는 행동원칙", 즉 "인간이 만들어내는 행위의 합리적이고 합목적적인 단 하나의 원칙"이 될 것이다. 결론적으로 슈바이처는 "만약 우리가 사고(思考)하는 인간이 되겠다는 결심만 한다면, 이런 혁명은 일어날 것"(같은 책, 113쪽 이하)이라는 신념을 표명한다.

이렇듯 슈바이처는 산업사회에 대한 가장 투철한 비판자의 한 사람이며, 진보와 만인의 행복이라는 산업사회의 허구적 신화를 폭로한 인물이다. 그러나 이 사실이 흔히 간과된 이유는 아마도 그가 신학자, 그것도 윤리학을 토대로 "삶에 대한 경외감(reverence for life, Ehrfurcht vor dem Leben)" 개념을 펼친 철학자로 널리 알려졌기 때문일 것이다. 그러나 그는 인간사회가 산업시대의 운용으로 몰락해 가고 있음을 꿰뚫어보았다. 이미 금세기 초에 그는 인간의 나약함과 종속성, 일에 대한 강박감에서 오는 파괴적 영향, 일과 소비를 줄이는 것의 이점(利點) 등을 보고 있었다. 그는 일종의 르네상스의 필요성을 주장했는데, 그것은 다름 아닌 연대감과 삶에 대한 경외감으로 이루어지는 공동체적 삶의 실현이었다.

슈바이처의 사상에 대한 서술을 매듭짓기 전에 언급해야 할 점이 한 가지 있다. 다름 아니라 슈바이처는 실제로 기독교의 형이상학적 낙관주의와는 반대로 형이상학적 회의주의자였다는 사실이다. 그가 "인생에는 어떤 한층 높은 존재에 의해서 부여되고 보증된 아무런 의미도 없다[인생무상]"는 불교사상에 크게 경도된 이유도 이 사실에 연유한다. 그는 다음과 같은 결론에 도달했다. "우리가 세계를 있는 그대로 받아들이는 데에 그친다면, 인간과 인류가 활동하는 목적 및 목표의 의미를 세계에 부과할 수는 없는 일이다."(A. Schweitzer, 1973, 104쪽) 따라서 유일하게 의미 있는 삶의 방식은 세계 속으로 적극적으로 파고드는 활동이다. 그것도 세계 자체를 위한 활동이 아니라 이웃을 위해서 배려하고 베푸는 활동이다. 이것이 슈바이처가 자신의 저술과 실천적 삶을 통해서 전파했던 메시지이다. E. R. 야코비 교수에게 보낸 편지에서 슈바이처는 말한다. "윤리적 사랑의 종교는 그 종교를 구현하면서 이 세상을 주도하시는 신격(神格)에 대한 믿음 없이도 존재할 수 있다고 감히 말씀드립니다."

우리는 석가모니, 에크하르트 수사, 마르크스, 그리고 슈바이처의 사상에서 뚜렷한 유사점을 확인할 수 있다. 소유지향성을 버릴 것에 대한 철저한 요청, 그들이 지닌 반권위주의적 입장과 완전한 독립의 실현, 형이상학적 회의(懷疑), "신과 무관한" 종교성, 그리고 박애정신과 인간적 연대감에 입각한 사회적 활동에의 요구 등이 그것이다. 그렇지만 이 스승들은 지금 거론한 요소들을 때로는 의식하지 못했다. 예컨대 에크하르트는 대체로 자신의 비신론적(非神論的) 요소를 의식하지 못했으며, 마르크스는 자신이 지닌 종교성을 의식하지 못했다. 특히 마르크스와 에크하르트의 경우에는 너무나 복합적인 해석의 문제점들을 지니고 있기 때문에, 나로서는 그들이 펼친 사랑의 활동에 기초를 둔 비신론적 종교—— 그것은 이 스승들을 새로운 인간에게 필연적으로 요구되는 새로운 종교의 창시자로 만든 것이기는 하지만—— 에 대해서 이 책의 테두리 안에서 충분히 설명하는 것이 불가능하다. 희망사항이지만, 이 책의 속편에서 전적으로 비신론적 종교성을 다루면서 이들의 사상을 자세히 분석할까 한다.

우리 시대의 탈인격적, 기계론적 입장을 완전히 벗어나지 못한 점에서 투철한 휴머니스트라고는 칭할 수 없는 학자들(예를 들면 로마 클럽이 주관한 조사보고서의 작성자들)조차도 근본적인 인간정신의 변화가 경제적 파국에 대처하는 유일한 대안임을 인식한 점에서는 다를 바 없다. 메사로비치와 페스텔은 "새로운 세계의식,……물질자원을 사용함에 있어서의 새로운 윤리,……정복이 아닌 조화에 바탕을 둔, 자연에 대한 새로운 입장,……미래의 세대와의 일체감"을 가질 것을 요청한다. "우리 인간은 지구상에서 살아오는 동안 처음으로, 그가 할 수 있는 것을 억제하도록, 다시 말하면 경제적 및 기술적 발전에 제동을 걸도록, 또는 최소한 다른 방향으로 전환하도록 요청받고 있다. 또한 인간은 지구상의 모든 미래의 세대들로부터—— 자비심에서가 아니라 그렇게 하는 것을 필연으로 느낌으로써—— 그가 소유한 부(富)를 가난한 사람들과 나누어가지기를 요청받고 있다. 인간은 지금부터 총체적 세계체계의 유기적 성장을 위해서 배려를 다하기를 요청받고 있는 것이다. 그가 올바른 양심을 가지고 있다면 어떻게 이것을 거부할 수 있겠는가?"(M. D. Mesarovic/E. Pestel, 1974, 독역판, 135쪽 이하) 메사로비치와 페스텔은 이와 같은 근본적 자기 쇄신 없이는 인간(Homo sapiens)의 "운명은 사실상 몰락할" 수밖에 없다고 결론을 내린다.

앞에 인용된 연구는 몇 가지 결함을 드러내고 있고, 내가 보기에 그중 가장 큰 결함은 모든 변혁에 걸림돌이 되는 정치적, 사회적, 심리적 요인을 도외시한 점이다. 그들의 제안을 가로막는 현실적 장애물에 대한 진지한 검토를 수반하지 않고서, 필요하다고 여기는 변혁에 대해서 일반적인 방향만 제시한다는 것은 실효를 거둘 수 없는 일이다(만약 로마 클럽이 이미 언급된 목표달성을 전제로 하는 사회 정치적 변혁문제를 취급한다면 바람직한 일일 것이다). 그렇기는 해도, 이들이 전 세계의 경제적 절박성과 자원에 대한 조망을 제시하려고 노력한 최초의 인물이며, 앞에서도 이미 썼듯이 —— 윤리적 신념이 아닌 경제적 분석의 합리적인 결과를 토대로 해서 —— 인간의 윤리적 변화를 요구한 최초의 저자라는 사실에는 변함이 없다.

지난 몇 년 사이에 서독과 미국에서는 이와 같거나 유사한 주장이 담긴 수많은 저서들이 나왔다. 경제는 우선은 적나라한 인간의 생존을 위해서, 나아가서 인간의 복지를 위해서 대중들의 욕구에 종속되어야 한다는 주장이다(내가 읽거나 훑어본 이와 같은 주제의 책은 대략 35권에 달한다. 그러나 시장에 나와 있는 것은 그 갑절이 될 것이다). 대다수의 저자들은 물질적인 소비의 증가가 반드시 복지의 상승에 작용하지는 않는다는 것, 사회적 변혁에는 필연적으로 성격 및 정신의 변화가 수반되어야 한다는 것, 인간의 생존을 위해서 생태학적 토대를 파괴하고 지구상의 자연자원을 낭비하는 것을 중지하지 않는다면, 1세기도 못 가서 파국이 닥쳐오리라는 것 등에 의견을 같이하고 있다. 다음에는 이와 같은 새로운 휴머니즘적 경제학을 대표하는 가장 두드러진 예를 몇 가지 언급하기로 한다.

경제학자 E. F. 슈마허는 그의 저서 『작은 것이 아름답다. 물질화된 인간의 경제학(*Small Is Beautiful, Economics as if Peaple Mattered*)』 (1973)에서 우리의 실패는 곧 우리의 성공에서 나온 결과라는 사실과 우리는 기술을 진정한 인간의 욕구에 종속시켜야 한다는 점을 강조했다. "삶의 내용으로서의 경제는 치명적인 질병이다.……왜냐하면 무한한 성장은 유한한 세계에 적합하지 않기 때문이다. 경제가 삶의 내용이 되어서는 안 된다는 점은 인류의 모든 위대한 스승들이 가르쳐 온 바이며, 경제가 삶의 내용이 될 수 없다는 점이 오늘날 명백히 노정되고 있다.

이 치명적인 질병을 좀더 자세히 묘사한다면, 알코올 중독이나 마약 중독 같은 중독 증세에 유사한 형태라고 말할 수 있을 것이다. 여기서 이 중독증세가 이기적 형태로 나타나느냐 이타적 형태로 나타나느냐, 또는 그것이 천박한 물질적 향유형태의 충족을 추구하느냐 예술적, 문화적 또는 과학적으로 세련된 향유형태로 충족을 추구하느냐 하는 것은 별로 중요하지 않다. 설령 그것이 은박지에 포장되어 있다고 해도, 독(毒)은 어디까지나 독인 것이다.……

만약 정신적 본성 —— 내적 인간의 문화 —— 이 경시(輕視)된다면, 그때에는 이기심이 승(勝)하여 인간의 내면을 지배하는 힘이 될 것이며, 그러한 성향에는 박애정신의 체제보다는 이기심의 체제 —— 자본주의적 체제 같은 —— 가 더 잘 어울릴 것이다."(E. F. Schumacher, 1973, 독역판, 37쪽 이하, 236쪽)

슈마허는 산업화되지 않은 나라들의 요구에 적합한 소규모 기구들을 구상함으로써, 그의 원칙들을 현실로 옮겼다(그의 저서들이 해마다 인기가 높아지는 것은 —— 그것도 대규모 광고에 의존해서가 아니라 독자들의 입에서 입으로 전파되어서 —— 주목할 만한 일이다).

폴 에를리히와 앤 에를리히는 슈마허와 유사한 생각을 가진 미국학자들이다. 『인구, 자원, 환경 : 인간생태학의 주요 문제(*Population, Resources, Environment : Issues in Human Ecology*)』(1970)라는 공저(共著)에서 그들은 "오늘날의 세계상황"에 대해서 다음과 같은 결론을 제시하고 있다(P. R. Ehrlich/A. H. Ehrlich, 독역판, 426쪽 이하).

1. 현재의 과학기술과 인간 행동양식의 상태를 비추어볼 때, 우리의 위성은 인구의 포화상태이다.

2. 인류의 문제점 해결의 가장 큰 장애요인은 절대적 다수의 인구와 그 증가율이다.

3. 종래의 수단으로 식량을 조달하는 인간의 능력은 거의 그 한계에 도달했다. 식량공급과 배분의 난점은 이미 인류의 약 절반이 영양부족이나 영양실조가 되는 결과를 초래하고 있다. 매년 1,000만 명에서 2,000만 명이 기아로 죽어가고 있다.

4. 식량생산을 증가하려는 시도는 환경오염을 촉진시킬 것이며, 그

것이 다시금 지구의 식량생산 능력을 감소시키는 결과를 가져올 것이다. 환경파괴가 본질적으로 치유 불가능하다고 볼 만큼 심각해졌는지는 아직 가늠할 수 없지만, 인간의 생명을 부지시키는 지구의 능력이 계속 손상되어온 것만은 분명하다. 자동차, 살충제, 화학비료 따위의 기술적으로 "혁혁한 업적"이 환경오염의 주범이 되고 있다.

5. 인구증가가 세계적인 치명적 전염병과 핵전쟁의 개연성을 높인다는 추정에는 근거가 있다. 이 두 가지 요인은 모두 죽음을 몰아옴으로써 인구문제에 대해서 바람직하지 못한 "해결"을 가져다줄 수는 있지만, 정황에 따라서는 문명을 파괴하거나 인간(*Homo Sapiens*)의 멸절을 초래할 수도 있다.

6. 인구위기, 식량위기, 환경위기에서 빠져나오게 할 기술적 영약(靈藥)은 없다. 물론 과학기술은 오염의 제거, 뉴스 및 정보통신, 산아제한 같은 분야에 적절히 적용하면 상당한 성과를 거둘 수는 있다. 그러나 진정한 해결은 오로지 인간의 **근본적인 자세**의 혁신적이고 조속한 변화에, 특히 번식, 경제적 성장, 과학기술, 환경, 분쟁해결 등의 문제에서의 인간의 태도변화에 있다.(고딕체는 저자)

또한 에르하르트 에플러[20]의 저서 『종말이냐 전환이냐(*Ende oder Wende*)』(1975) 역시 이 분야에서 중요한 최근 업적의 하나이다. 에르하르트는 슈마허만큼 극단적으로 표현하지는 않았지만 슈마허와 유사한 결론에 이른다. 그가 바덴 뷔르템베르크(Baden-Württemberg)

---

20) 에플러(Erhard Eppler, 1926-2019) : 독일의 정치가. 사회민주당의 좌익 대표자로서 특히 청년 사회주의자들의 신뢰를 받았다.

주(洲) 사회민주당 위원장이며 독실한 프로테스탄트라는 점에서 그의 입장은 특히 관심을 끈다. 나는 『건전한 사회(*The Sane Society*)』(1955)와 『희망의 혁명(*The Revolution of Hope*)』(1968)에서 그의 저술에 드러난 생각과 유사한 확신을 개진했다.

생산제한을 줄곧 금기시해왔던 소련권 학자들 가운데서도 성장(成長) 없는 경제를 고려해야 한다는 목소리가 요즈음은 들리고 있다. 동독 출신의 이교적 마르크스주의자인 볼프강 하리히[21]는 전 세계의 경제적 균형을 제안하면서, 그것만이 평등을 보장하며 생물계가 처할 치유불능의 상처의 위험을 막을 수 있다고 주장한다. 또한 1972년에는 소련의 저명한 자연과학자, 경제학자, 지리학자들이 모여서 "인간과 환경"이라는 주제를 내걸고 토의를 벌였다. 그들의 토의내용에는 로마 클럽의 연구결과도 거론되어 공감과 관심을 가지고 검토되었고 그 공적이 인정되었다. 그러나 구체적인 사항에서 동의를 얻어내는 성과는 없었다(F. Duve, 1975를 참조할 것).

사회의 재편성을 지향하는 이 모든 시도들의 근간(根幹)을 이루는 휴머니즘은 L. 멈퍼드의 『힘의 펜타곤(*The Pentagon of Power*)』(1970)을 비롯한 그 이전의 저술들에서 가장 중요한 인류학적 및 역사적 표현을 찾고 있다.

---

21) 하리히(Wolfgang Harich, 1923-1995) : 동독 출신의 철학자. 동베를린 대학 교수를 역임했으며, 1956-1965년 사이에는 문화정책의 자유화를 주장하다가 "반혁명분자"로 투옥되었다. 석방 후 동베를린의 아우프바우(Aufbau) 출판사 출판인으로 활동한 적이 있고, 1979년 이후 빈(Wien)에서 살며 생태학적 문제에 관심을 쏟고 있다. 저서로는 『성장 없는 공산주의(*Kommunismus ohne Wachstum*)』(1975)가 있다.

8

인간의 변화를 위한 전제조건과
새로운 인간의 본질적 특성

인간의 성격구조의 근본적 변화만이, 즉 존재지향에 힘입어서 소유지향을 몰아내는 것만이 정신적 및 경제적 파국을 모면할 수 있다는 전제를 옳다고 가정할 때 제기되는 의문이 있다 —— 근본적 성격변화가 과연 가능한가? 그렇다면 어떻게 그런 변화를 일으킬 수 있는가?

나는 다음의 조건만 갖추어진다면, 실제로 인간의 성격은 변화할 수 있다고 확신한다.

—— 우리는 고통을 받으면서 그것을 의식하고 있다.

—— 우리는 우리의 고통(불행)의 원인을 인식하고 있다.

—— 우리는 우리의 고통을 극복할 수 있는 가능성이 있음을 알고 있다.

—— 우리의 고통을 극복하기 위해서, 우리는 특정한 행동규범을 가져야 하며 현재의 생활습관을 변화시켜야 함을 인식하고 있다.

위의 네 가지 요점은 인간의 보편적 실존조건에 대한 석가모니의 가르침을 이루는 네 가지 숭고한 진리와 일치한다.

석가모니의 가르침을 특징짓는 똑같은 변화의 원칙이 마르크스의 구제개념에서도 근본을 이룬다. 이 점을 이해하기 위해서는 마르크스 자신의 말을 유념할 필요가 있다. 마르크스에게 공산주의는 최종 목표가 아니라, 인간을 비인간으로 만드는 —— 사물과 기계, 그리고 자신의 탐욕의 노예로 만드는 —— 사회경제적 및 정치적 조건으로부터 인간을 해방시키게 될 역사발전 과정의 한 단계라는 점이다.

마르크스의 첫 번째 단계는 마르크스 자신이 그 당시 가장 소외되고 가장 비참한 계급이라고 여겼던 노동자 계급에게 그들이 고통받고 있다는 **사실**을 의식하도록 해주는 일이었다. 그래서 그는 노동자들의 비참한 상황을 호도하는 환상을 파괴하려고 노력했다. 그의 두 번째 단계는 노동자들에게 고통의 **원인**을 인식하게 해주는 것이었다. 마르크스의 견해에 의하면, 그 원인은 자본주의의 본질에, 자본주의가 낳은 탐욕, 인색함, 의존성 같은 성격구조에 있었다. 노동자들의 고통(비단 **그들만의** 고통은 아니지만)에 대한 이러한 원인분석은 마르크스가 자신의 중심 과제로 삼았던 주제, 즉 자본주의 경제분석의 한 부분이었다.

마르크스의 세 번째 단계는 고통의 원인을 제거함으로써 고통의 종식을 가져올 수 있다는 점을 제시하는 데에 있었다. 네 번째 단계에서 그는 구(舊)체제가 필연적으로 만들어놓은 고통에서 인간을 해방시킬 새로운 생활습관 원칙들을 제시했다.

프로이트의 치료방법도 근본적으로는 같았다. 환자들은 고통을 받고 있고 그 사실을 **의식했기** 때문에 그에게 상담을 요청해왔다. 그러나 그들은 보통 **무엇 때문에** 고통스러운지를 모르고 있다. 정신분석학자의 첫 번째 과제는 대체로, 환자로 하여금 자신의 고통과 상관된 환상[망상]을 버리고 고통을 가져온 진정한 원인을 알게 해주는 일이다. 개인이나 사회를 막론하고 고통을 진단하는 일은 일반적으로 해석의 문제로서, 해석자에 따라서 여러 가지 다른 귀결에 이를 수 있다. 환자가 자신의 고통에 대해서 그리고 있는 그림[像]은 대체로 진단자료로는 가장 믿을 수 없는 자료이다. 따라서 정신분석 과정에서 가장 중요한 것은 환자에게 그의 고통의 정확한 원인을 깨닫게 해주는 일이다.

이 깨달음의 결과로 환자는 다음 단계로 내딛을 수 있다. 자신의 고통은 그 원인을 제거하면 치유할 수 있다는 통찰에 이른다. 프로이트에 따르면 그것은 유아기에 겪은 특정 사건의 억압을 제거하는 것을 의미한다. 그러나 프로이트식의 전통적 정신분석은 네 번째 요점의 필연성을 흔히 과소평가하는 듯하다. 많은 정신분석학자들은 억압요인을 환자에게 의식시키는 것만으로 이미 치료효과가 있다고 생각한다. 사실상 그런 경우도 흔히 있다. 특히 환자가 히스테리나 강박관념처럼 명백히 집중된 증세로 고통을 받는 경우에 그러하다. 그러나 산만한 불안으로 고통받고 있어서 그 성격의 변화가 요구되는 사람의 경우에는 지향하는 성격변화에 상응하는 실천적 생활습관의 변화가 수반되지 않는 한, 항구적인 치유는 기대할 수 없다는 것이 나의 생각이다. 이를테면 우리는 한 인간의 의존성을 최후의 심판의 날에 이르기까지라도 분석해낼 수는 있다── 그렇지만 그 모든 통찰도 환자가 그러한 통찰을 얻기 이전의 삶의 상태에 그대로 머물러 있는 한 아무 소용이 없을 것이다. 간단한 예를 들어보자. 가령 한 여인이 아버지에 대한 의존성 때문에 고통받고 있는데, 그 원인의 전모에 대해서 깊은 통찰에 이르렀다고 치자. 그렇다고 해도 그 여인이 여전히 자신의 생활방식을 고수하는 한── 아버지로부터 떨어져나오지 않고 아버지의 배려를 계속 누리면서, 구체적으로 독립하면 뒤따를 고통과 모험을 겁내고 있는 한── 그 여인은 스스로를 변화시킬 수 없을 것이다. 실천과 동떨어진 통찰은 아무 실효가 없는 법이다.

새로운 인간

새로운 사회의 기능은 다음과 같은 성격구조의 특성을 가진 새로운 인간의 출현을 촉진시키는 일이다.

── 완전히 **존재하기** 위해서 모든 형태의 소유를 기꺼이 포기할 마음 가짐.

── 자기 것으로 만들고 세계를 지배하며, 그래서 결국 자기 소유물의 노예가 되는, 그런 소유에의 욕구에서 나온 것이 아니라 자기 **존재**에 대한 믿음과 관계에의 욕구, 관심, 사랑, 주변세계와의 연대감을 바탕으로 한 안정감, 자아 체험, 자신감.

── 나 자신 이외에는 그 누구도, 그 어떤 사물도 나의 삶에 의미를 주지 않는다는 사실을 받아들이는 것. 이같이 투철한 독립과 무(無)의 상태(no-thingness, Nichtheit)로의 귀의는 베풀고 나누어가지는 데에 헌신하는 완전한 사회참여의 전제가 될 수 있음.

── 어디에 존재하든 간에 완전히 현존할 수 있는 능력.

── 축재(蓄財)와 타인을 착취하는 데에서 오는 기쁨이 아니라, 베풀고 나누어가지는 데에서 우러나는 기쁨.

── 현시(顯示)된 모든 면에서 삶을 사랑하고 경외감을 느끼는 것.

아울러 신성한 것은 삶과 삶의 생장을 촉진시키는 일체의 것이
지, 사물이나 권력, 죽어 있는 것이 아니라는 사실을 깨닫는 것.

── 가능한 한 탐욕과 증오 그리고 그릇된 환상을 줄이려고 노력하
는 것.

── 이제 인간은 그릇된 환상을 요구하지 않는 발전단계에 도달해
있으므로, 우상숭배나 그릇된 환상을 버린 삶을 영위하는 것.

── 사랑하는 능력과 아울러 비판적이며 비감상적(非感傷的)인 사
고능력을 개발하려고 노력하는 것.

── 자기도취를 극복하고 인간실존의 비극적인 유한성을 수용하는 것

── 인간의 삶의 최고 목표는 자신의 인격과 아울러 이웃의 인격을
완전히 개화(開化)시키는 것임을 깨닫는 것.

── 이 목표에 이르기 위해서는 수양(修養)과 아울러 현실을 인정할
필요가 있음을 깨닫는 것.

── 성장이란 하나의 구조 속에서 이루어져야만 건전한 것임을 인식
하고 아울러 생명의 속성인 "구조"와 무생명, 즉 죽은 것의 속성
인 "질서"의 차이를 인식하는 것.

── 참을 수 없는 조건으로부터의 도피가 아니라, 실재적 가능성을
선취한다는 의미에서의 상상력의 개발.

── 타인을 기만하지도 않고 타인에게서 기만당하지도 않는 것. 인
간은 무죄(無罪)해야 할뿐더러, 어리석어서도 안 되므로.

── 의식된 자아뿐만 아니라, 누구나 몽롱하게밖에 모르는 무의식의
자아까지도 인식하는 것.

── 모든 생명체와 일체감을 느끼는 것. 그럼으로써 자연을 정복, 지

배, 착취, 약탈, 파괴하려는 목표를 버리고, 그 대신 자연을 이해하고 자연과 협동하려고 노력하는 것.

── 자유를 방종으로 이해하지 않고, 자아로서 존재하는 기회로 이해하는 것. 다시 말하면 자유를 무절제한 욕구의 덩어리로 이해하는 것이 아니라, 성장이냐 몰락이냐, 삶이냐 죽음이냐의 양자택일에 직면하는 모든 순간에 섬세하게 균형을 유지하는 구조로 이해하는 것.

── 악과 파괴성은 성장이 방해받는 데에서 오는 필연적인 결과임을 인식하는 것.

── 극소수의 사람들만이 이 모든 특질을 완성하는 경지에 근접했음을, 그러면서도 그들은 "목표에 도달하겠다는" 야욕을 염두에 두지는 않았음을 아는 것. 그와 같은 야욕 또한 탐욕과 소유의 또 다른 형태임을 깨닫는 것.

── 운명이 우리에게 허용하는 아득한 목표지점이 어디에 있든 간에 끊임없이 성장하는 생명의 과정 속에서 행복을 느끼는 것. 왜냐하면 그렇게 의식하며 능력껏 최선을 다하는 삶은 그 자체로 충족되는 것이므로, 그것의 성취 여부는 문제가 되지 않으므로.

오늘날의 인공두뇌적, 관료주의적 산업사회 ── "자본주의적" 특성을 지녔거나 "사회주의적" 특성을 지녔거나 간에 ── 에서 살아가는 사람들이 소유지향성을 타파하고 존재적 실존양식을 펼쳐나가기 위해서 과연 어떤 행동이 필요한가 하는 점을 제안하려면, 사실상 "존재의 기술(The Art of Being, Die Kunst des Seins)"이라는 표제를 붙여야 적합할 별개의 책을 필요로 할 것이다. 근자에 이르러서 복지에 이르는 길을 다룬 수많은 저서들이 나왔다. 그중에는 도움이 되는 것도 있지만, 상당수는 재난에서 도망치려는 상인들이 조작한 새로운 시장의 기만적인 착취형태와 영합하고 있기 때문에 유해한 것이다. 인간의 복지를 향한 올바른 길의 문제에 관심 있는 독자는 그것에 상응하는 가치를 지닌 책을 이 책의 참고 문헌 목록에서 참조할 수 있을 것이다.

9

새로운 사회의 특성

새로운 인간과학

새로운 사회의 건설을 위한 첫 번째 전제는 이 시도에 장애가 되는, 필시 극복하기 어려운 난점들을 인식하는 것이다. 그런데도 그 장애에 대해서 막연하게만 의식하고 있는 것이 우리가 왜 꼭 필요한 변화를 이룩하려고 노력을 기울이지 않는가의 중요한 요인일 것이다. "되지도 않을 일을 위해서 무엇 때문에 애를 쓰는가?", "지금 가고 있는 길이 우리의 지도(地圖)에 표기된 행복과 안전의 장소로 우리를 데려다주리라고 여기고 계속 가는 편이 차라리 좋지 않겠는가"라고 많은 사람들은 생각할 것이다. 무의식적으로는 절망하면서도 겉으로는 낙천주의의 가면을 쓴 사람들이 반드시 현명한 행동을 한다고는 볼 수 없다. 그러나 희망을 버리지 않은 사람일지라도, 현실적으로 사고하며 일체의 그릇된 환상을 버리고 문제를 직시하지 않는 한 성공할 수는 없다. 냉철한 객관성을 소지(所持)했는지 여부가 **꿈꾸는** "유토피안[공상가]"과 **깨어** 있는 "유토피안[이상주의자]"을 구별하게 하는 것이다.

새로운 사회를 건설하는 데에 극복해야 할 난점들 가운데 몇 가지만 들어보기로 한다.

— 어떻게 하면 총체적 집중화로 수렴되지 않고, 다시 말하면 구시
대적 파시즘이나 —— 한층 개연성이 큰—— 미소 띤 얼굴을 한
기술적 "파시즘"으로 끝나지 않고, 산업적 생산형태를 유지할 수
있는가 하는 문제를 해결해야 한다.

— 모든 경제계획은 이제는 거의 허구가 되어버린 "자유시장 경제"
를 포기하고, 고도의 분산화와 연결되어야 할 것이다.

— 경제적 파국의 위험을 피하려면, 무제한 경제성장이라는 목표를
버리고 선택적 성장으로 대치해야 할 것이다.

— 합당한 노동조건과 아울러 노동에 대한 전혀 다른 인식을 만들
어내는 것이 중요하다. 그리하여 물질적 이익이 결정요인이 아
니고, 다른 정신적 충족이 효율적 동인이 되게 하는 것이다.

— 과학적 진보는 촉진되어, 동시에 그것이 실체에 적용될 때 인류
에게 위험이 되지 않도록 하는 안전장치가 있어야 할 것이다.

— 사람들로 하여금 행복과 기쁨을 느낄 수 있게 하면서, "쾌락"을
한껏 추구하려는 욕구에서 벗어나게 하는 조건들이 마련되어야
한다.

— 개개인에게 생존근거를 보장해주되, 관료주의 체제에 의존하게
해서는 안 될 것이다.

— "개인의 주도(主導)" 가능성이 경제적 분야(여기서는 어차피 "개
인의 주도"가 거의 없기는 하지만)에서 기타 생활영역으로도 옮
겨져야 할 것이다.

기술의 발전도상에서도 극복 불가능해 보이는 난관들이 있었듯이,

위에 열거한 문제점들도 오늘 우리에게는 조속히 해결될 수 없는 난점으로 보인다. 기술상의 난관이 극복될 수 없어 보였던 이유는 자연을 지배하는 전제로서 자연에 대한 지식과 관찰원칙을 공표한 새로운 과학이 수립된 탓이었다(Francis Bacon,[1] 『*Novum Organum*』, 1620). 그러나 오늘날까지도 수많은 산업국가의 탁월한 두뇌들은 17세기의 이 "새로운 과학"에 적(籍)을 두고 있으며, 이 과학은 과거 인간에게는 한낱 꿈이었던 기술적 유토피아를 현실화시키는 박차가 되었다.

그러나 그로부터 3세기 반도 더 지난 오늘날, 우리는 18세기에 비코[2]가 터전을 닦아놓은 전혀 다른 종류의 "새로운 과학"을 필요로 하고 있다. 응용과학과 사회재건 기술의 토대로서 휴머니즘적 인간과학이 요구되고 있는 것이다.

기술적 유토피아—— 예를 들면 비행(飛行)—— 는 예의 새로운 자연과학에 힘입어서 현실화되었다. 이제부터 우리가 추구해야 할 메시아 시대의 인간적 유토피아—— 한마음이 된 새로운 인류가 경제적

---

1) 베이컨(Francis Bacon, 1561–1626) : 영국 출신의 경험철학의 창시자. 아리스토텔레스의 논리학서 『오르가눔(*Organum*)』에 맞서 쓴 그의 『노붐 오르가눔(*Novum Organum*)』(1620)은 특히 자연철학에 대한 그의 관심과 공헌을 아는 데에 중요한 저서이다. 여기서 그는 아리스토텔레스의 삼단논법은 지식의 확장에 소용되지 않는다고 보고, 실험과 관찰에 기본을 둔 과학적 및 귀납적 방법의 논리를 제창했다.

2) 비코(Giambattista Vico, 1668–1744) : 이탈리아의 역사철학자이며 인간과학자. 그는 여러 저술을 통해서 "인간은 그 자신이 창조해낸 것만 인식할 수 있다"는 인식론의 근본을 공식화했고, 인간문명의 모든 분야에서 "야만 → 인간적 세련 → 붕괴"라는 삼단계의 반복적인 흐름을 보고 그것의 순환과정이 역사를 보다 나은 단계로 끌어올린다는 논리를 전개했다. 이와 같은 그의 철학적 기조가 오늘날 그를 "인간과학의 창시자", "정신과학을 최초로 체계화한 인물", "역사주의의 선구자" 등으로 부르게 한다.

강박, 전쟁, 계급투쟁에서 벗어나서 연대감과 평화 속에서 살아가는 세계—는 우리가 지금껏 기술적 유토피아를 위해서 쏟았던 것에 버금가는 에너지, 지성, 열광을 그것의 실현을 위해서 쏟을 때에만 현실화될 수 있을 것이다. 쥘 베른3)의 소설을 읽는 것만으로 잠수함을 만들 수는 없다. 마찬가지로 우리는 예언서를 읽는 것만으로 휴머니즘적 사회를 창조할 수는 없다.

자연과학의 지배로부터 새로운 사회과학의 지배로 전환하는 변혁이 성공할지의 여부는 아무도 예측할 수 없다. 만약 성공한다면, 우리에게는 아직 살아남을 기회가 있을는지 모른다. 그러나 이 변혁의 성공 여부에는 반드시 전제되어야 할 것이 있다. 즉, 참여의식을 지닌 다수의 우수한 남녀 지식인들이 인간정신을 겨눈 이 새로운 도전에 소명감을 느끼는 것—그리고 이 소명의 **목적은 자연에 대한 지배가 아니라 기술을 지배하는 것, 인류 전체는 아니더라도 서구사회의 존속을 위협하고 있는 비합리적인 사회적 힘과 제도를 지배하는 것**이라는 사실을 환기하는 것이다.

우리의 미래는 최고의 유능한 인재들이 얼마나 현재의 위기를 의식하고 새로운 휴머니즘적 인간관계에 자신의 힘을 쏟느냐에 달려 있다고 나는 확신한다. 그들의 집중적 분투만이 예의 "해결할 수 없

---

3) 베른(Jules Verne, 1828-1905) : 프랑스 출신의 공상과학 소설의 선구자. 80여 편의 작품에서 그는 19세기 후반 급속도로 발달한 과학적 지식에 풍부한 자신의 여행경험과 공상을 가미하여, 인간의 지력의 한계를 탐구하고 인류의 미래를 예언했다. 그의 공상적 예언은 오늘날 원자력 잠수함, 달나라 여행 등으로 이미 현실화되었다. 『달나라 일주』, 『해저 2만리』, 『80일간의 세계일주』 등은 오늘날도 여전히 인기를 끄는 그의 소설들이다.

는" 문제들을 성공적으로 해결할 수 있기 때문이다.

"생산수단의 사회화"처럼 너무나 보편적인 문투의 목표를 내건 구도(構圖)는 사회주의가 사실상 어느 면에서도 실현되지 않았음을 은폐하려는 사회주의자 및 공산주의자들의 구호였다. "프롤레타리아의 독재"라든가 "지적(知的) 엘리트의 독재" 따위의 표어들도 "자유시장 경제"라든가 하다못해 "자유"국가라는 개념들 못지않게 애매하고 혼란을 가져오는 말들이다. 마르크스에서 레닌에 이르기까지 초기 사회주의자 및 공산주의자들은 사회주의 사회나 공산주의 사회의 실현을 위한 아무런 구체적 청사진을 갖추지 못했었고, 이것이 결국 사회주의의 큰 약점이 되었다. 존재를 토대로 하는 새로운 사회구조를 이루기 위해서는 수많은 설계, 모델, 연구, 그리고 가능한 것과 필수적인 것 사이의 틈을 이어주는 적절한 실험들을 필요로 한다. 구체적으로 말하자면, 포괄적이고 장기적인 계획과 병행해서 첫걸음을 내딛기 위한 단기적인 방안이 세워져야 한다. 여기서 중요한 것은 계획에 종사하는 사람들의 의지와 휴머니즘적 정신이다. 하나의 비전을 가지고 있고 동시에 그것을 실현하기 위해서 어떻게 발걸음을 떼어놓을지 구체적으로 알고 있는 사람의 경우에는 용기가 솟아나며, 두려움이 물러나고, 열정이 들어설 것이기 때문이다.

경제와 정치를 인간의 발전에 종속시키려면, 새로운 사회의 모델을 소외되지 않은, 존재지향적 개인의 요구에 부응하여 설계되어야 한다. 다시 말하면, 인간이 그 존엄을 잃을 지경의 빈곤 속에 사는—이것은 여전히 인류 대다수의 문제이다—상황에 처해져서도 안 될 뿐더러, 끊임없는 생산증대와 아울러 소비증대를 요구하는 자본주의적 경제법칙에 떠밀려서, 오늘날 여러 산업국가의 부유 소비계층의 경우처럼 한낱 소비인(*Homo consumens*)으로 전락한 실존을 영위하도록 운명지어져서도 안 된다는 의미이다. 인간이 자유로워지려면, 다시 말하면 병적 과소비로 산업을 추진시키는 악순환에서 빠져나오려면, 경제체제의 근본적 변혁이 있어야 한다. 병든 인간을 제물로 하고서 그 건강을 부지하는 오늘날의 경제적 상황에 종지부를 찍어야 한다. 우리의 과제는 건전한 인간을 위한 건전한 사회를 만드는 일이다.

── 이 목표를 향해서 가는 데에 중요한 첫걸음은 "건전하고 이성적인 소비"를 지향하는 생산의 수행이다.

"이윤을 위한 생산이 아니라 소비를 위한 생산"이라는 전제의 공식만으로는 불충분하다. 왜냐하면, 이 공식에는 그것이 병적 소비인지 건전한 소비인지가 밝혀져 있지 않기 때문이다. 여기서 과연 어떤 욕구가 건전하며 어떤 욕구가 병적인 것인지를 누가 결정하는가라는 극히 어려운 의문이 제기된다. 한 가지는 분명하다. 국가가 최상이라고 여기는 것을── 설령 그것이 실제로 최상의 것이라고 할지라도── 국민에게 소비하라고 강요할 수는 없다. 또한 소비를 억지로 틀어막으려는 관료주의적 통제 역시 오히려 사람들로 하여금 소비를 더욱 밝히게끔 만들 것이다. 분별 있는 소비에 이르는 길은 오로지, 되도록 더 많은 사람들이 소비태도와 생활 스타일을 바꾸려고 뜻하는 데에 있을 뿐이다. 그리고 사람들이 그런 뜻을 품게 하려면, 그들에게 지금껏 습관화된 것보다 한층 더 매력적인 소비유형을 제공해야만 한다. 이것은 하룻밤 사이에 법령에 의해서 실시될 수 있는 일이 아니며, 점진적인 교육과정을 필요로 한다. 물론 이 과정에서 정부의 역할은 지대한 것이다.

국가의 소임은 병적 소비에 맞서서 건전한 소비규범을 확립하는 일이다. 그런 규범의 확립은 원칙적으로 가능하다. 미국의 식품의약품협회(FDA)가 그 좋은 예이다. 이 협회는 여러 전문 분야 과학자들의 실험과 그들의 광범한 연구를 토대로 하여 어떤 식품과 의약품이 인체에 해로운가를 결정한다. 이와 유사한 방법으로 우리는 그밖의 상품가치나 업적평가에 대해서도 심리학자, 인류학자, 사회학자, 철학자, 신학자, 그리고 여러 중요한 사회집단과 소비자집단의 대표자들로 구성된 위원회에 조사를 의뢰할 수 있을 것이다. 그러나 무엇이 삶을 북돋아주고 무엇이 삶에 해악을 끼치는가 하는 판단은 FDA가 취급하는 문제와는 비교할 수도 없이 광범한 연구를 필요로 한다. 지금껏 거의 행해지지 않은, 인간욕구의 본질에 대한 기초 연구가 이 새로운 인간과학의 주요 과제가 될 것이다. 우리의 유기체에서는 어떤 욕구들이 발생하는가, 그중 어떤 욕구가 문화발전의 결과이고 어떤 욕구가 개인적 성장의 표출이며, 또 어떤 욕구가 그 합성품으로서 산업사회에 의해서 인간에게 강요되고 있는가, 어떤 욕구가 능동성을 낳으며 어떤 욕구가 수동성을 낳는가, 병적 상태에 뿌리내리고 있는 욕구는 어떤 것이며 정신적 건강상태에 기인한 욕구는 어떤 것인가 등등을 분류해야 할 것이다.

현재 FDA가 실천하고 있는 바와는 달리, 앞으로 구성해야 할 휴머니즘적 전문가 위원회의 결정은 법적 효력을 지닐 수 없을 것이며 다만 지침(指針)의 역할을 할 뿐이겠지만, 그 지침이 여론에 토의를 불러일으킬 것이다. 건강식품을 둘러싼 문제는 이미 여론의 의식 속에 상당히 파고들었다. 우리가 구상하는 전문가 집단의 연구결과도 건전한 욕구와 병적 욕구에 대한 새로운 인식을 사회에 전달해줄 것이다.

대중은 대부분의 소비형태는 수동성을 유발시킨다는 것을, 오로지 소비에 의해서 충족될 수 있는 스피드와 새것에의 욕구는 불안정과 자기 자신으로부터의 내적 도피의 표출이라는 것을 인식하게 될 것이다. 그들은 또한 끊임없이 새로운 물적(物的) 대상을 물색하고 새로운 기술적 장난감을 실험하려는 태도는 자기 자신이나 타인에게 다가서는 것을 피하려는 방편에 지나지 않는다는 것을 인식하게 될 것이다.

정부는 바람직한 상품생산과 실적에 대해서 이윤을 올릴 수 있을 때까지 뒷받침을 함으로써, 앞에서 말한 교육과정을 촉진시킬 수 있을 것이다. 이 조처에는 건전한 소비를 위한 대규모 계몽운동이 수반되어야 한다. 분별 있는 소비형태를 끊임없이 홍보함으로써 소비태도의 변화를 기대할 수 있기 때문이다. 오늘의 경제체제에서 상습화되어 있는 세뇌적 광고수단을 피한다고 하더라도 ── 세뇌적 광고를 피하는 것이 필수조건이다 ── 이 운동의 효과가 상업광고의 효과에 별로 뒤지지 않으리라는 우리의 기대가 비현실적이라고 여겨지지는 않는다.

"무엇이 인간의 복지에 유용한가?"라는 원칙에 따라서 선택적 소비(아울러 선택적 생산)를 권장하자는 생각에는 끊임없이 반론이 제기되어왔다. 그 반론의 요지는 자유시장 경제하에서는 소비자가 어차피 자기가 원하는 것을 구입하기 때문에 "선택적" 생산은 무용지물이 되어버린다는 이야기이다. 이 반론은 무릇 소비자는 자기에게 유익한 것을 원한다는 가정에 기초하고 있는데 —— 이 가정은 명백한 오류이다(마약에 대해서, 또는 담배에 대해서도 같은 주장을 하는 사람은 아마 없을 것이다). 이 반론이 전면적으로 도외시한 요점은 "소비자의 욕망은 생산자에 의해서 만들어진다"는 측면이다.

상표나 회사 간의 치열한 경쟁에도 불구하고, 광고는 총괄적으로 소비욕을 증대시킨다. 모든 상품생산 업체들은 다같이 일반적인 구매욕을 부채질한다는 점에서, 광고를 통해서 근본적으로는 상호의존 관계에 있다. 고객이 행사하는 특권이 있다면, 서로 경쟁하는 여러 상품들 가운데 하나를 선택하는 특권 아닌 특권뿐이다. 소비자의 욕구가 결정적이라는 증거로 흔히 인용되는 한 예는 포드 회사가 겪은 "엣셀(Edsel)"의 판매작전 실패이다. 그럼에도 불구하고 이 실패 역시 엣셀 광고가 **자동차 구입을 부추기는 선전**이 되었다는 —— 엣셀을 제외한 모든 상표의 차종판매에 이득이 되었다는 —— 사실을 뒤바꾸지는 않는다. 그뿐만 아니라 기업은 비록 기업에는 이득이 되지 않더라도 소비자에게는 유익할 듯한 제품생산을 포기함으로써 인간의 취향에 영향을 줄 수 있다.

—— 건전하고 분별 있는 소비는 전적으로 기업의 이익과 성장의 관점에서 생산을 결정하는 기업 경영인과 주주의 권리를 과감하게 제한해야만 비로소 가능해진다.

이 변혁은 구태여 서구의 민주주의 헌법을 바꾸지 않더라도 법률

제정만으로도 성취될 수 있다(우리에게는 이미 공공복지를 위해서 사유재산을 제한하는 많은 법규들이 있다). 문제는 생산방향을 결정하는 힘이지, 자본의 소유 자체가 아니다. 우선 광고의 암시적 영향력만 제거된다면, 장기적으로는 소비자의 욕구가 생산방향을 결정하게 될 것이며, 현존하는 기업들은 이 새로운 욕구에 맞추어서 생산시설을 바꾸어야 할 것이다. 그리고 그것이 여의치 않을 경우에는 수요에 부응하는 새로운 상품과 서비스 생산을 위한 필수자본을 정부 측에서 조달해야 할 것이다.

이 모든 변화는 한 단계씩 국민 다수의 동의를 얻어야만 수행될 수 있다. 그 최종 결과는 오늘의 자본주의와도 다를 뿐 아니라 소련식 중앙집권적 국가자본주의나 스웨덴의 총체적 복지관료주의와도 다른, 전혀 새로운 경제체제가 될 것이다.

대기업들은 당연히 그들의 막강한 힘을 동원하여 이와 같은 새로운 변혁의 싹을 애초부터 잘라버리려고 할 것이다. 대기업의 이런 저항을 분쇄할 수 있는 길은 오로지 건전하고 분별 있는 소비형태를 지향하는 압도적인 국민의 열망뿐이다.

시민들이 소비자의 힘을 과시할 수 있는 효율적 방법의 하나는 전투적 소비자연맹을 조직하여 "불매동맹"을 무기로 사용하는 일이다. 하나의 예를 들어보자. 가령 미국의 자동차 고객 가운데 20퍼센트가 능률적인 대중교통 수단에 비해서 자가용은 비경제적인 데다가 환경오염을 일으키고 심리적으로도 유해하다는 이유로——가짜 권위의식을 불러일으키고 시기심을 조장하며 자기 자신으로부터 도망치게 하는 일종의 마약이라고——앞으로는 자동차 구입을 하지 않겠다는 결정을 했다고 가정해보자. 이런 소비자 스트라이크가 자동차 산업에 ─ 물론 석유회사에 대해서도 ─ 얼마나 위협이 될는지는 단지 경제전문가가 판단할 수 있는 일이겠지만, 자동차 산업에 기초한 국민경제가 심각하게 흔들리리라는 사실만은 명약관화하다. 물론 미국 경제가 심각한 난관에 빠지는 것을 원하는 국민은 아무도 없을 것이다. 그러나 그와 같은 위협적 조처가 일단 확실하게 실행될 수만 있다면(예를 들면 한 달간 자동차 사용을 포기하는 식으로), 그것은 전체 생산체계의 변혁을 쟁취해낼 수 있는 강력한 지렛대를 소비자의 손에 쥐어줄 수 있을 것이다. 소비자 불매운동의 커다란 이점(利點)은 그 어떤 정부의 개입도 필요로 하지 않는다는 것, 그것에 대처하기 어렵다는 것(정부 측에서 소비자가 원하지도 않는 생산품을 강매하는 식의 조처를 취하지 않는 한), 그리고 국가적 법 절차의 경우처럼 선거권자의 과반수의 찬성 따위를 기다릴 필요가 없다는 것 등이다. 사실상 변혁을 유발시키기에는 20퍼센트의 소수만으로도 충분하기 때문이다. 소비자 스트라이크는 정치적 진영이나 정치적 구호를 뛰어넘는 효력을 발휘할 수 있다. 보수적 휴머니스트뿐만 아니라 진보적, "좌익" 휴머니스트들도 이 운동에는 동조할 것이다. 분별 있고 인간다운 소비에의 욕구라는 단 하나의 동기(動機)가 그들 모두를 하나로 묶을 것이기 때문이다. 스트라이크를 조정하기 위한 첫 번째 단계로, 소비자연맹의 급진적 휴머니즘적 대표자들이 대기업(그리고 정부)을 상대로 요구한 개혁사항을 놓고 협상을 벌일 것이다. 이때 그들의 협상방법은 노동쟁의의 교섭과정에서 노동조합 대표들이 사용하는 방법과 원칙적으로 같을 것이다.

문제는 소비자들에게 1. 소비태도에 대해서 어느 정도의 무의식적인 소비자 자신의 거부감을, 2. 휴머니즘적 소비자 운동이 일단 가동되었을 때 그들이 발휘할 잠재력을 일깨워주는 데에 있다. 이 운동이야말로 어쩌면 참민주주의의 발현이 될 수도 있을 것이다. 개개인이 사회적 사건에 직접 영향력을 행사하며, 소외되지 않은 능동적 방식으로 사회발전에 결정권을 행사하려고 노력한다는 의미에서 말이다. 이 모든 과정에서 결정적인 요소는 정치적 구호가 아닌 개인의 경험이 될 것이다.

그러나 대기업들이 오늘날처럼 막강한 힘을 가지고 있는 한, 아무리 훌륭히 조직된 소비자 운동이라고 해도 충분한 효력을 발휘할 수는 없다. (세뇌에 의한 사고의 통제로) 정부와 국민을 지배하고 있는 이 다국적 기업의 힘을 꺾지 못하는 한, 우리가 그나마 보유한 민주주의의 잔재마저 필연적으로 기술관료주의적 파시즘에, 배만 채우고 두뇌는 작동하지 않는 로봇들의 사회 —— 우리가 "공산주의"라는 이름하에 그토록 두려워했던 바로 그런 형태의 사회 —— 에 종속될 수밖에 없을 것이다. 그러나 미국은 반(反)트러스트 법(antitrust law)에 의해서 대기업의 힘을 제한하는 전통을 가지고 있다. 여론의 힘은 이 법 정신을 현존하는 산업적 초권력(superpower)에 적용함으로써 그 힘들을 보다 작은 단위로 분해할 수 있을 것이다.

—— 존재지향적 사회를 건설하기 위해서는 그 사회의 모든 구성원들이 자신의 경제적 및 정치적 기능을 적극적으로 인식하지 않으면 안 된다. 다시 말하면, 산업적 및 정치적 참여민주주의가 완전히

실현되는 한에서만, 우리는 소유적 실존양식으로부터 벗어날 수 있다. 이것은 대부분의 투철한 휴머니스트들의 공통된 확신이다.

산업적 민주주의(industrial democracy, industrielle Demokratie)란, 대규모 산업기구 또는 그밖의 조직 구성원이 그 조직 안의 생활에서 능동적인 역할을 하는 것, 다시 말하면 포괄적인 정보에 접하며 결정 과정에 참여하는 것을 의미한다. 참여범위는 구성원 자신의 작업현 장, 건강, 안전조치의 차원(이 차원은 스웨덴과 미국의 몇몇 기업들 에서 이미 성공적으로 실천되고 있다)에서부터 전반적인 기업정책에 이르기까지 점진적으로 한층 높은 결정의 차원을 포괄한다. 그 요점 은 노동조합 대표들이 기업경영의 외곽에서 공동결정권을 행사하는 형식에 그치지 않고, 노동자 및 피고용자들이 직접 자기 자신의 대표 자가 된다는 사실이다.

산업적 민주주의는 나아가서, 개개의 기업이 경제적 및 기술적 기 구에 머물지 않고 그 기업의 활성화와 기능방식에 모든 구성원을 능 동적으로 참여시킴으로써, 아울러 관심[이해]을 공유하는 사회적 기 구가 되는 것을 의미한다. 정치적 민주주의의 실현에도 이와 똑같은 원리가 적용된다. 민주주의는 수동적인 "방관자적 민주주의"에서 능 동적인 "공동결정의 민주주의(참여민주주의[participatory democracy, Mitbestimmungsdemokratie]"로의 전환을 실현시키지 못하는 한, 권 위주의적 사회가 될 위험을 모면할 수 없다. 참여민주주의의 본질은 모든 개인이 공동체의 관심사를 자기 개인의 관심사와 똑같이 중시 하는 데에, 다시 말하면 모든 시민이 공공복리를 근본적으로 자기의 일로 여기는 데에 있다. 지금껏 적지 않은 사람들이 공동체의 문제에 참여함으로써 자신의 삶에 대해서도 흥미와 자극을 받아왔다. 진정한 민주주의란 이처럼 삶을—— **흥미로운** 것으로 확신하게 하는 사회형태라고 정의할 수 있을 것이다. "인민민주주의(people's demcracy, Volksdemokratie)"나 "중앙집권적 민주주의(centralistic democracy, zentralistischen Demokratie)"와는 달리 이런 공동결정 민주주의는 비관료주의적이며, 선동적인 정치가가 출현할 수 없는 풍토를 만든다.

참여민주주의의 실천을 위한 방안은 18세기에 수립된 민주주의 헌법의 구상보다도 근본적으로 한층 더 어려운 작업일 것이다. 참여민주주의의 기본 원리와 실천강령을 작성하기 위해서만도 수많은 인재의 엄청난 노력이 필요할 것이다. 그 실현방안의 여러 가능성 가운데 하나로서, 내가 20년 전에 『건전한 사회』(E. Fromm, 1955)에서 이미 제시했던 제안을 여기에 인용하기로 한다. 그것은 수십만 개의 이웃 집단(약 500명의 구성원)들을 상설기구로 구성하여, 그 집단들이 경제, 외교정책, 보건 및 교육, 복지정책 등 각 분야의 근본적인 문제점을 토의하고 결정하도록 하자는 제안이다. 이 집단들은 모든 주요 정보들을 입수하고 있으며(정보의 실상에 대해서는 나중에 언급하기로 한다), (외부의 영향을 받지 않고) 그 정보에 대해서 토의하고, 당면 쟁점에 대해서 투표를 하게 된다(오늘날의 과학기술 상태로는 모든 집단의 투표결과가 하루에 집계될 것이다). 그럴 경우 이 집단들의 총체가 "하원(下院)"을 이룰 것이며, 그 결정이 다른 정치적 기구의 결정과 통합해서 입법에 결정적인 영향력을 행사할 수 있을 것이다.

"무엇 때문에 그런 번거로운 계획을 세우는가?"라고 묻는 사람들도 있을 것이다. "여론조사를 통해서 단시간에 전체 국민의 의견을 알 수 있지 않은가?" 이 반론은 의사표시 형태에서 실로 문제성이 있는 측면의 한끝을 건드리고 있다. 도대체 여론조사의 바탕을 이루는 "의견"이란 무엇인가? 그것은 충분한 정보도 비판적 성찰이나 토론의 기회도 가지지 못한 사람들의 문자 그대로의 "견해(見解)"에 불과한 것이 아닌가? 그뿐만 아니라 여론조사 대상자들은 자기네 "의견"이 중시되지도 않고 이렇다 할 영향력도 가지지 못하리라는 점을 미리 의식하고 있다. 그런 의견이란 한 인간에 의해서 특정 시점에 의식되는 일시적인 생각에 불과할 뿐, 사정이 달라지면 정반대의 의견을 낳을 수도 있는 심층의 경향에 대해서는 아무것도 말해주지 않는다. 여론조사 대상자는 정치적 선거에서의 투표자와 비슷한 느낌을 가지고 있다. 투표자들은 특정 후보자에게 위임하겠다는 표를 던지고 나서 뒤돌아서면서 즉각, 자신의 투표행사가 선거과정에서는 이렇다 할 실제적인 영향력을 미치지 못하리라는 점을 잘 알고 있다. 정치적 투표는 그 반(半)최면술적인 선거전략으로 투표자의 사고력을 둔화시키는 탓에, 여론조사의 경우보다 어떤 면에서는 한층 더 불리한 상황에서 이루어진다. 결국 선거는 후보자의 야망이나 포부가 걸린 아슬아슬한 멜로드라마가 된다. 투표자들은 자기가 선호하는 후보자에게 표를 던짐으로써 이 드라마에 참여할 수 있다. 비록 적지 않은 시민들은 이와 같은 제스처를 거부하기는 하지만, 대다수의 사람들은 검투사가 아닌 정객이 싸움을 벌이는 이 로마식 원형극장의 구경거리에 매료되는 것이다.

진정한 확신에 이르기 위해서는 두 가지 요건, 즉 **적절한 정보의**

확보와 자신의 결정이 영향력을 가진다는 의식이 전제되어야 한다. 무력한 방관자의 의견은 이런 확신의 표출이 아니라, 담배 상표의 선호도와 마찬가지로 진부하고 구속력 없는 것이다. 따라서 여론조사나 선거에서 드러나는 의견은 인간의 판단력의 최저 차원일 뿐, 최고 차원을 대표하지는 않는다. 이 사실은 인간이 지닌 판단력의 최고 잠재력을 입증하는 두 가지 예가 뒷받침해준다. 다시 말하면, 인간의 사적(私的) 결정은 정치적 결정보다 대체로 한결 더 현명하며, 그 점은 a) 사적인 관심사(슘페터[J. A. Schumpeter, 1962]가 명시했듯이 특히 장사판)에서, 그리고 b) 배심원 역할에서 명백히 드러나는 사실이다. 배심원들은 일반 시민들로 구성되며, 흔히 복잡하고 꿰뚫을 수 없는 사건들에 대해서 심판을 내려야 한다. 그러나 그들은 모든 중요한 정보를 제공받고, 충분히 토론할 기회를 가지며, 자신들의 판단이 피고의 사활을 결정한다는 점을 인식하고 있다. 그 결과, 그들의 결정은 대체로 고도의 통찰과 객관성에 따라서 이루어진다. 이와는 달리, 정보에 어두운 채 반쯤 최면에 걸린 무력한 사람들은 진지한 신념을 토론할 수 없다. 아무리 민주주의 체제에서 나온 의견일지라도 그것이 아무런 정보를 제공받지도 못하고 논의의 기회도 없이 나온 것이라면, 또한 그 결정의 영향력을 행사할 수도 없는 것이라면, 운동경기에서 박수를 치는 것과 다를 바 없을 것이다.

── 정치적 삶에서 능동적인 공동결정은 정치와 경제의 최대한의 분권화를 요구한다.

　오늘날 자본주의에 내재하는 논리를 토대로 하자면, 기업과 정부는 갈수록 커져서 결국 수뇌에 의해서 중앙집권적으로 다스려지는 엄청난 관료주의적 기구들로 팽창할 수밖에 없다. 휴머니즘적 사회를 이룩하기 위한 전제는 이와 같은 중앙집권화 과정에 제동을 걸고 포괄적 분권화를 도입하는 것이다. 여기에는 몇 가지 이유가 있다. 멈퍼드의 말대로 만약 사회가 한낱 "대형기계"가 되어버린 상태라면, 다시 말하면 사회 전체가 중앙 조정실에서 작동하는 하나의 거대한 기계에 불과하다면, 조만간 파시즘은 불가피하게 된다. 왜냐하면, a) 사람들은 비판적인 사고능력을 상실한 양(羊)이 되어서 자신들은 무력하다고 느끼며, 수동적이 되어서 행동지침을 "알고 있는" 사람──자신들은 모르는 일체의 것을 아는 강자(強者)를 필연적으로 동경하게 되며, 또한 b) 대형 기계란 그것에 접근하는 그 누구에 의해서든지 적절한 단추만 누르면 작동될 수 있는 성질의 것이기 때문이다. 그 기계는 기본 구조상 자동차와 똑같이 자동으로 굴러간다. 자동차의 핸들을 잡은 사람은 적절한 페달을 밟고 핸들과 브레이크를 조작하면서 그밖의 약간의 간단한 세목에 주의를 기울이기만 하면 그만이다. 자동차나 기계에 딸린 수많은 바퀴에 해당하는 것이 이 대형 기계에서는 온갖 관료주의적 행정계층이다. 이렇다 할 지력(智力)이나 능력을 갖추지 않은 사람이라도 일단 권력의 자리에 앉게 되면 쉽게 국가라는 기계를 조종할 수 있다.

정부는 그 과제를 주(州)──그것 자체만도 거대한 복합체이다──에 위임할 것이 아니라, 보다 더 작은 단위의 행정구역에 위임하도록 해야 한다. 그럴 경우, 지역민들은 서로를 알고 있기 때문에 적절한 판단을 내릴 수 있으며, 자기네 지역문제 해결에 능동적으로 공동

참여할 수 있을 것이다. 산업 분야에서의 분권화는 기업 내의 소집단에 보다 많은 결정권을 조성해줌으로써 거대한 기업을 소단위로 분할할 수 있을 것이다.

── 능동적이고 책임감 있는 참여는 관료주의적 경영이 휴머니즘적 경영으로 대체되는 한에서만 가능하다.

　모든 대규모 경영기구는 필연적으로 "관료주의적일" 수밖에 없다고, 다시 말하면 소외된 형태의 행정이 될 수밖에 없다고 대다수의 사람들은 여전히 믿고 있다. 그러면서 그들은 관료주의적 정신이 이를테면 의사와 환자, 남편과 아내의 관계처럼 그것이 불분명한 경우에서조차 얼마나 치명적인 것인지를 깨닫지 못하고 있다. 관료주의란 a) 인간을 사물처럼 관리하는 방법이며, b) 값싸고 쉽게 통제하고 수치화(數値化)하기 위해서 사물을 질적 관점에서가 아니라 양적 관점에서 취급하는 방법이라고 정의할 수 있을 것이다. 관료주의적 절차는 통계적 자료에 의해서 수행된다. 관료주의자들의 행동은 통계적 자료를 기초로 한 경직된 규칙에 따른 것일 뿐, 그들 앞에 서 있는 살아 있는 인간에 대한 자발적인 반응에서 나온 것이 아니다. 그들은 사건을 대하면서 통계적 빈도에 따라서 해당문제를 결정하면서 5퍼센트나 10퍼센트의 소수가 치르는 희생을 묵살한다. 관료주의자는 자신이 짊어져야 할 개인적인 책임이 두려워서 규칙의 뒤로 도피처를 찾는다. 그에게 확신과 자긍심을 부여하는 것은 규칙에 대한 충성심이지, 인간성의 명령에 대한 충성심이 아니다.

　아이히만4)은 관료주의자의 극단적인 표본이었다. 그가 수십만 명의 유대인을 죽음의 가스실로 보냈던 동기는 유대인에 대한 개인적인 증오심이 아니었다. 그는 그 누구도 증오하지도 사랑하지도 않았다. "자신의 의무"에 충실했을 뿐이었다. 그는 의무감에서 유대인을 가스실로 보냈으며, 그 이전에도 똑같은 의무감에서 독일로부터의 유대인 추방령을 작성했다. 그에게 중요한 것은 오로지 규칙에 복종하는 것뿐이었다. 그는 규칙을 어겼을 때에만 죄책감을 느꼈다. 그의 법정진술(그의 입장을 더욱 불리하게 한)에 의하면, 그는 단 두 차례 죄의식을 느꼈는데, 그것은 어린 시절 학교에 무단결석을 했을 때와 공습경보시에 방공호로 대피하라는 명령을 어겼을 때였다. 이 이야기는 아이히만을 비롯한 다른 관료주의자들이 사디즘적인 요소를 가지고 있지 않다는, 즉 다른 생명체를 지배하는 데에서 오는 만족감을 즐기지 않는다는 의미는 아니다. 다만 이와 같은 사디즘적 특성은 그들의 2차적 특성에 지나지 않는다. 관료주의자의 1차적 특성은 인간적 공감의 결핍과 규칙이라는 우상에 대한 비합리적 숭배이다.

그렇다고 나는 모든 관료주의자들이 아이히만과 같다고 주장하려는 것은 아니다. 첫째로, 관료적 지위에 있다고 해서 그들이 모조리 성격학적 의미에서 관료주의자는 아니다. 둘째로, 대다수의 경우 관료주의적 태도는 해당 인물 전체를 포괄하지도 않거니와 그들이 지닌 인간적 측면을 완전히 죽이지도 않는다. 그러나 물론 관료주의자

---

4) 아이히만(Adolf Eichmann, 1906-1962) : 독일 나치스 친위대 장교. 제2차 세계대전 중 독일 점령하의 유럽 각지의 유대인의 체포와 강제이주를 계획하고 지휘했다. 종전 후 가명으로 남미에 잠적했다가 1960년 발각, 체포되어 이스라엘로 압송되어서 1962년 처형당했다.

들 가운데는 아이히만 부류의 인간이 적지 않으며 —— 그들이 아이히만과 다른 점이 있다면 단 한 가지, 그들은 수천 명의 인간을 굳이 죽이지 않아도 되는 여건에 놓여 있다는 점뿐이다. 만약 병원에 근무하는 어떤 관료주의자가 환자는 의사의 처방을 거쳐야만 한다는 규정을 내세워서 중환자의 입원을 거절했다면, 그의 행동도 아이히만의 경우와 다를 바 없을 것이다. 또는 자신이 몸담고 일하는 관료주의적 규정을 어기지 않으려고 사회보장 제도의 수혜자를 굶어 죽도록 방치하는 복지위원의 경우도 마찬가지이다. 이런 관료주의적 태도는 행정관리들에게만 만연되어 있지 않고 —— 의사, 간호사, 교사와 교수들, 아내를 대하는 남편들, 자식을 대하는 부모들에게서도 볼 수 있다.

살아 있는 인간이라도 한낱 수치로 제한된 경우를 상대할 때면, 진짜 관료주의자는 극도로 잔인한 행위를 저지를 수 있다. 그 행위에 버금갈 정도로 그들이 잔인해서가 아니라, 그들을 상대방과 묶는 인간적 유대가 없기 때문이다. 관료주의자들은 노골적인 사디스트보다 혐오감을 덜 일으키기는 하지만, 실상 더 위험한 존재들이다. 왜냐하면 그들은 양심과 의무 사이의 갈등조차 일으키는 적이 없기 때문이다. 그들의 양심이란 곧 의무이행과 동의어니까 말이다. 공감과 동정의 대상으로서의 인간은 그들에게는 없다.

창설된 지 오래된 기업이나 사회복지 기관, 병원, 형무소 따위의 큰 조직 안에서 우리는 아직도 불친절한 구식(舊式) 관료주의자를 얼마든지 만날 수 있다. 그런 곳에서는 몇몇 행정직원이 가난하거나 힘없는 사람들에 대해서 무지막지한 권력을 행사한다. 반면 현대산업에서의 관료주의자들은—— 그들 역시 다른 사람에 대해서 권력을 행사하는 것에서 약간의 쾌감을 느끼기는 하겠지만—— 결코 불친절하지도 않고 사디즘적 성향도 거의 가지고 있지 않다. 그럼에도 그들에게서 역시 우리는 한 가지 요건에 대한—— 그들의 경우에는 조직에 대한—— 전형적인 관료주의적 충성심을 확인할 수 있다. 그들은 자기들의 조직을 신봉한다. 그들의 회사는 곧 그들의 집이며, 회사에서 통용되는 규칙은 어쨌든 "합리적인" 것이므로 논란의 여지가 없는 것이다.

그러나 참여민주주의 체제 속에서는 구식 관료주의자도 신식 관료주의자도 들어설 자리가 없다. 왜냐하면 관료주의 정신은 개개인의 능동적인 공동결정 원칙과 화해할 수 없는 것이기 때문이다. 미래의 사회과학자들이 할 일은 고식적 규칙의 적용이 아니라, 인간과 상황에 대한 보다 강력한 통찰을 바탕으로 한 비관료주의적인, 새로운 행정방식을 고안해내는 일이다. 또한 해당 행정직원에게 자발성의 여지를 주고 검약(儉約) 관리를 맹목적인 물신(物神)으로 추앙하지 않는다면, 그 부분에서도 비관료주의적 행정이 상당히 실현될 수 있을 것이다.

존재적 실존양식에 바탕을 둔 사회의 건설에는 이밖에도 많은 조치들이 필요하다. 다음의 제안들이 나의 독창적인 것이라는 주장을 할 생각은 없다. 오히려 나는 이 제안들의 대부분이 이미 휴머니즘적 작가들에 의해서 이런저런 형태로 제시된 것이라는 사실에 용기를 얻고 있다(이 책 뒤에 붙인 참고 문헌 목록을 참조할 것).

—— 상업광고와 정치선전에서 모든 세뇌적 방법이 금지되어야 한다.

세뇌적(洗腦的) 방법은 위험한 것이다. 그것은 우리로 하여금 필요하지도 원하지도 않는 물건을 사도록 오도(誤導)할 뿐만 아니라, 온전한 정신상태라면 원하지도 않고 필요로 하지도 않았을 정치적 대표자를 선택하도록 만들기 때문이다. 우리는 최면술 같은 선전방법에 조작당하여 온전한 정신상태를 유지하지 못하고 있다. 끊임없이 불어나는 이와 같은 위험을 막기 위해서 **상품광고와 정치가들의 선전에서 일체의 최면술적 형태의 사용을 금지해야 한다.**

광고와 정치선전에 사용되는 최면술적 방법은 소비자와 유권자의 정신과 마음의 건강에, 특히 명징하고 비판적인 사고능력 및 고유의 정서에 심각한 해를 끼친다. 만약 철저하게 조사를 해본다면, 근본적인 감화(感化)에서부터 반쯤 최면적인 기술——끊임없이 반복하거나 성적 충동에 호소함("나는 린다랍니다, 나를 타세요!")으로써 합리적 사고를 차단하는 식—— 에 이르기까지 온갖 세뇌적 방법이 우리에게 야기한 전면적인 피해에 비할 때, 마약 중독으로 인한 해독은 오히려 극히 일부분에 지나지 않는다는 사실을 입증할 수 있으리라고 나는 확신한다. 순전히 암시적인 방법을 동원한 광고폭격, 특히 텔레비전의 광고방송은 모든 국민을 바보로 만든다. 개개인은 매일처럼 매시간 어디를 가든지 이처럼 이성과 현실감을 마비시키는 폭탄 세례에 노출되어 있다. 텔레비전 화면 앞에 앉아 있는 여러 시간, 자동차를 타고 달릴 때, 그리고 입후보자의 정견발표를 들을 때 등등. 이 암시적인 방법의 독특한 효과는 반쯤 깨어 있는 몽롱한 상태를 만드는 것, 현실감의 상실을 가져오는 것이다.

집단적 암시를 거는 이 독(毒)을 제거한다면, 소비자들에게는 마치 마약 중독자의 금단증상과 유사한 일종의 금단증상이 일어날 판이다.

── 부강한 나라와 가난한 나라 사이의 격차가 메워져야 한다.

이 격차가 지속되고 심화된다면 결국 파국에 이르리라는 점에는 의심의 여지가 없다. 이제 가난한 나라들은 산업국가에 의해서 자행되는 경제적 착취를 신이 내린 운명처럼 받아들이지 않게 되었다. 소련은 자국의 위성국가들을 여전히 식민주의적 방법으로 착취하는 한편, 다른 식민지 민족의 항거에 대해서는 원조를 하고 그것을 서양에 대한 정치적 무기로 사용하고 있다. 원유가(原油價)의 인상은 원료를 싸게 팔고 제품을 비싸게 구입할 수밖에 없도록 되어 있는 국제 경제 체제를 종식시키려는 개발도상국들의 운동의 발단이자── 일종의 신호였다. 마찬가지로 베트남 전쟁도 식민지 민족들에 대한 서양의 정치적 및 군사적 지배의 종말을 고하는 시작의 신호였다.

우리가 이 격차를 제거하려는 아무런 대책도 강구하지 않는다면 어떤 일이 벌어질 것인가? 그렇게 되면, 백인의 요새에 전염병이 순식간에 번지거나, 기근(饑饉)으로 인해서 절망에 빠진 가난한 나라들이 산업국가 내부의 동정자(同情者)들의 후원을 받아서 테러 행위를── 그것도 어쩌면 핵무기나 생물학적 병기를 써서── 자행하여 백인의 요새에 혼란을 가져오는 양자택일의 상황이 벌어질 것이다.

이러한 파국은 오로지 기근과 질병을 통제함으로써만 막을 수 있고── 그렇게 하기 위해서는 산업국가들의 도움이 절대적으로 필요하다. 이 원조는 강대국의 편에서 자국의 이익이나 정치적 이득을 떠나서 제공되어야 한다. 이 말에는 자본주의의 경제적 및 정치적 원리를 아프리카와 아시아에 이식시키려는 의도 역시 초월해야 한다는 의미도 포함된다. 물론 경제적 원조의 가장 효율적인 방법을 모색하는 일은 경제 전문가가 담당할 과제이다.

그러나 이 일에는 해당 전문지식뿐만 아니라 최선의 해결책을 찾고자 하는 인간적인 마음을 지닌 전문가만이 적격이다. 이들 전문가들을 끌어들여서 그들의 제안을 이행하려면, 소유지향의 바탕이 약화되고 연대감과 책임의식(비단 동정에 그치지 않는)이 들어서야 한다. 이 책임의식은 지구상에 현존하는 이웃에 대해서만이 아니라 우리의 후손에게도 해당되는 것이다. 우리가 자연자원을 약탈하고 지구를 오염시키며 핵전쟁을 위한 무장을 계속하고 있는 사실이야말로 우리의 이기주의의 극명한 표출이다. 우리는 조금의 주저함도 없이 우리의 자손들에게 이 황폐해진 땅덩어리를 유산으로 남겨주려고 하고 있다. 여기에 내면적 변혁이 일어날 수 있을 것인가? 아무도 이것에 대한 답변을 줄 수는 없다. 그러나 인류가 분명히 알아야 할 한 가지 사실은 이와 같은 내면적 변혁을 수행하지 못하는 경우에는 가난한 나라와 부강한 나라 사이의 충돌이 수습할 수 없는 국면에 이르리라는 점이다.

── 오늘날 자본주의 사회와 공산주의 사회에서 벌어지는 대부분의 해악은 연간수입의 최소치를 보장해줌으로써 제거될 수 있다.

이 제안은 모름지기 모든 인간은 일을 하든 하지 않든 간에 먹는 것과 거처할 곳에 대해서만은 무조건적인 권리를 가진다는 신념에 근거한다. 인간은 삶에 필요한 것 이상을 취득해서도 안 되겠지만—— 그 이하에 머물러서도 안 된다는 이야기이다. 이 권리는 오늘의 우리에게는 새삼스러운 견해로 보일 수도 있다. 그러나 이것은 실은 기독교 교리의 뿌리를 이루고 있을뿐더러 많은 "원시적" 부족에서는 실천해온 해묵은 규범, 즉 인간은 "사회에 대한 자신의 의무"를 이행하든 안 하든 간에 생존에 대한 무제한적인 권리를 가진다는 규범이다. 그러나 우리는 이런 권리를 애완동물에게는 인정하면서도, 우리의 이웃에 대해서는 인정하지 않고 있다. 나는 이미 『건전한 사회』(1955)에서도 위의 제안을 한 바 있고, 1965년에는 같은 주제로 심포지엄을 연 적이 있다(R. A. Theobald[편], 1966 ; E. Fromm, 1966c를 참조할 것).

이와 같은 법이 발효된다면 개인의 자유는 무한히 확장될 것이다. 그 누구도 경제적으로 타인(부모, 남편, 사장)에게 의존해서 굶주림에 대한 불안으로 강박을 느끼는 일은 없을 것이다. 전혀 다른 삶의 방식으로 살아가려는 인재들은 얼마간 가난한 생활을 감수할 각오만 하면 뜻하는 방식으로 살 수 있을 것이다. 현대 사회복지 국가는 이 원칙을—— 거의—— 채택했다. "거의"라는 말은 사실은 "실제가 아님"을 뜻한다. 당사자들은 여전히 관료주의에 의해서 "관리되고" 통제를 받으며 수모를 겪는다. 보장된 수입은 그 누구도 소박한 방 한 칸과 최소한의 먹을 것을 얻는 데에 굳이 "극빈자 증명서"를 필요로 하지 않음을 의미할 것이다. 따라서 복지정책을 수행한답시고 인간의 존엄성을 묵살하고 전형적인 낭비를 일삼는 관료주의도 불필요하게 될 것이다.

연간 최소 수입 보장제도는 진정한 자유와 독립을 의미한다. 따라서 착취와 지배에 기초를 둔 모든 체제, 특히 여러 형태의 독재체제는 이것을 수용할 수가 없다. 소련에서 무료제도(예컨대 공공교통 요금이나 우유배급)의 실용안이 그 싹부터 잘린 사실은 이에 대한 특징적인 예이다. 다만 무료진료는 예외이지만, 그것도 피상적인 조처라고 할 수밖에 없다. 왜냐하면 그것은 하나의 조건 —— 환자여야 한다 —— 을 전제하고 있기 때문이다.

오늘날 여러 갈래로 분화된 복지관료 체제를 운영하는 데에 드는 비용을 염두에 둔다면, 거기에다가 육체적 질병, 특히 범죄나 마약 중독 같은 정신적 신체질병을 퇴치하기 위한 비용까지 계산에 넣는다면, 개개인의 연간 최소 수입을 보장해주는 비용은 현재 운용되고 있는 사회복지 분야의 지출보다 한결 적은 수치가 나오리라고 추산된다. 이러한 생각은 "인간은 천성적으로 게으르다"는 확신을 가진 사람들에게는 실현 불가능하고 위험하게 여겨질 수도 있다. 그러나 그들의 진부한 확신에는 이렇다 할 사실적 근거가 없다. 그것은 단지 무력한 약자에 대한 지배를 포기하지 않으려는 태도를 합리화하는 표어에 불과한 것이다.

—— 여성은 가부장적 지배에서 해방되어야 한다.

가부장적 지배로부터의 여성해방은 사회의 휴머니즘화를 위한 기본 전제이다. 여성에 대한 남성의 지배는 약 6,000년 전 농업의 잉여생산이 노동력의 착취, 군대의 조직화, 막강한 도시국가 건설을 조장했을 즈음 세계 곳곳에서 뿌리를 내리기 시작했다(E. Fromm, 『인간

파괴성의 해부』, 1973, 154-159쪽을 참조할 것). 그때 이후로 유럽과 중동 문명뿐만 아니라 지구상의 거의 모든 문명이 여성을 정복한 "남성연합군단"에 의해서 지배되어왔다. 인류의 여성 파트에 대한 남성의 승리는 남성이 지닌 경제권과 그들이 만들어낸 군사력에 의해서 다져졌다.

남성과 여성 간의 투쟁은 계급투쟁만큼이나 오래된 것이지만 한결 복잡한 형태를 취해왔다. 남성은 여성을 부리는 일꾼으로서뿐만 아니라 어머니, 연인, 위안부로서 끊임없이 필요로 해왔기 때문이다. 이 싸움은 때로는 노골적으로 잔인하게 노출되기도 하지만, 그보다는 숨겨진 양상으로 벌어지는 경우가 허다하다. 여성들은 남성의 힘에 부득이 굴복하면서도 여성 특유의 무기를 동원하여 반격을 가해왔다. 여성의 가장 신랄한 무기는 남성을 웃음거리로 만드는 것이었다.

지금껏 인류의 절반이 나머지 절반에 의해서 정복당해온 사실은 엄청난 해악을 야기했고 지금도 그 해악이 계속되고 있다. 다시 말하면, 남성은 승리자의 특성을 취했고 여성은 희생자의 특성을 취한 것이다. 오늘날까지도, 또한 의식을 가지고 남성의 우월권에 대해서 항거하는 사람들 가운데에서조차도 우월감과 열등감의 저주에서 벗어난 남녀관계는 존재하지 않는다. 남성의 우월성을 추호도 의심하지 않았던 프로이트마저 불행하게도, 여성의 무력감은 이를테면 남근(男根)을 가지지 못한 고통에서 유래한 것이며, 따라서 남성들은 "거세의 공포" 때문에 줄곧 불안감을 느끼고 살아간다는 결론을 제시했다. 사실상 이 현상은 남성과 여성 간의 투쟁의 징후이며, 생물학적 및 해부학적 차이 자체에 그치는 문제가 아니다.

274

여러 가지 징후로 볼 때 여성에 대한 남성의 지배양태는 무력한 대중집단에 대한 지배계급의 핍박형태와 유사한 흐름을 겪었다고 볼 수 있다. 1세기 전의 미국 남부 흑인들의 모습과 당시 여성들, 아니 오늘날에도 달라진 바 없는 여성들의 모습을 눈여겨보는 것만으로도 충분하다. 당시 여성들은 흑인과 마찬가지로 어린아이처럼 감정적이며 미숙한 존재로 취급되었고, 현실감각이 없기 때문에 중대한 결정을 맡을 자격이 없으며, 그래서 책임감은 없지만 매력적이기는 하다고 여겨졌다. 프로이트는 이 항목에 여성은 남성보다 훨씬 더 미숙한 양심(초자아[superego, Über-Ich])을 지녔으며, 자기도취 성향은 한결 더 강하다는 점을 덧붙였다.

약자에 대한 힘의 행사는 현존하는 가부장제의 핵심이며, 미개국가에 대한 산업국가의 지배, 어린이와 청소년에 대한 기성인의 지배의 핵심이기도 하다. 갈수록 활발해지는 여성해방 운동은 오늘날의 사회체제(자본주의 체제이든 공산주의 체제이든)의 바탕을 이루는 힘의 원칙을 위협한다는 의미에서 —— 그 여성들이 주장하는 해방의 개념이 다른 집단, 이를테면 피식민 민족에 대한 남성의 지배권에 동조하는 것은 아니라는 점을 분명히 전제하고서 —— 대단한 중요성을 지닌다. 만약 여성해방 운동이 그 고유의 역할과 기능을 "반(反)권력" 운동의 대표주자 역할에 둔다면, 여성이야말로 새로운 사회건설을 위한 투쟁에서 결정적인 영향력을 행사할 수 있을 것이다.

해방을 위한 첫걸음은 이미 내디뎌졌다. 아마도 훗날의 사가(史家)들은 20세기에 일어난 최대의 혁명적 사건은 여성해방의 시작과 남성 우월권의 몰락이라고 기록할 것이다. 그러나 여성해방을 위한 싸움은 이제 막 개막되었을뿐더러 남성 측의 저항도 과소평가할 수는 없다. 지금껏 남성의 모든 대(對) 여성관계는(성적 관계를 포함해서) 세칭 남성의 우월성에 기초를 두고 있었다. 이제야 비로소 남성들은 이미 남성 우월의 신화를 믿지 않는 여성들을 대하면서 불안과 두려움을 느끼기 시작하고 있다.

여성해방 운동과 밀접한 관계에 있는 것이 젊은 세대의 반(反)권위주의적 사고이다. 이 경향은 1960년대 후반에 그 절정에 이르렀다. 그리고 그 사이에, 당시의 "체제"에 대한 반항아들 가운데 다수는 여러 단계의 발전을 거치면서 지금은 다시금 순응하고 있다. 그렇기는 해도 그 이후 부모와 그밖의 권위에 대한 순종의 자세는 사라졌으며, 권위에 대한 예전의 "외경심"은 다시는 회복되지 않을 것으로 보인다.

권위로부터의 해방과 병행하여 지금은 섹스에 대한 죄악감에서의 해방이 진행되고 있다. 섹스는 이미 입에 올려서는 안 되는 금기사항도 아니고 죄악도 아니다. 섹스 혁명이 지닌 여러 측면에 대한 상대적인 장단점에 대해서는 의견이 분분하기는 하지만 한 가지 사실, 즉 섹스는 이미 죄악감을 불러일으키거나 그럼으로써 굴종을 강요하는 데에 이용할 수 없게 되었다는 사실은 분명하다.

── 정부, 정치가, 시민들에게 모든 실제적인 문제에서 지식을 조달하고 조언을 주는 과제를 수행할 최고 문화협의회가 구성되어야 한다.
이 협의회는 그 나라의 지적 및 예술적 엘리트로서, 우수성에 의심의 여지가 없는 남녀 대표자들로 구성되어야 한다. 그들은 이를테면 보다 확장된 FDA의 결성에 대해서 결정을 내리고 정보의 전파를 책임질 사람들을 선출하게 될 것이다.

정신적, 문화적 삶에서 누가 탁월한 대표자인가에 대해서는 대체로 일치된 의견이 있으므로, 최고 문화협의회의 적격 구성원을 찾아내는 일은 가능하리라고 나는 생각한다. 물론 이 협의회의 구성원에는 지배적인 견해에 대한 반대입장에 있는 사람들, 예를 들면 경제학, 역사학, 사회학 분야에서의 "진보파"나 "수정주의자들"의 대표자들도 포함되는 것이 극히 중요하다. 어려운 점은 위원회 구성원을 찾아내는 일이 아니라 선별하는 절차이다. 그들은 국민투표에 의해서 선발될 수도 없고, 정부에 의해서 임명되어서도 안 되기 때문이다. 그러나 다른 선별방식을 찾을 수는 있을 것이다. 예컨대, 처음에는 협의회의 구성을 서너 명의 핵심 인물로 시작해서 50명에서 100명에 이르도록 점차 구성원을 늘려서 채울 수도 있을 것이다. 이 문화협의회는 각종 특수 분야의 문제들에 대해서 연구를 의뢰할 수 있도록 충분한 자금을 지원받아야 한다.

—— 객관적인 정보를 전파할 수 있는 효율적인 체계가 확립되어야 한다.

고도의 정보수준은 참된 민주주의를 이룩하는 데에 결정적인 전제이다. 이른바 "국가의 안전"을 위해서 정보를 은폐하거나 변조하는 행태는 폐기되어야 한다. 그러나 설령 이런 종류의 부당한 정보은폐 행위가 자행되지 않더라도, 오늘날 보통 시민들은 필수적인 참된 정보를 거의 입수하고 있지 못하다는 점에서는 다를 바 없다. 이는 일반 시민들에게만 해당되는 이야기가 아니다. 줄곧 드러나고 있듯이, 대다수의 국회의원, 정부각료, 군장성이나 재계인사들까지도 미흡한 정보를 받고 있든가, 각종 정부기관에서 흘렸거나 보도기관이 퍼뜨린 진실이 아닌 정보를 입수하고 있기 일쑤이다. 또한 유감스럽게도, 대다수의 책임자들은 기껏해야 순전히 조작적인 지능을 발휘하고 있을 뿐이다. 그들에게는 피상적인 사실 이면에서 작용하는 힘을 알아보는 시력이 결여되고 있고, 그래서 우리가 "워터게이트(Watergate)" 사건이나 "록히드(Lockheed)" 사건에서 익히 들어서 알고 있는 부패나 이기심은 제쳐놓고서라도, 사건의 전망을 판단할 능력조차 결여되어 있다. 그러나 아무리 관료주의자들이 진실되고 지력을 갖추고 있다고 해도, 파국을 향해 치닫고 있는 지금의 세계 문제들을 해결할 수는 없을 것이다.

몇몇 "대(大)"신문을 제외하고는 정치, 경제, 사회 면의 사실과 자료들의 조달은 극히 제한되어 있다. 또한 이른바 대신문들도 비록 더 많은 정보를 입수하는 위치에 있다고 해도, 실은 더 많은 오보(誤報)를 제공한다. 이를테면 보도를 공정하게 취급하지 않음으로써, 편파적인 제목을 붙임으로써(제목이 기사의 내용과 일치하지 않는다는 사실은 제쳐놓더라도), 겉으로는 합리적이고 책임감 있는 어투로 쓴 사설에서 한쪽의 편을 듦으로써 말이다. 신문, 잡지, 텔레비전, 라디오는 사건을 재료로 하여 상품, 즉 뉴스를 생산한다. "뉴스"만이 상품성을 지니고 있으므로, 모든 보도기관은 어떤 사건이 뉴스가 될 수 있고 어떤 사건이 뉴스가 될 수 없는지 값을 매긴다. 따라서 시민이 접하는 정보는 기껏해야 피상적인 기성품이며, 사건의 진상을 보다 깊이 통찰하고 근본적인 원인을 알아볼 가능성은 거의 공급되지 않는다. 뉴스의 판매도 일종의 장사인 한, 신문이나 잡지 편에서 잘 팔리는 상품(물론 여기에는 그 무절제성의 차이가 있기는 하지만)을 선호하고, 아울러 광고주의 비위를 건드리지 않는 기사를 싣는 것을 우리로서는 막을 길이 없다.

정보를 접하여 결정을 내릴 수 있는 대중을 원한다면, 우리는 정보 문제를 다른 식으로 해결해야 한다. 그중 한 가지 가능성만 예시해보자. 최고 문화협의회의 가장 중요한 기능의 하나로, 전 국민의 요구에 부응하는 정보를 수집하고 보급하여, 앞서 언급한 참여민주주의의 이웃 집단들 간에 토론의 기틀을 마련해주는 일을 하게 하는 것이다. 이 정보는 정치적 결정을 낳는 모든 분야에서 가장 중요한 사실들과 핵심적인 선택안들을 포괄해야 한다. 특히 모든 쟁점에서 다수의견과 소수의견을 모두 공표하여, 그 정보가 모든 시민, 특히 이웃 집단에 전해지도록 하는 것이 중요하다. 또한 최고 문화협의회는 뉴스 보도자들로 구성된 이와 같은 집단들이 펴는 업무를 감독하는 과제도 맡아야 할 것이다. 물론 텔레비전과 라디오도 객관적인 뉴스를 전파하는 데에 한몫해야 할 것이다.

—— 과학적 기본 연구는 산업 및 군사상의 적용문제로부터 분리되어
야 한다.

물론 인식의 욕구에 제한을 가한다면 인류의 발전은 큰 장애를 받을 것이다. 그러나 다른 한편, 과학적 연구에서 나온 모든 결과를 실제에 적용한다면, 그것은 무시무시한 위험을 초래할 것이다. 이를테면 유전학, 신경외과학, 정신의약학 등의 분야에서 성취한 특정 발

견들은 인류에게 엄청난 해악을 초래하도록 오용될 수 있으며, 더러는 실제로 오용되는 위험에 처해 있다고 얼마나 많은 관찰자들이 이의를 제기해왔는가. 그러나 산업 및 군사적 이해 당사자들이 자기들의 구상에 맞는 이론적 발견을 마음대로 요리하고 있는 한, 이러한 위험은 피할 길이 없다. 산업상 이익과 군사적 유용성은 이론적 인식의 실용적 가치를 결정하는 기준에서 배제되어야 한다. 이 목적을 위해서는 과학적 발견의 실제적인 응용 여부를 결정하고 인준하는 통제위원회가 구성되어야 한다. 자명한 이야기이지만, 이 위원회는 기업, 정부, 군부로부터 법적으로나 심리적으로 완전한 독립체여야 한다. 최고 문화협의회가 이 위원회의 위원을 임명하고 그들의 활동을 감독하는 임무를 맡을 수 있을 것이다.

지금까지 언급한 제안들만 해도 실현하기까지는 실로 많은 어려움이 따르겠지만, 새로운 사회의 건설을 위한 또 하나의 필수조건, 거의 극복하기 어려운 난점이 우리에게 걸림돌이 되고 있다.

—— 새로운 사회의 건설을 위한 필수조건은 원자의 무장해제이다.

우리 경제의 병적 측면의 하나는 거대한 군수산업을 필요로 한다는 점이다. 세계에서 가장 부유한 나라인 미국이 오늘날까지도 군비를 감당하느라고 보건, 복지, 교육을 위한 예산을 삭감해야 하는 실정이다. 자살수단으로밖에 쓸모가 없는 무기를 생산하느라 자멸해가고 있는 국가를 향해, 사회적 실험을 위한 비용조달을 어떻게 기대할 수 있을 것인가. 그뿐만 아니라 군사적 관료주의가 날로 힘을 더해가고 그래서 불안과 복종이 휩싸는 분위기 속에서 개인주의 정신과 생산적 활동이 어찌 성(盛)할 수 있을 것인가.

　대기업의 막강한 힘, 대다수 국민의 무기력과 무관심, 거의 모든 국가의 주도적인 정치가들의 무능력, 핵전쟁의 위험, 생태학적 적체현상── 그것만으로도 지구상의 대부분 지역에 기근을 초래할 수 있는 기후변동 현상은 제쳐놓더라도── 이 모든 점을 고려해볼 때── 과연 우리에게는 구원받을 합당한 기회가 있을까? 장사꾼이라면 이런 기회를 부인할 것이다. 이득 볼 확률이 단 2퍼센트밖에 없는데 누가 자신의 재산을 걸 것이며, 별 승산 없는 장사에 누가 거액을 투자할 것인가? 그러나 그것이 우리의 사활(死活)이 걸린 문제라면, "합당한 기회"를 "현실적 가능성"으로 바꾸어서 해석하지 않을 수 없다. 그 가능성이 크든 작든 간에 말이다.

　인생은 도박도 아니고 장사판도 아니다. 따라서 우리는 구제의 현실적인 가능성을 판단하는 가늠자를 다른 분야에서 끌어올 필요가 있다. 이를테면 의술의 경우를 보자. 회생(回生) 가능성이 희박한 환자를 앞에 놓고서도 책임감 있는 의사라면 "우리 포기합시다!"라고 말하거나, 진통제를 처방하는 조치로 그치지는 않을 것이다. 책임감 있는 의사는 환자의 생명을 구하기 위해서 가능한 모든 일을 다한다. 분명히 병든 사회 역시 환자 못지않은 요구권을 가지고 있다.

　현대사회의 구제에 대한 전망을 도박이나 장사판의 입장에서 관측하는 것은 상업세계의 정신적 특질이다. 오늘날 만연되어 있는 기술관료적 견해, 즉 정서적으로는 메말라 있더라도 일과 오락으로 시간을 보내는 우리의 생활에 굳이 반대할 이유는 없으며, 기술관료적 파시즘도 결국 그다지 나쁜 것은 아니라고 생각하는 견해는 현명한 것이 못 된다. 그것은 다만 희망적인 관측일 뿐이다. 기술관료적 파시즘은 필연적으로 파국으로 이어진다. 비인간화된 인간은 결국 광기에 사로잡혀서 장기적으로는 생명 있는 사회를 유지할 수 없을 것이며, 단기적으로 핵무기나 생물학적 병기의 자살적 사용을 억제할 수 없을 것이기 때문이다.

그럼에도 불구하고 우리에게 약간의 용기를 북돋아주는 몇 가지 요소가 있다. 그 첫째는 메사로비치와 페스텔(M. D. Mesarovic/E. Pestel, 1974), 그리고 폴 에를리히와 앤 에를리히(P. R. Ehrlich/A. H. Ehrlich, 1970)를 비롯한 여러 저자들이 주장하는 진실, 즉 "순전히 경제적인 근거에서 보더라도, 서구세계가 몰락하지 않기 위해서는 새로운 윤리학, 자연을 대하는 새로운 태도, 인간적 연대감과 협동이 반드시 필요하다"는 진실을 인식한 사람들의 수효가 점점 늘어가고 있다는 사실이다. 이성(理性)을 겨눈 이 호소는 정서적 및 윤리적 측면은 고려하지 않더라도, 적지 않은 사람들의 정신적 힘을 움직일 수 있을 것이다. 물론 지금까지의 역사를 보면, 많은 나라들이 "사느냐 죽느냐"의 선택에 직면해 있는 것은 아니라는 지도자들의 감언에 설득당하여 자국의 치명적인 이해관계에 반하는, 심지어는 생존에 반하는 행동을 거듭해오기는 했지만, 이성을 향한 이와 같은 호소의 효력은 과소평가될 수 없을 것이다.

또다른 고무적인 측면은 우리의 현존 사회체제에 대한 불만이 점점 팽배하고 있다는 사실이다. 아무리 몰아내려고 해도 세기병(malaise du siècle)을 느끼는 사람들의 수효가 점점 더 늘어가고 있다. 그들은 황량한 고독감을, 어울림 속에서도 공허감을 느낀다. 무력감을, 삶의 무의미함을 느낀다. 다수의 사람들은 이와 같은 증세를 분명히 자각하고 있으며, 그밖의 사람들은 비교적 둔감하면서도 남들이 그렇게 말하면 동조하게 된다.

지금껏 인류의 역사에서 공허한 쾌락을 누리는 삶은 소수 엘리트만의 몫이었다. 그러나 그들은 권좌에 있으면서 권력을 유지하기 위해서 생각하고 행동해야 했으므로 완전히 분별을 잃는 일은 없었다. 그런데 오늘날에는 경제적 및 정치적 권력도 가지고 있지 않고 책임도 떠맡지 않은 모든 중산층이 이와 같은 무의미한 소비생활에 자신을 떠맡기고 있다. 서구세계의 대다수 사람들은 소비자로서의 혜택을 누리고 있으며, 그와 같은 행운을 누리면서도 그것만으로는 미흡하다고 느끼는 사람들의 수효가 점점 더 늘고 있다. 그들은 많이 소유하는 것이 곧 행복을 가져다주지는 않는다는 사실을 깨닫기 시작한 것이다. 이렇듯 전통적 윤리가 시험대 위에 올려졌고 경험에 의해서 확인되고 있다. 다만 중산층적인 사치의 혜택권에서 소외된 사람들에게만, 이를테면 서구세계의 극빈계층이나 "사회주의" 국가의 대다수 주민들의 경우에만 이 낡은 환상이 그대로 살아 있다. 사실상 "소비를 통한 행복"에 대한 희망은 이 부르주아적 꿈을 미처 실현시키지 못한 나라들에서만 강하게 살아 있을 뿐이다.

탐욕과 시기심을 극복하겠다는 지금의 목표에 대한 반론 중의 한 가지, 말하자면 탐욕과 시기심은 어차피 인간본성에 뿌리내리고 있다는 주장은 엄밀히 살펴보면 상당 부분 설득력을 잃는다. 왜냐하면 탐욕과 시기심이 강하게 노출되는 현상은 천성에 의한 것이라기보다는 늑대들 틈에서 늑대가 되어야 한다는 보편화된 압력의 결과이기 때문이다. 따라서 일단 사회적 풍조가 바뀌면, 즉 보편적으로 통용되던 가치관이 바뀌면, 이기심으로부터 이타심으로의 이행(移行)도 한결 용이해지리라고 믿는다.

이로써 우리는 존재지향은 인간본성에 뿌리를 둔 강력한 잠재력이라는 우리의 전제로 되돌아오게 되었다. 극소수의 사람들만이 소유적 실존양식에 의해서 조종당하고 있는 한편에서 또다른 극소수의 사람들은 존재적 실존양식으로 살아간다. 그리고 대다수의 경우에는—— 그 사회구조 안에서 어느 양식이 보다 유리한 온상을 찾느냐에 따라서—— 그 어느 쪽의 양식이든 우세할 수 있다. 존재지향적 사회 안에서라면 소유지향은 "아사(餓死)"를 면하지 못할 것이며, 존재성향은 "양분(養分)"을 받기 마련이다.

어쨌든 존재적 실존양식은—— 비록 억압되어 있을망정—— 항상 현존하고 있다. 개종하기 전에 바울로서의 요소를 이미 갖추고 있지 않았다면, 사울이 바울이 될 수는 없는 법이다. 사회의 변혁과 더불어서 새것이 진작되고 낡은 것이 사기를 잃는 분위기에서는, 소유적 실존양식에서 존재적 실존양식으로의 전환은 진자(振子)를 다른 방향으로 치는 운동에 다름 아니다. 그뿐만 아니라, 우리가 생각하는 새로운 인간은 하늘과 땅 차이만큼이나 기존의 인간과 동떨어진 인간이 아니다. 문제는 다만 방향전환인 것이다. 새로운 방향으로 일단 내딛기만 하면 다음 발걸음도 저절로 뒤따를 것이며, 방향이 옳기만 하다면 그 발걸음은 내디딜 때마다 엄청난 의미를 가질 것이다.

우리가 고려해야 할 또 하나의 고무적인 측면은 역설적이지만, 정치적 권력자를 포함해서 다수 국민들의 특성을 이루는 고도의 소외현상과 상관이 있다. 앞에서 "시장적 성격"에 대한 논의에서 언급했듯이, 소유욕과 축재욕(蓄財慾)은 우선은 훌륭하게 기능하고자 하는 성향으로, 그리고 스스로를 오로지 상품으로 교환하려는 성향으로 변화되어왔다. 이런 식으로 소외된 "시장적 성격"에서는 자기 소유물과 특히 자아에 필사적으로 집착하는 축재적 성격의 경우보다 스스로를 변화시키기가 한결 더 용이하다.

백여 년 전 주민 대다수가 "독립인"으로 이루어져 있던 시대에는, 재산과 경제적 독립을 상실할 것에 대한 두려움이 사회변혁의 가장 큰 장애물이었다. 마르크스는 노동자 계급이 유일하게 큰 의존적 계급이었던 시대, 그의 표현을 빌리자면 가장 소외된 계급이었던 시대에 살았다. 오늘날에는 압도적 다수의 시민들이 임금에 의존하여 살고 있고, 거의 모든 취업인들이 의존적 고용관계에 들어서 있다(1970년도 미국 인구조사에 의하면, 16세 이상의 전체 취업인구 가운데 7.82퍼센트만이 "독립인[自營]"이다). 적어도 미국에서는 아직도 노동자 계급이 전통적인 축재적 성격을 대표한다. 따라서 오늘날에는 변혁에 관한 한 노동자 계급이 한층 더 폐쇄적이다. 오늘날의 한층 더 소외된 중산계급을 앞질러서 말이다.

이 모든 현상은 중대한 정치적 귀결을 가져온다. 사회주의는 모든 계급의 해방—즉 계급 없는 사회—을 지향했는데, 가장 직접적인 지지를 보낸 계층은 노동자 계급, 즉 육체 노동자들이었다. 그러나 오늘날 노동자 계급은 백분율로 볼 때 백 년 전에 비하면 소수에 속한다. 따라서 사회주의 정당들도 권력을 잡으려면 중산층을 겨누어서 파고들지 않을 수 없으며, 사실상 그 정당들은 그렇게 할 목적으로 정당의 강령에서 사회주의적 비전을 삭제하고 자유주의적 개혁으로 대치했다. 그런가 하면, 사회주의는 노동자 계급을 휴머니즘적 변혁의 주축으로 삼음으로써 어쩔 수 없이 여타 계급의 반감을 불러일으켰다. 다른 계급들은 노동자들이 자기의 재산과 특권을 박탈해 갈 것을 두려워한 것이다.

오늘날 새로운 사회의 비전은 소외의 고통을 겪고 있는 모든 사람들, 모든 피고용자들, 안정된 재산의 소유자들, 바꾸어 말하면 소수가 아닌 다수의 사람들의 관심사가 되고 있다.

이 새로운 사회는 누구의 재산도 위협하지 않을 것이며, 수입으로 말하자면 가난한 사람들의 생활수준을 끌어올리는 데에 비중을 둘 것이다. 최고 경영자들의 급료는 굳이 끌어내릴 필요가 없겠지만, 이 체제가 기능을 발하기 시작하면 그들도 구시대의 상징적 인물로 남기를 원하지 않게 될 것이다.

궁극적으로 새로운 사회의 이상(理想)은 그 어떤 당파와도 묶여 있지 않을 것이다. 사실 아직도 수많은 보수주의자들은 그들의 윤리적 및 종교적 가치체계를 포기하지 못하고 있으며(에플러는 그들을 "가치관 보수주의자들[value conservatives, Wertkonservative]"이라고 부른다), 많은 자유주의자와 좌익정당의 경우도 마찬가지이다. 모든 정당은 각기 자기네만 진정한 휴머니즘적 가치를 대표한다고 유권자들을 설득함으로써 그들의 지지를 확보한다. 그러나 모든 정당 저편에는 단지 두 갈래의 파(派), 즉 **참여하는 사람들과 무관심한 사람들**만이 있을 뿐이다. 만약 참여파에 속하는 모든 사람들이 정당의 상투어를 털어버리고 무릇 모든 정당은 동일한 목적을 겨누고 있다는 사실을 인식한다면, 새로운 시작의 기회는 그만큼 더 커질 것이다. 그것도 사람들이 갈수록 정당에 대한 충성심과 정당이 내거는 슬로건에 흥미를 잃어가는 추세인 만큼 더욱 그러하다. 현대인이 동경하는 인물은 지혜와 신념을 지니고 있고 소신에 따라서 행동할 용기를 지닌 인격자이다.

앞에서 말한 희망적 요소들이 있음에도 불구하고, 반드시 와야 할 인간의 변혁과 사회적 변혁의 가능성은 여전히 희박하다. 우리의 유일한 희망은 새로운 비전이 손짓하는 강력한 매력이다. 체제 자체를 근본적으로 쇄신하지 않은 채 이런저런 개혁안을 아무리 내놓은들, 그것은 조만간 무산되고 말 것이다. 그 제안들에는 강력한 동인(動因)이 결여되어 있기 때문이다. 사실상 "유토피아적" 목표야말로 오늘날 정치가들의 "현실주의"보다 더욱 현실적이라고 할 수 있다. 낡은 동기들 —— 이익과 권력 —— 이 새로운 동기, 즉 존재, 공유, 이해로 대체되기만 한다면, 다시 말하면 시장적 성격이 사랑하는 능력을 지닌 생산적 성격으로 대체되고 인공지능적 종교의 자리에 근본적 휴머니즘 정신이 들어선다면, 새로운 사회와 새로운 인간도 바로 현실이 될 것이다.

실제로 중요한 문제는 "종교"도 교리도 제도도 없는 휴머니즘적 종교성으로의 개종을 이루어내는 일이다. 석가모니의 무신론적 운동으로부터 마르크스에 이르기까지 닦아놓은 그런 종교성으로의 개종이다. 우리가 직면한 문제는 "이기적 물질주의냐, 기독교적 신의 개념을 수용하는 것이냐"의 선택의 문제가 아니다. 공동체 안의 삶에서 —— 노동, 여가, 인간관계 같은 모든 삶의 측면에서 —— 공동체적 삶과 분리된 다른 종교를 구태여 요구하지 않는, "종교적 정신"을 실현하는 문제이다. 신(神)과 무관하고 제도화되지 않은 이 새로운 종교성에의 요구는── 전통적 종교의 신봉자이면서 그 종교의 휴머니즘적 핵심을 진정으로 체험하는 사람들은 제외하고── 그렇다고 기존 종교에 대한 공격을 의미하지는 않는다. 그러나 이 요구는 로마의 관료주의를 출발점으로 한 로마-가톨릭 교회[기독교]에 대해서 자기 자신을 복음서 정신으로 개종하라는 호소이기도 하다. 이 요구는 또한 "사회주의 국가들"이 "사회주의를 벗어버려야" 한다는 의미가 아니라, 그들이 자행하는 관료주의적 가짜 사회주의를 휴머니즘적 진짜 사회주의로 대체해야 한다는 의미이다.

중세 후기에 문화가 번영했던 이유는 신의 도시[聖都]라는 비전이 인간에게 날개를 달아주었기 때문이었다. 근대사회는 진보의 지상도시라는 비전이 인간에게 활기를 주었기 때문에 번영했다. 그러나 금세기에 이르러서 이 비전은 바벨 탑의 양상을 취했다. 이제 이 탑은 무너지기 시작하고 있으며, 결국 모든 인간을 그 폐허 속에 묻어버리고 말 것이다. 만약 신의 도시와 지상의 도시가 정(正, thesis, These)과 반(反, antithesis, Antithese)이라면, 새로운 합(合, synthesis, Synthese) ── 즉, 중세 후기의 종교적 핵심과 르네상스 이후의 과학적 사고 및 개인주의의 발달의 합── 은 바벨 탑의 혼란에 맞서는 유일한 대안 (alternative, Alternative)일 것이다. 이 합이 바로 존재의 도시이다.

루트 난다 안젠의 후기

이 "후기"는 에리히 프롬 『사랑의 기술(*Die Kunst des Liebens*)』 독역판 (Ullstein Buch 258, Frankfurt 1971)에 "입문"으로 실린 것이다. 그 번역을 사용하도록 허락해준 울슈타인 출판사에 감사를 드린다.

이 책은 여러 다른 분야에서 책임 있는 동시대 사상가들의 단편적 저술들을 알리는 것을 과제로 삼은 "세계관들"을 하나로 묶은 것이다. 그 의도는 현재문명의 기조를 이루는 새로운 방향들을 제시하고, 동서양을 막론하고 일고 있는 창조적 힘들을 해석하며, 나아가서 인간과 우주, 개인과 사회 간의 상호관계와 아울러 모든 민족들이 공유하는 가치에 대한 이해를 한층 깊게 하는 새로운 의식을 밝히는 것이다. 이 "세계관들"은 일종의 우주적인 대화 속에서 이념들의 세계 공동체를 대표한다. 그리고 여기서 강조되는 것은 인류는 하나라는 원칙과 변화 속에서의 존속의 원칙이다.

여러 학문 분야에서 나온 이 새로운 발견들은 인간이 처한 상황을 한층 깊이 알고 인간의 가치와 노력을 올바로 평가하게끔 예기치 않은 전망들을 열어놓았다. 이 전망들은 국한된 분야에서 나온 전문적인 연구성과들이지만, 그것들을 분석하고 종합할, 다시 말하면 그것들을 모두 포괄하여 탐구하고 보완하여 그 모든 측면들이 인간과 사회의 행복을 촉진하는 데에 기여하게 할 하나의 새로운 틀을 요구한다. 이 "세계관들"은 휴머니즘에 이바지하려는 희망에서 새로운 틀을 만들고자 한 시도들이다.

이 책의 또 하나의 의도는 인류의 근본적인 화(禍), 즉 과학적 발견의 걷잡을 수 없는 팽창으로 인해서 야기된 과학의 미분화 현상과 그 결과들을 극복하는 것이다. 나아가서, 여러 정신들을 결합함으로써 이념들을 밝히고 통합하려고 시도한다. 수많은 사상들, 사실들, 가치들은 끊임없이 상호작용하면서 서로 의존관계에 있음을 여러 관점에서 제시한다. 즉 인간정신이 펼치는 과정의 지속적인 연관을 보여줌으로써 현실이라는 유기체의 운동과 논리, 친화력을 전시하고, 그럼으로써 유기적 단위로서의 인간의 삶 자체와 그 내면적 종합을 드러내 보이는 방식을 취하고 있다.

이 "세계관들"은 그 안에서 서술된 학문 분야들이 서로 다른 쟁점들을 내걸고 있으되 그 저자들은 하나의 공감대를 지니고 있음을 확증하고자 한다. 즉 이론(理論)의 여지없는 허다한 과학적 성과들을 비롯하여 물리학에서 형이상학, 역사, 생물학에 이르기까지, 객관적 현상들의 모든 연구들을 의미 깊은 경험으로 묶어야 할 압도적인 필연성이 그것이다.

이와 같은 공감대에 기초한 조화를 이룩하기 위해서는 다음과 같은 기본적 사실에 대한 의식을 환기할 필요가 있다. 즉 개개인의 인격은 우주와의 연대감을 심화하고 상승시키는 한편, 궁극적으로 이 모든 유리된 가닥들을 하나의 유기적인 전체로 묶고 스스로를 자아와 인류, 사회와 연결시켜야 한다는 사실이다. 이러한 정신을 뿌리내리는 것, 이 정신을 인류의 지적인 삶과 영적인 삶에, 다시 말하면 생각하는 사람들과 행동하는 사람들의 마음에 깊이 각인시키는 것이야말로 더없이 중요한 과제이며, 이 과제는 전적으로 자연과학에 떠맡길 수도 그렇다고 종교에만 위임할 수도 없는 것이다. 왜냐하면, 우리는 서로 구분되면서도 친화력을 유지하는 하나의 원칙, 다시 말해서 자연과학과 철학, 그밖의 다른 지식이 지닌 대립적인 독자성을 인정하면서, 그 각각의 지식을 변호하는 동시에 여과시키는 하나의 명징한 원칙을 찾아야 하는 불가피한 필연성을 앞에 두고 있기 때문이다. 이것은 학문의 위기로 인해서 명백해진, 모두의 의식 속에 자리잡은 위기이다. 이것이 이 책이 제시하는 새로운 깨달음이다.

이 "세계관들"은 이론적인 기본 지식이 인간의 전체 삶의 역동적 내용과 묶여 있다는 사실을 입증하고자 한다. 아울러 인식이면서 동시에 직관인 새로운 종합을 찾는 데에 전념한다. 이 관점들이 대상으로 하는 주제는 인간의 본성 및 이해력과 상관된 학문의 혁신이며, 가설적인 종합을 통하여 통합된 전망을 여는 것을 과제로 삼는다. 이와 같이 인간을 보는 상황은 새로운 것이며, 따라서 그것에 대한 해답도 새로운 것일 수밖에 없다. 왜냐하면 인간의 본성은 수많은 갈래의 길로 인식될 수 있는 것인 데다가, 이 모든 인식의 길들도 서로 얽힐 수 있고 더러는 하나의 커다란 망처럼 짜여 있기 때문이다. 그것은 인간들, 이념들, 인식체계들로 얽힌 거대한 망, 바로 인간의 문화와 사회라는 합리적인 방식으로 구상된 구조인 것이다.

이 관점들은 학문이 할 일은 이제까지처럼 인간과 자연을 대립적인 힘으로 취급하거나 사실들을 하나의 통계적인 질서로 축소하는 것이 아니라, 파괴적인 공포의 폭력으로부터 인류를 해방시키고, 인간의 의지(意志)의 복권(復權), 믿음과 신뢰의 회복이라는 목표에 이르는 길을 제시하는 것이어야 함을 주장한다. 또한 동서양을 막론하고 양도할 수 없는 인간의 권리인 자기실현, 순수성, 존엄의 재수립에 대한 열망이 높아가는 만큼, 체제와 권위, 표본을 찾는 부르짖음은 절실성을 상실해간다는 사실을 공표하고 있다. 왜냐하면 외적인 상황에 의해서 모든 것이 임의적으로 각인되고 있다고 해도, 그런 만큼 인간은 백지상태(Tabula rasa)가 아니라 자유로운 창조력의 유일 무이한 가능성을 지닌 존재이기 때문이다. 인간을 다른 형태의 생물과 구별 짓는 것은 합리적인 경험에 비추어서 의식적인 목표를 실정하여 변화를 창조할 수 있는 그의 능력인 것이다.

이 "세계관들"은 역사에 의해서 규정될 뿐만 아니라 스스로 역사를 규정하는 인간의 중요성에 대한 통찰을 획득하고자 한다. 여기에서 역사란 이 지구상의 인간의 삶을 다루는 데에 그치지 않고 인간세계로 침투하는 우주적인 영향을 포괄하는 것으로 이해된다. 오늘의 세대는 역사가 현대문명의 사회적 낙관주의를 입증하지 못하고 있으며, 또한 인간의 공동체 조직과 자유, 정의, 평화의 실현은 지적인 행위일 뿐만 아니라 정신적, 도덕적 행적이라는 점을 발견하고 있다. 따라서 이 관점들은 인격적 전일체로서의 인간을, 즉 "감정과 사고의 자발적인 통일체"로서의 인간을 보호하고 육성하기를 요구한다. 인간을 향하여 무감각과 고통의 심연에서 빠져나와서 그의 전체 현존 안에서 새로워지고 완성에 이르라는 끊임없는 요청을 제기하는 것이다.

이 "세계관들"은 모든 큰 변화에는 활발한 정신적 가치의 새로운 정립과 변혁이 선행한다는 사실을 의식하고 있다. 이 관점의 저자들은 인간이 오만의 죄를 면할 수 있음을 알고 있다. 따라서 인간이 자유를 방종이나 우주적 법칙과는 별개의 것으로 이해하는 한, 창조과정 자체가 자유롭지 못하다는 점을 제시한다. 인간의 정신 안에서의 창조과정, 유기적 자연에서 벌어지는 발전과정, 그리고 무기적 영역에서의 근본 법칙은 어쩌면 하나의 우주적인 생성과정의 여러 표현일 수 있기 때문이다. 이에 따라 묵시록적인 현존시대에 비록 비상한 긴장들이 팽배해 있기는 해도 그만큼 그것에 상쇄되는 하나의 통일을 지향하는 움직임, 우주를 관류하는 근원적인 힘, 즉 궁극적으로 모든 인간적 노력의 지주가 되는 힘을 향하는 비상한 움직임이 있다는 사실을 보여주고자 한다. 이 길에서 우리는 비록 상황의 제약은 받더라도 결코 상황에 의해서 규정되지 않는 정신, 독자적으로 성장하는 정신이 있다는 사실에 대한 이해에 이를 수도 있다. 이렇듯, 필요한 인간지식을 상호 연관시키는 가운데, 그 지식들을 인간의 생각과 경험들에 완전히 조율시킴으로써, 우리는 인간본연의 본질을 통찰할 수도 있을 것이다. 진실로 우리에게 결여된 것은 우주의 구조에 대한 지식이 아니라 인간의 삶의 유일무이한 특질에 대한 의식이기 때문이다.

궁극적으로 이 "세계관들"의 주제는 인간이 하나의 새로운 의식을 개발하기 시작했다는 사실의 제시이다. 이 새로운 의식은 겉보기에는 정신적, 도덕적 굴레를 벗어나고 있지 못하지만, 그럼에도 불구하고 오늘날 인간종족을 억압하고 있는 공포와 무지, 잔인성과 고립에서 벗어나게 해줄 가능성을 지니고 있다. 현실에 대한 새로운 시각에서 태어난 이 "세계관들"은 지금 싹트고 있는 이와 같은 의식, 즉 인간에 대한 이와 같은 개념에 바쳐지고 있다.

루트 난다 안젠

역자 후기

한 인간을 개체로 보느냐 사회적 산물로 보느냐에 따라서 다시 말하면 유일 무이한 존재로서의 그의 자유와 권리를 중시하느냐 한 사회의 구성원으로서 의 그의 의무를 중시하느냐에 따라서 인간을 보는 시각은 큰 편차를 보인다. 사회학이 출발한 입장은 "인간은 사회적 동물"이라는 저 유명한 전제였을 것이다. 태초에 신께서 아담 한 사람에게 그치지 않고 이브를 같이 창조한 창세기의 신화부터가 이 전제를 뒷받침해준다. 얼핏 보아서는 자명해 보이 는 이 명제도, 그러나 원초적인 개개의 인간을 구심점으로 놓고 볼 때는 헤아릴 수 없는 논란과 부당함을 낳는 씨앗이 되어왔다는 생각이 든다. 왜냐 하면 신은 두 남녀를 창조하면서 동시에 그들이 개체임을 인정했기 때문이 다. 신은 에덴 동산에 인식의 나무를 심어놓고 그 열매를 따 먹지 말라는 역설적인 금기를 덧붙임으로써, 개개의 인간을 각기 다른 반응을 보일 수 있는 심리적 복합체로 출발시켰던 것이다.

그런 의미에서 사회와 개인은, 또한 그것을 다루는 사회학과 심리학은 어쩔 수 없이 평행선을 달리면서 그럼에도 불구하고 조화를 지향해야 할 영원한 러닝메이트일는지 모른다. 19세기에 대두한 사회주의는 이 모순된 양 개념에 조화를 가져다줄 수 있는 획기적인 해답인 것처럼 세기를 한참 넘기도록 수많은 지식인들과 사회 지도자들을 매료시켜왔다. 청년 시절 사회주의에 경도되어 "인간이 인간에게 도움이 되는" 사회를 꿈꾸었던 20세기 최대의 극작가요 시인인 베르톨트 브레히트는 말년에 이르러서 이 모순을 한 시구에 담아 극명하게 요약했다.

우리는 신발보다 더 자주 나라를 바꾸어가면서
불의만 있고 분노를 모르는 현실에 절망하면서
계급의 전쟁터를 누비며 걸어왔다네.
그러는 가운데 우리는 알게 되었네.
비천함에 대한 증오 역시
표정을 일그러뜨린다는 것을.
불의에 대한 증오 역시
목소리를 쉬게 한다는 것을, 아, 우리는
인간성의 터전을 마련하려 하였거늘
우리 스스로가 인간적일 수 없었다네.

—— 베르톨트 브레히트, "후손들에게"에서

이 책의 저자 에리히 프롬은 "개인과 사회"라는 문제에 접근하면서 브레히트와는 다른 방향의 길을 걸었다. 이것은 비단 그들이 몸담아 활동한 전문 분야(프롬은 심리학과 사회학, 브레히트는 문학)의 차이만을 두고 하는 말은 아니다. 브레히트의 문학의 출발점이 "사회"였다면, 프롬의 학문의 출발점은 "개인"이었음을 지적하려는 것이다. 부연하자면, 브레히트가 사회정의의 문제에서 출발하여 결국 개인의 소중함에 다시 귀착했다면, 프롬은 개인의 심리에서 출발하여 그 문제해결을 사회 안에서 찾으려고 했다는 점이다.

1900년 독일 프랑크푸르트 암 마인의 한 유대인 가정에서 태어나서 1980

년 스위스 티치노에서 죽기까지 주로 미국에서 학문적 활동을 한 에리히 프롬은 신프로이트 학파의 선구자이자 사회학자, 사상가로 백과사전에 이름을 남겼다. 그는 프랑크푸르트 대학과 하이델베르크 대학(박사학위)에서 공부하면서 S. 프로이트와 K. 마르크스의 영향을 받는 청년 시절을 보냈다. 1933년 나치스가 대두하자 미국으로 망명하여 귀화한 그는 예일, 뉴헤이번, 뉴욕, 미시간 등 여러 미국대학의 강단을 거치고, 1950년부터 1965년 은퇴하기까지는 멕시코 국립대학 의학부 교수직을 역임하는 동시에 수많은 저술을 발표하면서 세계적인 석학의 위치를 굳혔다.

그의 저술의 일관된 주제는 만연된 현대인의 불안과 자유의 의미를 추적하는 것이었다. 그러나 그는 현대인의 불안을 개인적인 정신용법으로는 해결할 수 없다고 여기고, 프로이트식의 해결을 떠나서, 사회구조의 변혁과 인간의 심리적 해방을 묶은 "휴머니즘적 정신분석"을 주창하면서 이른바 신프로이트 학파를 주도했다.

프롬이 남긴 수많은 저술들(이 책의 참고 문헌 목록 참조)을 비롯하여 그가 살아온 인생의 궤적은 우리를 "인간과 사회" 그리고 사회적 제약 속에서의 개인의 불안과 자유의 문제로 되돌려놓는다. 그 점에서는 앞에서 인용한 작가 브레히트의 경우도 다를 바 없다. 두 인물 모두 독일 땅에서 태어나서 젊은 날의 수업시대를 그곳에서 보냈고, 파시즘이라는 가공할 정치사회적 요인에 쫓기어 고향을 떠나 이국땅에서 활동했고(브레히트는 1947년에 반공산주의 선풍으로 미국 땅으로부터 추방당하기까지 베벌리 힐스에서 작가활동을 했다), 끝내는 유럽 대륙으로 돌아가서 죽음을 맞았다(브레히트는 1956년 동베를린에 묻혔다).

이들 석학들의 필생의 노력에도 불구하고 우리는 아직도 개인과 사회라는 역학관계의 모순을 푸는 이렇다 할 해답을 얻지 못하고 있고, 어쩌면 갈수록 세상은 그 해답에서 멀어져가는 듯 보이기도 한다.

이 문제에 대해서 학문은 어떤 기여를 해왔고 또 앞으로 할 수 있는가? 과연 사회학과 인간심리학은 별개의 것인가? 우리는 사회와 개인, 둘 중에 어느 것을 주축으로 하여 조화와 해결의 실마리를 찾아야 하는가?

이 물음표들은 오늘날 비대해진 사회학이라는 학문에는 문외한이라고 할 수밖에 없는 소박한 개인으로서의 역자의 우문들일 수 있다. 아울러 일개 문외한이 이 책에 손을 댄 것은 외람된 한계침범일 수밖에 없다. 그럼에도 불구하고 힘들었지만 개인적인 보람을 느끼며 이 번역작업에 임하게끔 용기와 채찍을 준 몇 가지 요인이 있다.

첫째로, 이 책의 저자의 시각이다. 프롬의 출발점은 어디까지나 개체로서의 본연의 인간이다. 사회를 보는 그의 시각은 휴머니즘의 기반에서 발을 뗀 적이 없다.

둘째로, 그런 만큼 인간을 표적으로 하는 모든 학문(문학, 신학, 철학 등) 분야와 보통 사람의 일상사까지 포괄하는 입장과 노력을 보인다는 점이다. 따라서 특히 이 책의 전반부는 그 어떤 독자에게도 흥미와 공감을 줄 수 있는 쉽고 가까운 내용들이다.

셋째로, 그 무엇보다도 이 책의 주제인 "소유"와 "존재"의 문제에 지금 우리, 사회와 모든 개인은 진실로 심각하게 봉착해 있다는 점이다.

특히 세 번째 이유는 역자 개인으로서도 매일처럼 부딪치며 현실적인 해답을 찾고자 하는 문제이다. 그 누구든지 이삿짐을 한번 꾸려보라. 아니면 쓰레기 봉투를 채워내어 가보라. 결코 바람직한 경험은 아니지만, 막상 도둑이라도 들었을 때 과연 내게는 흔히 하는 말처럼 훔쳐갈 것이 하나도 없는가? "소유"가 과연 내게 행복의 원천이 되고 있는가?

제아무리 불후의 저서라도 그렇듯이, 이 한 권의 책이 명쾌한 대답을 주지는 않는다. 또한 이 책의 후반부에서 작가가 대 사회와의 관계에서 개인의 소유와 자유문제의 해결을 위해서 열과 성을 다하여 제시한 여러 방안들도 20년이 지난 지금, 그 어느 사회기구에서도 눈에 띄게 실천되는 것 같지 않다. 그럼에도 불구하고 이 책에서 들추어 보인 내용들은 역자 개인에게는 진지하게 나와 주변을 돌아보는 계기가 되었음을 진실로 감사하게 여기며, 다른 많은 독자들에게도 그러하기를 바란다.

이 책은 Erich Fromm : *Haben oder Sein. Die seelischen Grundlagen einer neuen Gesellschaft*. Deutsch von Brigitte Stein. Überarbeitet von Rainer Funk. Deutscher Taschenbuch Verlag. 13 Aufl. Januar 1983을 옮긴 것이다.

1996년 1월

역자

참고 문헌

참고 문헌은 본문에 인용된 저서와 발표논문을 포함하고 있을 뿐, 이 책을 준비하
면서 사용된 모든 원전을 밝히지는 않았다. 가능하면 독일어 번역본도 제시했다.
보충독서를 위해서 필자가 특히 추천하고 싶은 책들에는 하나나 두 개(시간이 별
로 없는 독자를 위해서)의 별표를 붙였다.

Arieti, Silvano (Hrsg.) *American Handbook of Psychiatry*, Bd. 2, New
York 1959.
Aristoteles, *Nikomachische Ethik*, Übers. u. Nachw. v. Franz Dirlmeyer,
Anm. v. Ernst A. Schmidt, Stuttgart 1969.
Artz, Frederick B., *The Mind of the Middle Ages. An Historical Survey.
A. D. 200-1500*, 3. überarb. Aufl., New York 1959.
Auer, Alfons, *Die Autonomie des Sittlichen nach Thomas von Aquin*, in:
K. Demmer und B. Schüller (Hrsg.), Christlich glauben und handeln,
Düsseldorf 1977, S. 31-54.
――, *Autonome Moral und christlicher Glaube*, Düsseldorf 1971.
――, Ist die Sünde eine Beleidigung Gottes?, in: *Theol. Quartalschrift*,
München, Freiburg i. Br. 1975.
** ――, Utopie, *Technologie, Lebensqualität*, Zürich 1976.

** Bachofen, Johann Jacob, *Mutterrecht und Urreligion*, eine Auswahl, hrsg.
v. Rudolf Marx, Stuttgart 1954. (Originalausg.: Das Mutterrecht, Basel
1861.)
Becker, Carl L., *The Heavenly City of the Eighteenth Century Philoso-
phers*, New Haven 1932; dt. *Der Gottesstaat der Philosophen des 18.
Jahrhunderts*, Würzburg 1946.

Benveniste, Emile, *Probleme der allgemeinen Sprachwissenschaft*, München 1974.

Benz, Ernst, s. Eckhart (Meister)

Bloch, Ernst, *Das Prinzip Hoffnung*, Frankfurt/M. 1959 (als Taschenbuch 1973)

——, *Über Karl Marx*, Frankfurt/M. 1968.

** ——, *Atheismus im Christentum*, Reinbek b. Hamburg 1970.

Cloud of Unknowing, The, s. Underhill, E.

Darwin, Charles, *The Autobiography of Charles Darwin 1809–1882*, hrsg. v. Nora Barlow, New York 1969 (zit. in E. F. Schumacher, a.a.O.)

Delgado, J. M. R., Aggression and Defense under Cerebral Radio Control, in: *Aggression and Defense, Neural Mechanisms and Social Pattern, Brian Function*, Bd. 5, hrsg. v. C. D. Clemente and D. B. Lindsley, Berkeley 1967.

De Lubac, Henry, *Katholizismus als Gemeinschaft*, übertr. v. Hans-Urs von Balthasar, Einsiedeln, Köln 1943.

De Mause, Lloyd (Hrsg.), *The History of Childhood*, New York 1974; dt. *Hört ihr die Kinder weinen?* Frankfurt 1977.

Diogenes Laertius, *Leben und Meinungen berühmter Philosophen*, übers. u. erl. v. Otto Apelt, 2. Aufl., Hamburg 1956.

Du Marais, César Chesneau, *Les véritables principes de la grammaire*, in: *Œuvres Choisies*, Bd. 1, Stuttgart 1972.

Dumoulin, Heinrich, *Östliche Meditation und Christliche Mystik*, Freiburg i. Br., München 1966.

Duve, Freimut (Hrsg.), *Technologie und Politik. aktuell-Magazin*, Reinbek Juli 1975.

Eckhart (Meister), *Schriften*, in: Franz Pfeiffer, *Deutsche Mystiker*, Bd. 2, Leipzig 1857.

* ——, *Deutsche Predigten und Traktate*, hrsg. u. übers. v. Josef Quint, München 1977.

——, *Die deutschen Werke*, hrsg. im Auftr. d. Dt. Forschungsgemein-
schaft v. Josef Quint, Stuttgart 1958ff.

——, *Die lateinischen Werke*, hrsg. im Auftr. d. Dt. Forschungsge-
meinschaft v. Ernst Benz u. a., Stuttgart 1956ff.

* Ehrlich, Paul R., u. Anne H. Ehrlich, *Population, Resources, Environment:
Issues in Human Ecology*, San Francisco 1970; dt. *Bevölkerungs-
wachstum und Umweltkrise*, Frankfurt/M. 1972.

Engels, Friedrich, s. Marx, K., u. F. Engels.

Eppler, Erhard, *Ende oder Wende*, Stuttgart 1975.

Farner, Konrad, Christentum und Eigentum bis Thomas von Aquin, in:
Mensch und Gesellschaft, hrsg. v. K. Farner, Bd. 12, Bern 1947.

Finkelstein, Louis, *The Pharisees. The Sociological Background of Their
Faith*, Bd. 1. u. 2, Philadelphia 1946.

Fromm, Erich, 1932b, Die psychoanalytische Charakterologie und ihre
Bedeutung für die Sozialpsychologie, in: *Zeitschrift für Sozialforschung*
1 (1932), 253−277.

——, 1941a, *Escape from Freedom*, New York 1941; dt. Die Furcht
vor der Freiheit, Frankfurt/M. 1966.

——, 1942c, Faith as a Character Trait, in: *Psychiatry 5* (1942), 307−
319; dt. (leicht verändert) in: E. Fromm, *Psychoanalyse und Ethik*,
Zürich 1954, 213−228.

* ——, 1943b, Sex and Character, in: *Psychiatry 6* (1943), 21−31; dt.
Geschlecht und Charakter, in: E. Fromm, *Das Christusdogma und
andere Essays*, München 1965, 101−120.

* ——, 1947a, *Man for Himself. An Inquiry into the Psychology of Ethics*,
New York 1947; dt. *Psychoanalyse und Ethik*, Zürich 1954.

——, 1950a, *Psychoanalysis and Religion*, New Haven 1950; dt. *Psycho-
analyse und Religion*, Zürich 1966.

——, 1951a, *The Forgotten Language. An Introduction to the Under-
standing of Dreams, Fairy Tales, and Myths*, New York 1951; dt.
*Märchen, Mythen und Träume. Eine Einführung zum Verständnis von
Träumen, Märchen und Mythen*, Zürich 1956.

* ——, 1955a, *The Sane Society*, New York 1955; dt. *Der moderne Mensch und seine Zukunft*, Frankfurt/M. 1960.

——, 1956a, *The Art of Loving*, New York 1956; dt. *Die Kunst des Liebens*, Frankfurt/M. 1971.

——, 1957a, On the Limitations and Dangers of Psychology, in: W. Leibrecht (Hrsg.), *Religion and Culture. Essays in Honor of Paul Tillich*, New York 1959, 31–36; dt. in: E. Fromm, *Das Christusdogma und andere Essays*, München 1965, 171–180.

** ——, 1961b, *Marx's Concept of Man*, New York 1961; dt. *Das Menschenbild bei Marx*, Frankfurt/M. 1963.

——, 1963a, *The Dogma of Christ and Other Essays on Religion, Psychology, and Culture*, London 1963; dt. *Das Christusdogma und andere Essays*, München 1965.

——, 1964a, *The Heart of Man*, New York 1964; dt. *Das Menschliche in uns*, Zürich 1967.

——, 1965a (Hrsg.), *Socialist Humanism*, New York 1965.

——, 1966a, *You Shall Be as Gods*, New York 1966; dt. *Die Herausforderung Gottes und des Menschen*, Zürich 1970.

——, 1966c, *The Psychological Aspect of the Guaranteed Income*, in: R. Theobald (Hrsg.), The Guaranteed Income, New York 1966, S. 175–184.

* ——, 1968a, *The Revoulution of Hope*, New York 1968; dt. *Die Revolution der Hoffnung*, Stuttgart 1971.

——, 1970a, *The Crisis of Psychoanalysis, Essays on Freud, Marx, and Social Psychology*, New York 1970; dt. *Analytische Sozialpsychologie und Gesellschaftstheorie*, Frankfurt/M. 1970.

** ——, 1973a, *The Anatomy of Human Destructiveness*, New York 1973; dt. *Anatomie der menschlichen Destruktivität*, Stuttgart 1974.

——, 1970b, u. Michael Maccoby, *Social Character in a Mexican Village*, Englewood Cliffs, N. J. 1970.

——, 1960a, D. T. Suzuki u. R. de Martino, *Zen Buddhism and Psychoanalysis*, New York 1960; dt. *Zen-Buddhismus und Psychoanayse*, Frankfurt 1972.

* Galbraith, John Kenneth, *Gesellschaft im Überfluß*, München 1959.
* ——, *Die moderne Industriegesellschaft*, München 1973.
——, *Wirtschaft für Staat und Gesellschaft*, München 1974.

Habermas, Jürgen, *Theorie und Praxis*, Neuwied und Berlin 1963.
——, *Toward a Rational Society*, Boston 1971.
Harich, Wolfgang, *Kommunismus ohne Wachstum*, Reinbek b. Hamburg 1975.
Hebb, D. O. Drives and the CNS, *Psych. Rev.* 1962, 244.
Heß, Moses Philosophie der Tat, in: M. Heß, *Ökonomische Schriften*, hrsg. v. D. Horster, Darmstadt 1972. (Originalausg.: Philosophie der Tat, in: *Einundzwanzig Bogen aus der Schweiz, hrsg. v. G.* Herwegh, Zürich 1843.)

* Illich, Ivan, *Entschulung der Gesellschaft*, München 1972.
——, *Dis Enteignung der Gesundheit*, Reinbek, b. Hamburg 1975.

* Kropotkin, P. A. *Mutual Aid. A Factor of Evolution*, London 1902; dt. *Gegenseitige Hilfe in der Entwicklung*, 1904.

Lange, Winfried, *Glückseligkeitsstreben und uneigennützige Lebensgestaltung bei Thomas von Aquin*, Diss. Freiburg i. Br. 1969.
Leibrecht, W. (Hrsg.), *Religion and Culture. Essays in Honor of Paul Tillich*, New York 1959.
Lobkowicz, Nicholas, *Theory and Practice. The History of a Concept from Aristotle to Marx*, Notre Dame, Ind. 1967.

* Maccoby, Michael, *The Gamesmen. The New Corporate Leaders*, New York 1976; dt. *Gewinner um jeden Preis*, Reinbek b. Hamburg 1977.
Maimonides, Moses, *Ein Querschnitt durch das Werk des Rabbi Mosche ben Maimon*, hrsg. von N. N. Glatzer, Köln 1966.
* Marcel, Gabriel, *Sein und Haben*, Paderborn 1954.
Marx, Karl, *Ökonomisch-Philosophische Manuskripte* (1844), in: Karl

Marx und Friedrich Engels, *Historisch-kritische Gesamtausgabe* (*MEGA*), I. Abtlg. Bd. 3, hrsg. v. V. Adoratskij, Berlin 1932.

——, 1971a, *Dss Kapital*, Berlin 1971.

——, 1974, *Grundrisse der Kritik der politischen Ökonomie*, Berlin 1974.

——, 1962, *Frühe Schriften*, hrsg. von H. J. Lieber und P. Furth, Band I, Stuttgart 1962.

Mayo, Elton, *The Human Problems of an Industrial Civilization*, New York 1933.

Meadows Dennis, u. a., *Die Grenzen des Wachstums*, Stuttgart 1972.

* Mesarović, Mihailo D., u. Eduard Pestel, *Menschheit am Wendepunkt*, Stuttgart 1974.

Mieth, Dietmar, *Die Einheit von Vita activa und Vita contemplativa*, Regensburg 1969.

* ——, *Christus. Das Soziale im Menschen*, Düsseldorf 1971.

Mill, John Stuart, *Grundsätze der politischen Ökonomie mit einigen ihrer Anwendungen auf die Sozialphilosophie*, nach der Ausgabe letzter Hand (7. Aufl., 1871) übers. v. Wilhelm Gehrig u. eingel. v. Heinrich Woentig, Jena 1921/24.

Morgan, L. H., *Systems of Sanguinity and Affinity of the Human Family*, Washington D. C. 1870.

* Mumford, Lewis, *Mythos der Maschine, Kultur, Technik und Macht*, Wien 1974.

** Nyanaponika, Mahathera, *Geistestraining durch Achtsamkeit*, 2. Aufl., Konstanz 1975.

* ——, (Hrsg.), *Pathways of Buddhist Thought. Essays from the Wheel*, London 1971, New York 1972.

Phelps, Edmund S. (Hrsg.), *Altruism, Morality and Economic Theory*, New York 1975.

Piaget, Jean, *Das moralische Urteil beim Kinde*, Zürich 1954.

Quint, Josef, s. Eckhart (Meister)

* Rumi, Dschelaladdin, *Aus dem Diwan*, UNESCO-Sammlung repräsentativer Werke, Asiatische Reihe, übertr. u. eingel. v. Annemarie Schimmel, Stuttgart 1964.

Schecter, David E., Infant Development, in: Arieti, a.a.O.

Schilling, Otto, *Reichtum und Eigentum in der altkirchlichen Literatur*, Freiburg i. Br. 1908.

Schulz, Siegfried, Q. *Die Spruchquelle der Evangelisten*, Zürich 1972.

* Schumacher, E. F., *Small Is Beautiful. Economics as if People Mattered*, New York 1973; dt. *Es geht auch anders. Technik und Wirtschaft nach Menschenmaß. Jenseits des Wachstums*, München 1974.

Schumpeter, Joseph A., *Capitalism, Socialism, and Democracy*, New York 1962; dt. *Kapitalismus, Sozialismus und Demokratie*, 3. Aufl., München 1975.

Schweitzer, Albert, 1973a, *Verfall und Wiederaufbau der Kultur*, in: *Gesammelte Werke in 5 Bänden*, Bd. 2, Zürich 1973.

* ———, 1973b, *Kultur und Ethik*, in: *Gesammelte Werke in 5 Bänden*, Bd. 2, Zürich 1973.

———, 1973c, *Die Schuld der Philosophie an dem Niedergang der Kultur*, in: *Gesammelte Werke in 5 Bänden*, Bd. 2, Zürich 1973.

Simmel, Georg, *Hauptprobleme der Philosophie*, Berlin 1950.

Sommerlad, T., *Das Wirtschaftsprogramm der Kirche des Mittelalters*, Leipzig 1903 (zit. in O. Schilling, a.a.O.)

Spinoza, Benedict de, *Ethik*, in: Phillosophische Bibliothek Band 92, Leipzig 1910.

* Staehelin, Balthasar, *Haben und Sein*, 8. Aufl., Zürich 1971.

Stirner, Max, *Der Einzige und sein Eigentum*, Stuttgart 1972.

Suzuki, D. T., s. E. Fromm, D. T. Suzuki u. R. de Martino.

Swoboda, Helmut, *Die Qualität des Lebens*, Stuttgart 1973.

* Tawney, R. H., *The Acquisitive Society*, New York 1920.

Theobald, Robert A. (Hrsg.), *The Guaranteed Income. Next Step in Economic Evolution*, New York 1966.

Thomas von Aquin, *Summa Theologica*, vollst., ungek., dt.-lat. Ausg., hrsg. v. d. Albertus Magnus-Akademie Walberberg b. Köln v. Heinrich M. Christmann u. a., Bd. 18, Heidelberg u. Graz 1953.

Titmuss, Richard, *The Relationship. From Human Blood to Social Policy*, London 1971.

Underhill, Evelyn (Hrsg.), *A Book of Contemplation the which is Called The Cloud of Unknowing*, 6. Aufl., London 1956; dt. *Kontemplative Meditation. Die Wolke des Nichtwissens*, hrsg. v. Willi Massa, Mainz 1974.

Utz, A. F., Recht und Gerechtigkeit, in: Thomas von Aquin, a.a.O.

Yerkers, R. M., u. A. V. Yerkes, *The Great Apes. A Study of Anthropoid Life*, New Haven 1929.

인명 색인